Theodor Gottlieb von Hippel

Über die bürgerliche Verbesserung der Weiber

In der Französischen Revolution kämpften viele Frauen zusammen mit den Männern um die bürgerlichen Rechte, aber die revolutionäre Gesetzgebung versagte ihnen diese Rechte – das wirft Hippel, ein (damals anonymer) deutscher Jakobiner, ihr vor. Sein leidenschaftliches Plädoyer dafür, daß die Frauen endlich volle Mitglieder der bürgerlichen Gesellschaft werden, d. h. den Männern gleichgestellt statt von ihnen bevormundet und beherrscht werden, gründet in der Überzeugung, daß sie nicht, wie die Männer ihnen einreden wollen, von der Natur, sondern von diesen selbst zurückgesetzt und unmündig gehalten werden. Hippel erkennt auch schon die Mechanismen dieser Nieder- und Niedrighaltung der Frau durch den Mann: statt *Rechte* gibt er ihr *Privilegien*, statt Freiheit bietet er ihr Schutz und Wohltaten, die Schauseite der praktischen Unterdrückung.
Hippels Schrift (1793) ist seit 150 Jahren nicht wieder aufgelegt worden. Auch die Frauenbewegung des 19. Jahrhunderts, so scheint es, wußte mit ihr nichts anzufangen. Das mag an der Radikalität seiner naturrechtlichen Thesen liegen, die das Gerede von spezifischen *weiblichen* Eigenschaften und Tugenden hinwegwischen: die Menschen sind *gleich* geboren, nur »der Unterschied in der Erziehung beider Geschlechter, der von der Wiege anhebt und beim Leichenbrett endiget«, schafft männliche Stärken und weibliche Schwächen.

Theodor Gottlieb von Hippel (1741–1796) studierte und lebte in Königsberg, wurde dort Rechtsanwalt, Bürgermeister, Polizeidirektor und Geheimer Kriegsrat – und war deutscher Jakobiner. Viel gelesen zu jener Zeit waren seine Schriften *Über die Ehe* (1775), *Lebensläufe nach aufsteigender Linie* (1778–81), *Kreuz- und Querzüge des Ritters A bis Z* (1793–94).

Ralph-Rainer Wuthenow, geboren 1928, lehrt Germanistik und Vergleichende Literaturwissenschaft an der Frankfurter Universität. Wichtige Veröffentlichungen: *Das fremde Kunstwerk. Aspekte der literarischen Übersetzung* (1969); *Vernunft und Republik* (1970); *Das erinnerte Ich* (1973).

Theodor Gottlieb von Hippel

Über die bürgerliche Verbesserung der Weiber

Nachwort von Ralph-Rainer Wuthenow

Syndikat

Dieser Ausgabe liegt der Text von Hippels Schrift im 6. Band der *Sämmtlichen Werke*, Berlin 1828, zugrunde. Orthographie und Interpunktion wurden den heutigen Regeln angepaßt, unter Wahrung des Lautstandes und der Syntax des Originals.

Umschlag nach Entwürfen von Rambow,
Lienemeyer und van de Sand
Motiv: Kupferstich von 1795
Produktion Greno GmbH, Obertshausen
Printed in Germany
ISBN 3-8108-0034-1

Inhalt

I. *Formale und Materiale der gegenwärtigen Schrift*

Man sagt: der strengste Beweis der Wahrheit sei, wenn gewisse Dinge jeder Bemühung, sie lächerlich zu machen und zu travestieren, widerstehen, und wenn sie trotz allem Lächerlichen, womit wir sie behängen, doch ehrwürdig bleiben. Wenn die krumme Linie die Schönheitslinie ist, so wird man es schwerlich bedenklich finden, dem Lachen die Schlüssel zum Himmelreiche der Wahrheit anzuvertrauen. Ein mißlicher Umstand, der mich bei der gegenwärtigen Schrift in eine nicht geringe Verlegenheit verwickelt, da ich einen Gegenstand vorhabe, worin bei weitem der größte Teil des Ernsthaften mit dem Lächerlichen, nicht von Anbeginn und von Natur, sondern durch Verjährung, so im Gemenge liegt, daß hierbei nicht so leicht ein Divisionsexempel auf eine Auseinandersetzung gewagt werden kann. Wenn ein Ritter von echtlustiger Gestalt den Kampf beginnt – wer und was kann vor ihm bestehen? welche Festung von System und Dogmatik sich halten? *Sokrates*, der Weiseste, nicht unter den *Königen*, sondern unter den *Weisen*, dieser Erzkern in einer häßlichen Schale, dieser (wiewohl nicht mit sonderlichem Geschmacke gekleidete) Engel unter den Menschen ward in den *Wolken* zur Farce; und welch ein Autor kann auf einen heiteren Rezensenten- und Leser-Himmel sicher rechnen? – Selten gab es einen, der nicht aus dem Regen in die Traufe geriet, und noch nie ging ein Licht in der Welt auf, ohne seinen *Aristophanes* zu finden, der es, mir nichts, dir nichts, geradezu ausblies, oder – unter dem Scheine des Rechts, als wollt' er es schneuzen – es neckte und verdunkelte. Fast scheint auf diese Weise das Lächerliche das tägliche Brot der Menschen zu sein, und man wird sich ohne Zweifel am besten befinden, wenn man in Züchten und Ehren mitlacht oder seine Schrift, des Bildes und der Überschrift des Ernstes ungeachtet, zu einem Tone stimmt, der nicht ernsthafte Blößen (die lächerlichsten von allen) gibt. – »Ihr werdet lange nicht so viel über mich weinen, als ihr über mich gelacht habt«, sagte *Scarron*, der Ehevorfahr *Ludwigs XIV.*, zu denen, die sein Sterbelager umringten und weinten. Diese Vorstellung war imstande, ihn im Sterben aufzuheitern – und warum auch nicht? – Jetzt, da selbst die heilige Moral nicht mehr im Klosteranzuge ihr Glück machen kann und will, vielmehr fröhlich und guter Dinge einhertritt und die Becher, welche sie mit ihrem herzerfreuenden Weine anfüllet, zu bekränzen gebeut; jetzt, da sogar jede widerliche Außenseite des Menschen eher seines Herzens Härtigkeit als dessen Reinheit zu verraten scheint; jetzt ist Fröhlichkeit ein lebensartiges Ingredienz geworden, und Lachen und Weinen leben in einer so glücklichen Ehe, daß jene philosophischen Gaukler, von denen der eine nicht aus dem Lachen, der andere nicht aus dem Weinen kommen konnte, schwerlich Professuren auf unsern Akademien erhalten würden. Kinder, die der Natur am nächsten sind, lachen und weinen über eine und dieselbe Sache, und eine liebenswürdige Braut reißt sich weinend aus den Armen ihrer verwaiseten Mutter, um in eben dem Augenblicke sich lachend in die Arme ihres Vielgeliebten zu stürzen. – Unser Leben ist Ebbe und Flut, immerwährender Wechsel von Freude und Leid; und sollten nicht alle Gegenstände des gemeinen Lebens Spuren und Eindrücke von der *comédie larmoyante* des *verwünschten Schlosses von Planeten* zeigen, auf dem uns eine Menschen-Rolle angewiesen ist? – die schwerste vielleicht in Gottes weitem und breitem Weltall! – vielleicht auch die leichteste, je nachdem sie gespielt wird. – Aller unvergeßlichen Bemühungen so mancher *edler Ritter* ungeachtet, welche die Menschheit und durch sie *die Erde entzaubern* wollten, ist das Abenteuer noch nicht bestanden. – O der verdammten Hexe, der Sünde, die das *Verderben* so braver *Leute* ist! – Wenn wir gleich durch die Erinnerung des Todes nicht unseres ganzen Lebens Knechte sind, so sind doch die Gedanken an den Tod und an Gott *die*, welche uns in jedem Falle zu einem *Memento* bringen. Wahrlich, es war Philosophie, wenn des Königs *Xerxes* Majestät über sein Heer sich freute und traurig ward. – Jeder Schmerz hat seine Wollust; und wie schal ist nicht das Vergnügen, das nicht durch etwas Bitterkeit gewürzt wird! Vom Glück ist dem Weisen nur zu träumen erlaubt; das Unglück, als das gewöhnliche Los der Menschheit, mit Fassung zu ertragen, bleibt ihm unabläßliche Pflicht: und es gibt in der Tat überall eine Mittelstraße, eine gemäßigte Fröhlichkeit und ein Lächeln, das bei warmen Tränen im Auge stattfinden kann. Alle vierundzwanzig Stunden gibt es Nacht und Tag, ein Licht, das den Tag regiert, und eins, das die Nacht regiert. Noch näher kann ich dieses Exordium legen, wenn ich bemerke, daß das schöne Geschlecht, der Natur getreu, die gute und vollkommene Gabe von oben herab besitzt, alle seine Bitterkeiten, deren es sich zu seinen Wehr und Waffen zu bedienen pflegt, so zu bezuckern und ihren Ernst, vermittelst eines ihn lindernden Lächelns, so zu ermäßigen, daß ich keinen Augenblick Bedenkzeit nehmen darf, diesem liebenswürdigen Beispiele zu huldigen und mich der beiden Gesichter des *Janus* mit patriotischer Freiheit zu erinnern. Auch scheint die Last, welche das schöne Geschlecht trägt, einem und bei weitem dem größern Teile desselben so sanft und sein Joch so leicht zu sein, daß es vielleicht im Diensthause Ägyptens und bei den Fleischtöpfen eines gemächlichen wirklichen Alltags-Lebens zu verbleiben wünschen wird, ohne die beschwerliche Reise nach Kanaan, wo Milch und Honig der Natur fließt, antreten zu wollen. Selbst Damen von Bedeutung scheinen oft nicht zu wissen, daß sie in ihrem Prunk von Purpur und köstlicher Leinwand Leid tragen, und daß ihr Leben in Herrlichkeit und Freude eine *Leibes*- und *Lebens*strafe ist, die man ihnen im heimlichen Gericht zuerkannt hat. – Wo viel Glanz ist, da ist wenig Geschmack – so wie gemeiniglich Bigotterie und Sittenlosigkeit *getreue Nachbarn und dergleichen* zu sein pflegen. Wahrlich, es ist der höchste Gipfel der Krankheit, wenn Patienten Fieberhitze für blühende Gesundheit halten und jede Arznei von der Hand weisen; und so übersteigt es auch den gewöhnlichen Grad des menschlichen Verderbens, wenn Sklaven auf alle Rechte Verzicht tun und ihre Verfassung auf das gute Glück der Denkungsart ihrer Gebieter gründen. – Und wer ist schuld an diesem Gerichte der Verstockung? das andere Geschlecht? Wird man diesen Stab brechen, da selbst der Naturverkündiger *Rousseau,* der alle Welt, und besonders die schönere Hälfte derselben, zur Natur bekehren wollte, trotz dieser *gewaltigen Predigt von Buße und Glauben* am liebsten mit *vornehmen Damen* umging? Wie konnte seine Eitelkeit sich gütlich tun, wenn Standespersonen ihn hervorzogen, ob er gleich über das Verderben der höheren Stände bei jeder Gelegenheit außer Atem kam! – Doch ich will dem zweiten Teile dieses Kapitels nicht vorgreifen. Mag sich meine Schrift in die Zeit schicken und von allen Seiten ihr Heil versuchen –! Mit der Anrufung der heiligen Zahl der drei mal drei Schwestern soll sie sich nicht brüsten, da ein dergleichen *Oremus* bloß poetischen Arbeiten die Bahn zu brechen gewohnt ist; aber um alles in der Welt wünschte ich nicht, daß ihr die Ehre erwiesen würde, die Bibliothek der erlauchten Republik des *Platon* zu zieren. – Zur Sache.

Als *Ludwig den Vierzehnten* wegen der neuen Lasten, die er seinem schon gedrückten Volke zugedacht hatte, wirklich eine Art von Gewissensschauer anwandelte, fand er in dem heiligen Troste seines Beichtvaters *Tellier*, »*daß das Vermögen seiner Untertanen sein Eigentum sei*«, ein so sanftes Kissen für dieses aufgewachte Gewissen, daß er sich kein Bedenken gemacht haben würde, die Auflage, die ihn beunruhigt hatte, aus dem Stegreife zu verdoppeln; und ohne Zweifel ist dieser Köhlerglaube der Grund zu jener Behauptung: *ich bin der Staat.*

Die Gewohnheit wird so leicht zur andern Natur, daß die Franzosen, welche die Plackereien eines *Terray* und die Härte eines *Meaupou* ertrugen, sich hinreichend glücklich schätzten, wenn nur ein kleiner, vielleicht der unwürdigste Teil die durch die Zehnten der Witwen und die Sparpfennige der Elenden gefüllten Freudenbecher des Staats in unmäßigen Zügen leeren konnte, während der andere größere und arbeitende Teil, unter dem Joche der Willkür, der Despotie und der Dürftigkeit schmachtend, doch noch immer das Glück hatte, so gut es sich tun ließ, zu springen und zu singen, zu hüpfen und zu pfeifen. –

Bei einem so leichten, über alles sich wegsetzenden und mit einem *Chanson* sich aus der Not helfenden Völkchen war diese Zuchtrute, teils mit Peitschen, teils mit Skorpionen, um so weniger fühlbar, da es an den Galatagen und Staatsfesten der Ausgezeichneten unter ihm durch ein Freibillet vermittelst der Augen teilnahm – und dieses Völkchen lernte es je länger je mehr ertragen, daß jene den *Freudenkelch* für sich allein behielten, und es *für sie alle* taten. Die Brocken, die etwa dem Künstler und der Putzmacherin von den Tischen dieser *reichen Männer* fielen, waren ihnen eine Segensernte, und die Hunde der Großen leckten ihnen ihre Schwären. – Dies Jammer und Elend ist kommen zu einem seligen End', und Laternenpfähle scheinen über Frankreich das Licht der Natur und einer Gleichheit aller Menschen so stark verbreitet zu haben, daß man vor lauter Licht das Licht zuweilen nicht zu erblicken scheint. Es gibt Menschen, die den Wald nicht vor den Bäumen sehen, und gar zu hell macht dunkel: auch gibt es moralische Blendlinge, die das Glück oder Unglück haben, da etwas flittern zu sehen, wo das gesunde Auge des Verstandes nichts wahrnimmt. Wie wär' es, wenn ich ohne Feldgeschrei und Sturmglocke, wie weiland *Diogenes*, laternisierte und mit einer Handleuchte in der schönen Welt, wo so viel Überfluß von tausend und abermal tausend Dingen für Geld oder für gute Worte zu haben ist – Menschen suchte? Ob ich finden würde? – Einige Auflösungen sind mit Brausen verbunden; bei einigen entstehet eine Hitze, bei einigen eine Kälte. – Daß Ew. Excellenz sich ja nicht ereifern, vielmehr Hochdero Galle für Ihren ungetreuen Liebhaber von *No. 30* besparen! – Eine Schwalbe macht keinen Sommer, und meine Laterne ist mit einem Hauche Ihres Eifers ausgeblasen.

Wollten Ew. Excellenz in aller Zucht und Ehrbarkeit sich in einen wohlgemeinten Wortwechsel mit mir einzulassen geruhen, Sie würden, wie ich nach der Liebe hoffe, sich eines andern besinnen und vielleicht überzeugt werden, daß ich weniger Vorwürfe verdiene als alle Ihre Liebhaber bis auf den *sub No. 30*, der es freilich außer der Weise macht, woran indes ich und meine Schrift auch nicht auf die entfernteste Weise schuld sind. – Bin ich gleich kein galanter, so bin ich doch ein treuer Verehrer eines Geschlechtes, unter welchem Sie und viele andere Ihresgleichen so unrichtig *Excellenz* heißen, wogegen andere treffliche Weiber, welche diesen Ehrennamen zehnfach verdienen, aus Hof-Etiquette nicht so genannt werden.

Keinem anderen als einem Deutschen konnte wohl ein solches Buch einfallen!

Auch unter den Franzosen gab es Sonderlinge, die, wenn sie gleich freilich nicht mit der Tür ins Haus fielen und an keine bürgerliche Verbesserung des schönen Geschlechtes dachten, ihm doch ein anderes Verhältnis anwiesen. Ich habe geglaubt, man müsse dem Übel die Wurzel nehmen und den Staat nicht aus dem Spiele lassen.

Frankreich, wo jetzt Alles gleich ist, ließ unser Geschlecht unangetastet.

Unverzeihlich! Wie konnte ein Volk, das (wie weiland *Voltaire par et pour* die Komödianten lebte) *par et pour* das schöne Geschlecht existiert, bei der weltgepriesenen allgemeinen Gleichheit ein Geschlecht vernachlässigen, das eine Königin hat, dergleichen es gewiß wenige in der Welt gab?

Wenn ich nur selbst wüßte, wie ich mich hier ins Mittel legen könnte, um aus diesem *excellenten* Handel mit Ehren herauszukommen! – Wohlan, ich will den gegenwärtigen Weltlauf der Damen kopieren, die in einem Atem trotzen und bitten, fluchen und segnen. – Vielleicht war das menschliche Geschlecht bloß darum so vielem Wechsel von Licht und Finsternis, von Veredelung und Herabwürdigung, von Paradies und Fall ausgesetzt, weil man die Rechnung ohne die schöne Welt machte. Es ebbte und flutete, je nachdem man von dieser andern Hälfte Notiz nahm und je nachdem man sie als etwas Wesentliches in der Menschheit oder als etwas Beiläufiges ansah, das schon die Ehre haben würde, der Prinzipalsache zu folgen. Man sah das schöne Geschlecht, wie den Reim, kaum für etwas mehr als für eine Krücke an, wodurch sich der Gedanke forthilft; und bei Messiaden und andern Werken der Dichtkunst, wo man ohne Krücken ging, mußte das andere Geschlecht sich gefallen lassen, zu kurz zu kommen. Jener Römische Rechtsspruch: Mit dem Rechtsmaß, mit dem man andere mißt, muß man sich selbst messen, schien hier völlig seine Kraft verloren zu haben, wenn er gleich zu jenen ins Herz geschriebenen gehört, die zu übertreten eine Sünde wider den heiligen Geist ist. – Wie ist ein Stoff zu organisieren, wenn es nicht auf die Vereinfachung des Vielfachen angelegt wird? Wie ist dem menschlichen Geschlechte zu raten und zu helfen, wenn man so entsetzlich einseitig verfährt? Der Himmel der alten Welt hatte seine Göttinnen so gut wie seine Götter; nur unter den Menschen soll es keine anderen Götter geben neben den Männern von Gottes Gnaden! – Ist es ein Seelenfest, wenn entfernte, einander völlig fremd gewordene Gegenstände in der Geisterwelt sich zusammenfinden; wenn sich oft das Allerverschiedenste in einem Berührungspunkte des Denkens trifft, wo seine ursprüngliche

Verwandtschaft wieder einleuchtend wird; wenn sich dergleichen voneinander abgekommene Gegenstände Hände und Trauringe geben und eine Himmelsstimme sich hören läßt: was Gott zusammenfügt, soll der Mensch nicht scheiden; ist es unaussprechliche Wonne, wenn Freunde nach langen See- und Landreisen sich wieder an Stell' und Ort umarmen und sich an die paradiesischen Jahre ihrer Jugend erinnern, wo sie ein Herz und eine Seele waren: wie weit herrlicher wird es sein, wenn das andere Geschlecht sich wieder zu dem unsrigen verhält wie *Eva* zu *Adam*, und nicht wie Ew. Exzellenz zu *No. 30!* – Laßt uns dies Werk der Zeit überlassen, die bisweilen aus unbegreiflicher Güte Kombinationen zusammenbringt, auf welche, nach dem gewöhnlichen Lauf der Dinge, weder zu rechnen noch Jagd zu machen war. – Laßt uns auf den Zeitpunkt uns freuen, wo der Tag der Erlösung für das schöne Geschlecht anbrechen wird, wenn man Menschen, die zu gleichen Rechten berufen sind, nicht mehr in der Ausübung derselben behindert – und wenn man das, was so augenscheinlich gleich ist, nicht so willkürlich unterscheidet. – Ich würd' ein Frauenknecht in bester Form sein, wenn ich behaupten wollte, daß diese goldene Zeit vom Himmel fallen werde. Verdienst und Würdigkeit sind die Bedingungen menschlicher Glückseligkeit, und der Mensch, sein eigener Bildner, kann aus dem Marmorwürfel, den die Natur ihm zuwarf, einen Gott und ein Tier machen – nach Belieben. Bloß auf die Behauptung schränk' ich mich ein, daß der Stoff, woraus eine *Venus* ward, sich ebensogut zu einem *Merkur* verarbeiten läßt; daß den Weibern das *Recht der Geraden* gebührt; und daß, wenn die Natur das menschliche Geschlecht zu schaffen *anfing*, sie den größeren Teil uns selbst überließ, um die Ehre der Schöpfung mit uns zu teilen. Tätigkeit ist die Würze des Genusses und Genuß die Würze der Tätigkeit. – Es ist dem Menschen angeboren, sagt *Cicero* (mit andern Worten), daß, wenn er sich Gott denkt, die menschliche Natur vor ihm schwebt. – Man definiere den Menschen, wie weiland der göttliche *Platon*, als ein *zweifüßiges Tier ohne Federn*, oder als ein *Geschöpf*, das sich wie ein Tanzmeister *gerade* hält, als Gott, als Tier; nirgends sind Weiber ausgeschlossen; nur müssen sie auch nicht sich selbst ausschließen – und wollen und werden sie das? *Wesley*, der Stifter des Methodismus, hatte die Maxime, daß es ohne Fasten und Frühaufstehen unmöglich sei, in der Gnade zu wachsen. – Was gilt das beste Recht, wenn man sich desselben unwürdig macht! Das fröhliche Geschlecht soll in der Gerechtigkeit, und nicht in der Gnade, wachsen; indes kann ich ihm kein anderes als dies Methodisten-Rezept verschreiben: *Wachsamkeit und Enthaltsamkeit.* – Welch ein Fürst, und wär' es der reichste und mächtigste, ist glücklich ohne persönliches Verdienst? *Thomas Payne*, der den Vorwurf, ein Fürstenfeind zu sein, höchlich von sich ablehnt und protestierend versichert, daß niemand treuer als er wünschen könne, die regierenden Herren zu der glücklichen Lage der Privatmänner zu erheben, bedachte nicht, daß jeder Fürst nicht nur ein politisches, sondern auch ein Privatleben führt – daß Fürsten mehr persönliche Verdienste zeigen müssen als andere, wenn sie geliebt und bewundert werden wollen, und daß sie Fürsten bleiben und doch sich persönlich auszeichnen können. Das ist, mit Ew. Exzellenz gnädiger Erlaubnis, der Fall mit Ihrem Geschlechte – *Quand le bon ton poroît, le bon sens se retire.* –

Eine *Gardefou*, eine Warnungstafel, den Blöden zum besten, daß ich hier mit keiner wirklichen Exzellenz wirklich colloquiert habe; denn außer dem, daß ich alsdann gewiß weniger zum Wort gekommen wäre, würd' ich auch meine wenigen Worte unschwer zu verzuckern nicht ermangelt haben. – Wenn der Künstler auf bloße Portraits eingeschränkt ist und keine Ideale mehr wagen darf, so agonisiert seine Kunst, und auch sein Genie liegt in den letzten Zügen; doch muß man in seinen Idealen eine auserlesene Sammlung von Portraits finden, falls sie den Namen Ideale verdienen sollen. In einer *Venus* lag ein Extrakt von fünfhundert schönen Mädchen. – Meine Exzellenz ist in der Ideenwelt; sie wird indes hoffentlich kenntlich genug geblieben sein und man ihren Widerschein gewiß mehr als fünfhundertmal finden. Die eigentliche Absicht war, vermittelst dieses magischen Spiegels mein Mütlein an der gefälligen Ungerechtigkeit zu kühlen, die unser Geschlecht dem schönen beweiset – ohne daß das letztere es dazu anlegen will, sich von seinen Königen zu befreien, wie weiland *Rom*, nachdem der *stolze Tarquin* wegen seiner Tyrannei vom Throne gestoßen und diese Handlung mit dem Grundgesetze bezeichnet ward: die königliche Regierung auf immer und ewig abzustellen. Sehr viel mehr als ein *Balken-Königreich*, das man aus einer alten Fabel kennt, war und ist unsere Herrschaft doch nicht – und es gibt ein moralisches Nestelknüpfen, kraft dessen (zum wahren Glück des Ganzen) nur wenige Männer zur eigentlichen Herrschaft gelangen. – Damit ich indes dieses erste Kapitel, welches einer Parlaments- oder gar Nationalversammlungs-Rede nicht unähnlich ist, einlenke, so glaub' ich, dem Buche *Über die Ehe*, diesem belobten und betadelten Ehe-Katechismus, mit dem ich es weder halten noch verderben mag, nicht zu nahe zu treten, wenn ich zur Zerstörung der galanten *Bastillen*, der häuslichen Zwinger und bürgerlichen Verließe, worin sich das schöne Geschlecht befindet, mit einem einzigen Operationsplane Markt halte, und die *bürgerliche Verbesserung der Weiber als ein diensames Mittel, diesen Zweck zu beschleichen*, empfehle, anbei aber glaubensvoll versichere, daß dieser weniger im Schweiße des Angesichts zu erringende als so zu erhaltende *Stand im Staate* beiden Hemisphären des menschlichen Geschlechts heilsam sein werde, zeitlich und ewiglich. – Ruhig und überzeugend gehet die Vernunft, und nur da, wo man sie mit ungleichen Waffen unrühmlich bekämpfen will, wo das Vorurteil den Handschuh wirft, pflegt auch sie ihren eigentlichen wohlüberdachten Plan aufzugeben und ihm einen andern unterzulegen, wodurch nicht das Bessere befördert, sondern Schlechtes mit Schlechterem verwechselt wird: etwas Blindes mit etwas Lahmen; man verändert, ohne zu verbessern. Ein untrügliches Merkmal aller Schwachköpfe, vom Thron bis auf den letzten Offizianten-Sessel. – Es gab, Gottlob, von jeher Weiber, und es gibt ihrer noch, denen ihr Stand der Erniedrigung eine zu starke Probe ist; Weiberköpfe, die nicht ihre Weiblichkeit, sondern die willkürliche Behandlung derselben von seiten unseres Geschlechtes beseufzen, und die ihrer Erlösung entgegen sahen – meine Schrift soll ihnen keine Heerführerdienste leisten. – Man kann durch Lehren lernen und durch Gehorchen sich im Befehlen unterrichten. Ich leg' es so wenig darauf an, das andere Geschlecht Knall und Fall von seiner Sklaverei zu befreien, daß ich mich vielmehr begnüge, es aufzumuntern, diese Erlösung zu verdienen. *Des Himmels würdig werden*, heißt nicht viel weniger als *ein aktiver Himmelsbürger sein.* – Findet auch selbst diese bescheidene Absicht steinichte Äcker und steinerne Herzen – immerhin! Es ist

ja nichts weiter als ein Buch, das ich verbreche; wahrlich eine Kleinigkeit. Wirkte je eins? auf frischer Tat? an Stell' und Ort? usw. Erfahrungen, Empfindungen solcher positiven Übel, welche der menschlichen Natur widersprechen, wirken; und wenn gleich die Mehrheit der Hände vielfältig entschieden hat und noch entscheiden kann, so gilt doch dieser Vorzug der *Täter* nicht von der Pluralität der *Leser*, die sich zu Denkern etwa wie eins zu hundert verhalten. Und du lieber Gott, selbst die Denker, sind sie nicht eine so unsichtbare Kirche, daß nur der Herr die Seinen kennet? Wahrlich, es hat auf die Wirkung keinen Einfluß, ob ein Buch zehn, fünf oder nur eine Auflage erlebt; und der Autor, der nach der Anzahl der verkauften Exemplare ein angeworbenes Heer mit ihm gleichdenkender Menschen, die vermittelst seines Buches Handgeld genommen, berechnen will, scheint weder Bücher noch Menschen zu kennen – man muß ihn in die Schule schicken. Einer jeden Schrift, sie sei wes Standes oder Ehren sie wolle, stehet das gewöhnliche Schicksal aller Schriften bevor: gelesen und vergessen zu werden, falls sie sich bloß auf Meinungen einschränkt (die unschädlichsten, unwirksamsten Dinge in der Welt, wenn anders der Zensor ihnen nicht einen Schein von Bedeutung beizulegen die ungütige Güte hat). – Gelingt es mir indes, Leben und Erfahrung in mein Büchlein zu legen und einen Geist in die toten Buchstaben zu hauchen, so werd' ich wenigstens auf einen Teil der Ehre rechnen können, welche sich der mündliche Vortrag gegen den schriftlichen herausnimmt, indem es von ihm heißt: der Glaube kommt durch die Predigt. –
Bei solchen Umständen ist mein Zweck freilich eine Reise um die Welt, ohne daß ich mein Zimmer verlasse. Ob dies gerade die gemächlichste Art zu reisen sei, mag unent-

schieden bleiben; die unfruchtbarste ist sie wenigstens nicht. *Newton* maß in seinem Lehnsessel die Erde und bestimmte, ohne den *Chimborasso* bestiegen und in *Tornea* gefroren zu haben, ihre Figur jahrelang früher als die Herren *Condamine* und *Maupertuis;* auch bin ich nicht der erste, der so reiset. –

Wie, wenn ich die gegenwärtige passive Existenz des schönen Geschlechtes in ihrer wahren Blöße zu zeigen glücklich genug wäre, um den Vorzug verdächtig zu machen, im Nichttun stark zu sein! Wenn ich einem genußgierigen Volke, das für den sinnlichen Luxus oft selbst den moralischen verschwendet, indem es für die Notwendigkeit knickert, ökonomischere Grundsätze beibrächte und es bewegen könnte, über Leib und Seele *Credit* und *Debet* zu verzeichnen und Buch zu halten! Wenn meine wohlgemeinten Vorstellungen bewirkten, daß die Weiber nicht in dem Grade männlich würden, wie die Männer weiblich, sondern daß Mann und Weib sich Mühe gäben, wirklich Mann und Weib zu sein, da jetzt, aus verjährter Unordnung, in Hinsicht der Geschlechter niemand recht weiß, wer Koch oder Kellner ist! Wenn ich, frei von jeder Explosion, bloß jenes Ziel näherbrächte, welches die Natur in eigener hoher Person angewiesen hat! Wenn mich das gewöhnliche Schicksal der Reformatoren nicht träfe, die alles außer der Jahreszeit hervorbringen wollen, denen es an Geist und Nachdruck gebricht, den Zeitpunkt schneller herbeizuführen, und die, was noch ärger ist, sich auf die Pulsschläge der Zeit so wenig verstehen, daß sie gemeiniglich *zu früh* und, wenn das Glück gut ist, *zu spät* zu kommen die Ehre haben! – Des hoffnungstrunkenen Schriftstellers! Man hat in unserer Zeit so sehr die bürgerliche Verbesserung der Juden empfohlen; sollte ein *wirkliches Volk Gottes* (das andere Geschlecht) weniger diese Sorgfalt verdienen als das *so genannte?* – Liegt der Same der Erbsünde nicht in den Müttern? Und lagen die Verhinderungen einer moralischen Verbesserung des menschlichen Geschlechtes – welche Verbesserung die besten Menschen in der Welt, und unter diesen *Friedrich der Zweite*, anfänglich so tätig bezweckten, nachher aber betrübt aufgaben – nicht vorzüglich darin, daß man das *schöne* Geschlecht in seinen Ruinen ließ und diesen Tempel bloß aus *unserm* Geschlecht errichten wollte? Ist es nicht unverzeihlich, die Hälfte der menschlichen Kräfte ungekannt, ungeschätzt und ungebraucht schlummern zu lassen –? Gesellschaft setzt unter den Verbundenen eine Gleichheit voraus, wozu es der Urheber der Menschen auch angelegt hat, der die Menschen aufrichtig machte; nur leider suchen sie viele Künste. In allen Gesellschaften, woran Weiber teilnehmen, verbreitet sich Anstand; und sollte dies nicht auch der Fall beim Staate sein, in dessen Geschäfte ein andres Licht und Leben kommen würde, wenn Weiber den Zutritt hätten, in ihnen ihr Licht leuchten zu lassen und ihnen einen andern Schwung beizulegen? – Wir haben für unsere Gesellschaften noch keine Pflichtvorschriften; und doch führt man sich hier ohne Gesetzbuch so exemplarisch, daß oft Ungezogene, die der Staat aufgab, mit augenscheinlichem Vorteile in diese Schule gingen und aus ihr als gebesserte Menschen zur Universität des Staates gebracht wurden. – Ich getraue mir (den Gegenbeweis unverschnitten) außer Zweifel zu setzen, daß in allen weiblichen Regierungen gewisse feine Züge des Anstandes aufzuspüren sein würden, welche bei einem großen Teile der Menschen mehr bewirken als ein wohlbestallter Codex voll kunstgerechter Strafflüche. Dieser süße Geruch der Empfehlung, dieses Gewürz des Wohlgefallens – wie liebenswürdig! Die Gesetzgebung der *Großen Katharina der Zweiten* hat davon laute Spuren. – Schon die Gegenwart der Frau vom Hause, die doch das Hausrecht gewiß nicht in aller Strenge handhaben kann, macht den Männern die Sprache der Bescheidenheit notwendig – und will man einwenden, daß die Ohren alsdann gerade nur so viel keuscher geworden wären als das Herz unkeusch, so vergißt man, daß ein gewisser Schein, eine gewisse Heuchelei, die man *Lebensart* nennt, unter den Menschen so notwendig ist, daß die Menschen ohne diese Lebensart nicht, wie ein paar *Augures* der alten Zeit, wenn sie einander begegneten, oder ein paar der neuern, wenn sie ein *Consilium* wegen der letzten Ölung eines Patienten halten, übereinander lachen, sondern sich verabscheuen würden. – Die Reinheit der Zunge wirkt zurück, und wessen das Herz voll ist, geht der Mund über.

II. *Gibt es außer dem Unterschiede des Geschlechtes noch andre zwischen Mann und Weib?*

Als nach dem Rate, den Gott über das Schöpfungswerk gehalten hatte, dieser Plan ausgeführt werden sollte, schuf Er das erste und beste Paar von Menschen gleich im männlichen und mannbaren Alter, so daß ihre Hochzeit keine Stunde ausgesetzt werden durfte. Sie kamen mit den erforderlichen Jahren zur Welt, wie regierende Herren ihrem neuen Adel Ahnen verehren. – Das *Männlein Adam* hatte zwar die Ehre der Erstgeburt; indes ward *Fräulein Eva* vollkommen dadurch entschädigt, daß sie aus einer Rippe *Adams*, dieser dagegen nur aus einem Erdenkloß zur Welt gebracht wurde –! »*Eine Schöpfung also aus der zweiten Hand?*« Warum nicht gar aus der dritten –! Schuf nicht eben die Schöpferhand, welche *Adam* geschaffen hatte, auch *Eva*, und gereichet diese Rippen-Hieroglyphe nicht in mehr als einer Rücksicht zum Vorzuge des Weibes? Keins erzog das andere; keinem fiel es ein, sich über das andere zu erheben und Vaterrechte zu behaupten. – Elternrecht, das schönste und ehrwürdigste, das die Menschheit kennt, der Urquell der liebenswürdigsten Tugenden, hat (wer sollt' es denken!) die Ungleichheit unter den Menschen erzeugt. Gute Eltern, solch eine ungeratene, ausgeartete Tochter! Sind indes viele Laster nichts anderes als ungezogene Tugenden; sind, nach dem Ausspruch eines Heiligen, unsere Tugenden bloß schöne Sünden: so würde man ein Verbrechen an der Menschheit begehen, wenn man nicht auch dem Bösen und dem Ideal desselben, dem Teufel, Gerechtigkeit erweisen wollte. – Wenn man ja, nach der ältesten Urkunde das menschliche Geschlecht betreffend, einem Teile dieses ersten Menschenpaares einen Vorzug vor dem andern beilegen wollte, so würde *Eva* den Zankapfel von jedem *Paris* erhalten – »*weil sie schöner als Helena war? und weil jeder Paris bei aller Sinneseinfalt eine Mannsperson bleibt?*« Nein! sondern weil *Adam* durch sie zum Falle gebracht ward, oder (wie diese hohe und tiefe, erhabene und schöne Hieroglyphe nicht unrichtig gedeutet werden kann) weil er sich durch sie zum Gebrauch und zur Anwendung, zum Durchbruch der Vernunft hinaufstimmen ließ. Der seligen Stimmung! – *Eva* war das Pupillen-Amt, welches die Majorennitätserklärung über den unmündigen *Adam* aussprach, nachdem er seither vielleicht unter der Vormundschaftsdirektion der braven *Eva* gestanden zu haben scheint, die sich schon zuvor in einigen Stücken manumittiert haben mochte. – Sie zerbrach die Ketten des Instinkts, der die Vernunft nicht aufkommen ließ, und triumphierte. – *Eva* sollte *die Vernunft*, ihr zum Andenken, heißen. Die erste Hauptrevolution konnte, wie jede Revolution, nicht ohne Drangsale und Unruhe sein. Diese sind nach der Natur des Menschen so notwendig, daß ich nichts weiß, es sei etwas Theoretisches oder Praktisches, was, wenn es sich anders auszeichnet, nicht durch Zerrüttung und Leidenschaft empfangen und geboren wäre. – Nur immerwährend kann dieser Braus und Saus nicht sein und bleiben. Die Wellen müssen sich legen und die Vernunft muß endlich obsiegen. – So ging es bei der ersten Revolution, und so muß es bei einer jeden andern gehen, wenn sie anders diesen Namen verdienen soll. Diese Lobrede auf

Eva, welche ihr von wegen der Vernunft-Revolution so wohl gebührt, würde vielleicht zu einer theologischen, juristischen, medizinischen oder philosophischen Disputation oder zu einem Aufsatze für irgendein zeitverkürzendes Journal hinreichende Gelegenheit an Hand und Kopf geben, wenn man nur wüßte, wie man den ungebetenen Gast von Assistenzrätin, die Schlange, aus dem Spiel bringen könnte. – Mit diesem Eheteufel ist leider nichts anzufangen. – Kurz und gut, sagt der gläubige *Thomas Payne*, ich bin dem ganzen Teufel von Monarchie feind. – Da es aber, mit Herrn *Paynes* Erlaubnis, auch gar häßliche Republikteufel geben kann und gibt, so ist es am besten, alle Teufel zum Teufel zu jagen. Vielleicht die beste Gerechtigkeit, die man ihnen erweisen kann.

Die Schöpfungsgeschichte erwähnet, nach dem klaren Inhalt derselben, keines andern als des Geschlechtsunterschiedes. *Lasset uns Menschen machen – und er schuf sie ein Männlein und ein Fräulein.* – Es ist eine weit spätere Epoche, wenn es heißt: *Dein Wille soll deinem Manne unterworfen sein und er soll dein Herr sein!* Und denkt man sich unter der Geschichte des Falles ein Bild von der Befreiung des Menschen von dem paradiesischen Joche des Instinkts und vom Ursprunge des gesellschaftlichen Zustandes, zu welchem die weise *Eva* die Gelegenheitsmacherin und Heroldin war, so scheinen diese prophetischen Worte den traurigen Zustand zu verkündigen, den *Eva* ihrem Geschlechte durch diese Heldentat zuzog. – Ob indes die Natur der Sache jene allererste Urkunde und ihre Auslegung bestätigen wird? Zu übersiebnen sind dergleichen alte und wohlbetagte Dinge nicht; und wozu auch diese gefährliche Beweisart –? wozu, da wir Vernunft und Erfahrung als *Zeugen zum ewigen Gedächtnis* anrufen können. Aus dieser zweier Zeugen Munde bestehet alle Wahrheit. –

Die Natur scheint bei Bildung der beiden Menschengeschlechter nicht beabsichtiget zu haben, weder einen merklichen Unterschied unter ihnen festzustellen, noch eins auf Kosten des andern zu begünstigen. – Der Geschlechtsunterschied kann nicht zur Antwort dienen, wenn die Frage ist: ob das männliche Geschlecht mit wesentlichen körperlichen und geistigen Vorzügen vor dem weiblichen ausgestattet worden sei? Andere Unterschiede als die, welche auf die Geschlechtsbestimmung gehen, zu entdecken, hat dem anatomischen Messer bis jetzt noch nicht gelingen wollen; und doch behauptet dies Instrument bei der goldenen Regel *Erkenne dich selbst* einen unleugbaren Einfluß; und überhaupt hat das brave Eisen dem menschlichen Geschlechte weit mehr Dienste geleistet als das prahlerische Gold. – Wer zuerst den Magneten die *Eisenbraut* nannte, bewies für Magnet und Eisen eine Achtung, die beiden gebührt. – Was hätte die Natur veranlassen können, die eine Hälfte ihres höchsten Meisterstücks zu beglücken und zu ehren, die andere dagegen zu verkümmern und zu vernachlässigen, und zwar gerade in umgekehrtem Verhältnisse? Bei Erreichung jenes großen Naturzwecks, wo Menschen das göttliche Ebenbild des Schöpfers darstellen, hat das weibliche Geschlecht einen ungleich wesentlicheren Anteil als das männliche, und zwar sowohl in Hinsicht der Substanz als der Form. Dieser Absicht recht weise vorzuarbeiten, sollte die Natur die Weiber haben schwächer bilden oder unvollendet lassen wollen? »Nicht eben schwächer«, sagte ein Weiberfeind, als er diese Stelle im Manuskripte las, »aber weniger gang und gebe. Mögen Weiber Stahl sein, die Männer Eisen –«.

Nicht also; und warum ein Vergleich auf Schrauben, da das schnurgerade Recht auf der Weiberseite ist! Wir, glaubt man, wären gottlob völlig ausgeschaffen; und nun zerbrach der Meister die Form von Ton, und das andere Geschlecht, in der Repräsentantin *Eva*, war ein Unternehmen auf gutes Glück, auf den Kauf, eher hingeworfen als zustande gebracht, angefangen und nicht vollendet –! Das Weib, dem das eigentliche Geschäft der Vermenschlichung der göttlichen Schöpfung anvertraut ward, sollte die Merkzeichen der Ohnmacht und der Dürftigkeit an sich tragen? Die allmächtige Natur sollte ihre Stellvertreterin schwach gelassen haben, um nicht nur *schwache* Personen ihres *eigenen* Geschlechtes, sondern auch *starke* des *unsrigen* zur Welt zu bringen? Doch scheint es so; und freilich, wenn Erfahrung spricht, muß Vernünftelei schweigen, knien und anbeten. – Der einzige Winkelzug, der ihr übrig bleibt – Erfahrung! Und was lehrt sie? Das andere Geschlecht sei im Ganzen kleiner, schwächlicher angelegt, besitze weniger körperliche Kräfte und sei mehrern Krankheiten unterworfen. Bedarf es weiteren Zeugnisses, um die Vernunft zu der Schlußfolge zu bequemen: dies wären Geschlechtsunvollkommenheiten, von welchen die Weiber bei der Ordnung der Dinge nicht entbunden werden konnten? Alles ist gut, was nicht anders sein kann, und im *Muß* liegt eine Schatzkammer von Beruhigungsgründen, vermittelst deren man bei ein wenig Philosophie das *Ich muß* mit dem *Ich will* so auszusöhnen weiß, daß hier jeder Fluch sich in Segen und die *arge böse* Welt sich in die *beste* verwandelt. Friede mit der Natur und mit dem schönen Geschlechte! Und Friede mit uns allen! Wie aber, wenn es so gut Trugerfahrungen als Trugschlüsse gäbe? wenn der Schein betröge? Die Vernunft fürchtet sich vor den Sinnen; und wenn wir die Operation an uns vollziehen zu lassen völlig entschlossen sind, wenden wir doch in der Stunde der Anfechtung das Auge weg. – Vernunft, Herz und Sinne arbeiten sich in die Hand; und nicht nur das Herz des Menschen, sondern auch seine Vernunft und seine Sinne sind trotzig und verzagt: wer kann's ergründen? Bald dünkt der Mensch sich ein Gott, bald weniger als ein Tier zu sein. – Nackt und bloß kommt er zur Welt, und wenn andere Tiere bewaffnet und bedeckt sind, können Se. Majestät der Mensch sich nicht entbrechen, das königliche Recht an Tieren auszuüben, um sich zu ernähren und zu bekleiden. – Diese Finanzregierung wird oft so sehr mit dem Stabe Wehe! geführt, daß die Tiere bei der Natur die bittersten Klagen gegen ihre Allerdurchlauchtigsten Beherrscher führen könnten – und auch ohne Zweifel führen, wenn anders der Apostel *Paulus* recht beobachtet hat. Denn in der Tat, die Natur hält ein schreckliches heimliches Gericht, das schrecklichste, das gedacht werden kann! Not lehrt beten, bitten und nehmen; allein sie ist auch eine weise Lehrerin der Mäßigkeit – und wer diese ihre Stimme verkennt, in dem ist nicht die Liebe des Allvaters, dessen Kind alles ist, was Leben und Atem hat. Nichts mehr als weinen kann der Mensch ohne Lehrmeister, zum Zeichen, daß er bei weitem nicht das höchste Los zog; – denn da er sich nicht zu berechnen versteht, so ist der Gewinn oft schädlicher als eine Niete. Lieber, dergleichen Klagen sind durch das Machtwort *Vernunft* überwunden. Ohne Schwäche hört der Mensch auf, Mensch zu sein – und wer es in diesem Erdenleben auf etwas Höheres anlegt, begibt sich in Gefahr, weniger zu werden und den Zweck des Schöpfers zu verrücken. Kennen wir ein edleres Geschöpf außer ihm, in welchem die Kraft liegt, sich Gott und eine reine Tugend zu denken? Und diesen Vorzug hat der Verworfenste nicht aufgegeben. – Einen Augenblick, nicht aber immer, kann der Mensch auf das Ebenbild Gottes Verzicht tun. – Ist die Vernunft nicht mehr als alles? Und verdient sie diesen Namen, wenn sie nicht Begierden einschränken kann? Kann man nicht das Tier am Menschen fast vergöttlichen und seine Leidenschaften, wie die Meereswoge, bedrohen –? Wo *sie* ist, da wohnt Menschheit, und bei den Strahlen ihrer Gottheit diese Würde im andern Geschlechte verkennen wollen heißt: keine Regel übrig lassen, seinen eigenen Wert zu bestimmen. Nicht steinerne Gesetztafeln würde man zerbrechen, sondern am göttlichen Geiste, der in uns ist, sich versündigen. – Kann etwas *Sache Gottes* sein, was der *Vernunft* widerspricht? Oder will Gott seine Sache je durch solche Mittel geführt wissen? Durch die Vernunft, den Widerhall seines Mundes, ist Er nicht fern von einem jeglichen, der mittelst ihrer Ihm ähnlich ward und in Ihm lebet, webet und ist. – Mein Feldzeichen ist keine nichtswürdige Präkonisierung, sondern Wahrheit und Gerechtigkeit. Ist das weibliche Geschlecht in der Regel wirklich kleiner als das männliche? Ist nicht die Größe überhaupt etwas sehr Relatives, welches in Klima, Nahrungsmitteln und andern uns unbekannten Ursachen wesentlichere Bestimmungsgründe findet als in dem Geschlechtsunterschiede? Diesseits und jenseits der Wendezirkel ist die Menschenart weit kleiner als innerhalb derselben. Diesseits des vierzigsten und jenseits des sechzigsten Grades der Breite würden unsere Werbehäuser ungefähr so viel Glück machen wie ein Besuch der *Boucaniers* auf *Tierra del Fuego* in den Höhlen der *Pescherähs*. Reisende behaupten, daß Männer und Weiber dort gleichen Strich halten und daß, wenn ihnen nicht der Unterschied der

Kleidung und etwa der Bart aushülfen, die beiden Geschlechter voneinander nicht unterschieden werden könnten. Oder sollten diese Klimate hier etwa der Entwicklung des weiblichen Körpers günstiger sein? Mitnichten; ihr frühes Dahinwelken widerspricht dieser Mutmaßung: schon das dreißigste Jahr bedeckt sie mit Runzeln. Auch in gemäßigtern Himmelsstrichen gibt es Verschiedenheiten in Rücksicht der Größe, und unter ihnen Rassen, die sich von den übrigen auszeichnen, so wie die Bewohner der Marschländer in der Regel größer sind als die Bergbewohner, als ob die Natur diesen Menschen den Berg mit in Anschlag gebracht hätte – und am Ende, was tut die Größe?

Aber die Schwächlichkeit gegen den nervigen, eckigen männlichen Körperbau gehalten! Freilich würde sie mehr beweisen; doch fürcht' ich, die Erfahrung sagt auch hier weniger, als wir sie sagen lassen. – Ehe wir die Fehde beginnen, ist die Musterung der Heere notwendig. Verabschieden wir unser elegantes luftiges Völkchen, läßt das andere Geschlecht seine Damen der höheren Klassen samt ihren Zofen zu den lieben Ihrigen heimkehren – was gilt die Wette? Selbst wenn unsere eleganten Damen mit unsern eleganten jungen Herren sich in Fehde einließen – auf welcher Seite wäre Hoffnung zu gewinnen? – Bei Völkern, die auf der ersten Stufe der Kultur stehen, ist das Schicksal des weiblichen Geschlechtes hart: bei Jägernationen, denen Haustiere unbekannt sind, ist das Weib das lastbare Tier, welches den Mann zur Jagd begleitet und das erbeutete Wild nach der Hütte trägt; bei den Hirten- und Ackervölkern ist ihr Schicksal womöglich noch schwerer: sie bauen das Feld, treiben Fabriken- und Manufakturarbeiten, indem sie das, was ihnen der Acker und die

Herden zur Nahrung und Bekleidung darbieten, zum Gebrauch bereiten oder veredeln und auch noch das (freilich sehr einfache) Hauswesen besorgen, während der Ehrenmann sich dem Müßiggange überläßt. – Auch unter Nationen, wo die Kultur schon Fortschritte macht, ist bei der arbeitenden Klasse des Volkes der Anteil des andern Geschlechtes an den Geschäften gewiß nicht von *der* Art, daß davon auf eine größere Schwächlichkeit der Weiber geschlossen werden könnte. Die Arbeiten bei Bestellung des Bodens und bei der Ernte – sind sie nicht unter beide Geschlechter so ziemlich verteilt? Es wird schwer fallen, zu bestimmen, welcher Teil hier mehr übersehen werde. Bei der Musterung aller Gewerbe, die den Kunstfleiß und die Hände der Menschen beschäftigen – ist nicht der Anteil der Weiber mit einem beträchtlicheren Aufwande von Kräften verknüpft? Der Schnitter kehret heim zu seiner Hütte mit frohem Herzen, um nach ermüdender Arbeit der Ruhe zu pflegen, wenn, auch bei der einfachsten ländlichen Haushaltung, noch vielfache Geschäfte für das Weib übrig bleiben, das im Schweiße seines Angesichts die Garben band, wozu nicht minder Anstrengung von Kräften erfordert wird. Jene von Gesundheit strotzende, mit der echten Sommerfarbe geschminkte Dirne ist eine lebendige Widerlegung dieser mißgünstigen Behauptung, und sie wird es mit jedem aufnehmen, der es wagen will, die Kräfte ihrer Muskeln in Versuchung zu führen. Weiberkrankheiten sind nur die Geißel *der* Weiberklasse, die den Ehrennamen *Weiber*, so wie die in ihrem Kammerdienste sich befindenden Treugehorsamsten den Ehrennamen *Männer*, nur von wegen des Staats und zur Parade führen. Darf und soll die Natur Übel verantworten, welche Lebensart, Sitten und Konvention, deren Name Legion ist, über sie gebracht haben? Gefährten unserer Torheiten, Spießgesellen unserer Üppigkeit gehören nicht auf das Konto der Natur, die den Menschen so einfach schuf und allenthalben, wo er seine Hütte aufschlug, für Wohnung, Nahrung und Kleidung reichlich und täglich sorgte. Hat sie je gewollt, daß er Gewürze aus Indien ziehen sollte, um sein Blut zu vergiften? oder angreifende Leckerbissen, um seine Nerven zu schwächen? Setzte sie dem Indier Eis und dem Bewohner der Eiszone Wein vor? Gab sie nicht vielmehr einem jeden das ihm angemessene und beschiedene Teil? Und wie, grundgütige Natur, der ausgeartete Haufe deiner Kinder klaget dich wegen Krankheiten an, wozu er die Anlässe, trotz allen Gefahren und Hindernissen, aus Osten und Süden mit rastloser Begierde zusammenbrachte, während das Häuflein deiner genügsamen Kinder, den mütterlichen Vorschriften folgsamer, mitten unter diesen unschlachtigen ausgearteten Menschen *vor Dir* wandelt und fromm ist, ohne von hysterischen Plagen und dem zahllosen Heere von Krämpfen zu wissen, gegen die weder die *Materia medica* noch vielleicht die ganze weite und breite Natur Mittel in Vermögen hat? Nennt die Natur nicht ungerecht, wenn ihr unnatürliche Wege wandelt! Nur gegen natürliche Krankheiten scheint die Natur Mittel zu besitzen; gegen Übel, welche Folgen unserer unnatürlichen Kultur sind, hat sie weder Kraut noch Pflaster, und ihr einziges Mittel ist nur: tut Buße und glaubet an das Natur-Evangelium! Oh, daß ihr Buße tätet und glaubtet! – Ohne daß wir werden wie die Kinder und in dies Philanthropin heimkommen, dem wir den Rücken kehrten, sind wir verratene und verkaufte Menschen, zu denen bisweilen die wohlmeinende Stimme erschallt: Adam, wo bist du? die sich indes, so gut sie können, vor sich selbst zu verstecken suchen. – Am fünften Akt scheitern besonders die meisten Frauenzimmer, so wie ein großer Teil der Theaterdichter. – Die Liebe, das Glück des Lebens, wird ihr Unglück; ihr Herz war gebildet, die Tugend zu lieben, und nicht das Schicksal, sondern ihre Nachlässigkeit macht es zur Verbrecherin. – Die arbeitende Klasse kennt keine besonderen Weiberkrankheiten. Schwangerschaften und Geburten werden nur durch Nebenumstände, die ihren Grund in Lebensart, Sitten und Kleidung haben, erschwert und sind so wenig Krankheiten, daß Ärzte sie geradewegs als Heilungsmittel vorschreiben könnten – und zuweilen wirklich vorschreiben. Bei einigen sogenannten Wilden hält nicht das Weib, sondern der Mann die Entbindungsferien. Kaum ist es seiner Bürde entledigt, so badet es sie in dem nächsten Flusse, reicht dem neuen Ankömmling die Brust, ersparet sich das Milchfieber und das Ammenkreuz und besorgt die Hausgeschäfte nach wie vor, während der Mann, auf seinem Lager hingestreckt, sich pflegen läßt und von seinen Nachbarn Wochenvisiten und Glückwünsche annimmt, weil er – man denke der Mühe! – durch sein Weib ein Kind geboren hat. Da es Helden gibt, deren die Geschichte mit Lob und Preis gedenkt, weil sie in höchsten Gnaden geruheten, sich Schlachten gewinnen und Siege erkämpfen zu lassen, ohne daß sie sich dem kleinsten Gefecht aussetzten und zum Bette der Ehren die mindeste Neigung fühlten, indem sie, wenn es hoch kam, weit über die Schußweite hinaus sehr behaglich zusahen, wie viele Arme und Beine ein Paar Lorbeerreiser kosteten: – so mag es mit dem Wochenbette dieser Männer so genau nicht genommen werden. Ihr, die ihr der Schwangerschaften und Geburten halber die Weiber für schwächer haltet als Euch, sagt: wie hätte die Natur ihr größtes Werk, die Fortpflanzung des menschlichen Geschlechtes, absichtlich mit solchen Übeln in Verbindung bringen, wie hätte sie den Becher des köstlichsten Nektars mit Wermut vermischen, wie eine Handlung, über welche sie die besten ihrer Segnungen aussprach, mit so schrecklichem Fluche begleiten und auf unsere Seite lauter Wonne, auf die andere dagegen lauter Trübsal legen sollen! Allerdings sind Schwangerschaften, Entbindungen, Stillung des Säuglings mit einem Aufwande von Kräften verbunden; allein in dem weiblichen Körper, wenn er unverdorben ist, findet sich Stoff genug, diesen Aufwand nicht nur zu bestreiten, sondern auch dessen Abgang ohne Zeitverlust zu ersetzen. Der Einwand, den man von so vielen Modefrauen ableitet, gilt nicht; denn diese erscheinen bereits so kümmerlich an Lebensstoff und Kräften, daß jede Schwangerschaft ihr luftiges Gebäude bis auf den Grund erschüttert und jede Geburt es zu zerstören droht. – Planreiche Erfinder, die ihr Rechenmaschinen erdachtet, einem Gliedermanne Schach spielen lehret, Luftreisen unternahmt und durch Desorganisation Leute weiter bringt, als wenn sie *in gradum doctoris utriusque medicinae* promoviert hätten, ihr, denen die Geister so zu Gebote stehen wie dem Hauptmann von Kapernaum seine Knechte, – spannt eure Saiten tiefer und laßt euch zu einer Kleinigkeit herab; erfindet eine Kunst, vermittelst deren unsere galanten Damen von der Last, Kinder zu gebären, befreiet werden können. Laßt Söhne und Töchter wie Äpfel und Birnen wachsen; macht, daß sie wie Kohl verpflanzet werden. – Sollten auch durch diese Erfindung in den ersten Jahren (kein Meister fällt vom Himmel) die politischen Volkszähler ein *Minus* wahrnehmen, so würde doch selbst in diesen Jahren der magern Kühe der Metallwert des menschlichen Geschlechtes alles ins Reine bringen, und *summa summarum* wäre um so mehr ein unleugbares *Plus*, da der Staat, anstatt aus Scheidemünze, aus Gliedern von echtem Schrot und Korn bestehen würde! – Was gilt ein persisches Heer, nach Parasangen gemessen, gegen eine mazedonische Phalanx! Doch nein, ziehet eure Schuhe aus, diese Stätte ist heilig. Den rechtmäßigsten, den allerheiligsten in der Vernunft gegründeten Ansprüchen der Menschen auf die Mitteilung der Wahrheit soll hier nicht durch Spott zu nahe getreten werden, der, so wie die üble Nachrede, immer etwas zurückläßt. – Nur Menschenliebe nähere sich diesem feurigen Busche! Jene Kraft der Trägheit, die im Körper ihr Wesen oder Unwesen treiben soll, um ihn beständig in seinem gegenwärtigen Zustande zu erhalten, der sich der Ruhe widersetzt, wenn der Körper in Bewegung, und der Bewegung, wenn er in Ruhe ist, hat nicht die Ehre, mir zu gefallen. Eine Kraft, die nur widersteht und nicht von selbst zu wirken vermag, ist eine Kraft, mit der sich wenigstens nicht prahlen läßt. Der edelste Staat muß sich zuweilen zum Angriffskriege verstehen, und es gibt Straf- und Wiederzueignungskriege, wodurch wir unser Recht und das, was man uns schuldig ist, einfordern und den zur Verantwortung ziehen, der sich an uns vergriff. – Der ist weder klein noch groß, der beides nur in dem Grade ist und äußern kann, als man sich ihm widersetzt. – Laßt beide Geschlechter zu ihrer Lauterkeit und Wahrheit heimkehren, und wir werden je länger je mehr finden, daß Mann und Weib auch in diesem Sinn ein Leib sind – aber auch *eine* Seele? Noch hat es den Psychologen nicht gelingen wollen, in dem Gebiete der Geister weit genug vorzudringen, um bestimmen zu können, ob es unter ihnen einen wesentlichen Unterschied gebe; wenigstens gab es keinen *Geister-Linné*, der sie klassifizierte. *Rorarius* mag es verantworten, wenn er bei den Tieren mehr Vernunft findet als bei Menschen; *Helvetius*, wenn er die Seelen, denen ein Körper mit einem Huf zuteil ward, mit denen, die einen Körper mit Händen erhielten, in *eine* Klasse setzt, und beide mögen es mit dem *Cartesius* ausmachen, daß sie seine Maschinenwelt zerstören. Es gibt auch philosophische und Vernunftketzer; denn der Grund zu allen Behauptungen wird aus der Natur genommen, einer Urkunde, die das mit allen Urkunden gemein hat, daß ein jeder, was er darin sucht, auch darin findet. Jede Geschichte, jedes Faktum muß sich bequemen, sich nach uns zu richten, und der wahrhafteste Mann trägt zuvor etwas von seinem Selbst in jene Geschichte und jenes Faktum, so, daß alles, was der Mensch berührt, etwas von seinem Ich, von seinem Selbst erhält. Das beste Wasser hat keinen Geschmack; und so geht es auch den meisten Tatsachen, die wir selten ungewürzt erhalten – und wenn der Würzler auch nur Salz, die kümmerlichste und beste Spezerei, darzutun sollte. – Freunde und Feinde nehmen voneinander so viel an, daß man unverkennbare Züge der Ähnlichkeit unter ihnen entdeckt. »Feinde?« Allerdings; und ich behaupte, daß sie noch leichter als Freunde sich ineinander abdrücken. – Ein Freund, der unser Widerhall ist, hat wenig Reiz für uns; allein eben das, wodurch Feinde am meisten hervorragen, was am meisten interessiert und auf ihre Seite tritt, pflegt unsere Nachahmung abzugewinnen: so wie man in den Wald schreiet, so erfolgt die Antwort. Eine ganze Schar von Variantensammlern und Kommentatoren trägt ihren Sinn und Unsinn so lange in jede Urkunde, bis eine *Authentica* erscheint, und diese mag denn, geliebt es Gott, den Wert und Unwert des Unterschiedes zwischen den Menschen- und Tierseelen entscheiden, wenn nur wir es nicht wagen, unter den menschlichen Seelen Rangordnungen zu bestimmen, die nicht mehr und nicht weniger Realität haben als Träume und ihre Deutungen. Gibt es denn etwa auch Geschlechtsunterschiede unter den Seelen? Gibt es Seelen, die ausschließlich bestimmt sind, weibliche Körper zu bewohnen –? Und wer ist der kühne Argonaut, der dieses unbekannte Meer beschifft hat? Womit hat dieser Apostel der unsichtbaren Welt sein Evangelium bestätiget? Wo Satz und Gegensatz einander so nahe sind, daß sie sich die Hände bieten können, da liegt jedem die Pflicht auf, seinen Satz mit aller Stärke zu beweisen und dann dem Publico das Richteramt zu überlassen. Erfahrungen wider Erfahrungen, ehe es noch ausgemacht ist, ob die Seele mit sich selbst Erfahrungen anzustellen vermag. Nur im Spiegel kann die Seele sich wahrnehmen; und wer weiß nicht, daß dieser Spiegel das Bild sehr unvollkommen und oft sehr unrichtig wiedergibt! – Der Spiegel stellt uns verkehrt dar, und es ist ein unangemessener Ausdruck: der Mensch ist getroffen wie aus dem Spiegel gestohlen. – Allerdings können einzelne Erfahrungen wohl dienen, eine subjektive Überzeugung hervorzubringen; eine allgemeine Wahrheit auf diesen Grund zu bauen, reichen nur Erfahrungen hin, die so allgemein sind wie die Wahrheit, der sie zur Unterlage dienen sollen. Wie lange ist es, daß wir in diesem Fach Erfahrungen anstellen? Welche Methoden schlugen wir ein? Waren diese so wohl gewählt, daß sich nach ihnen richtige Resultate erwarten ließen? Haben wir wirklich bereits einen solchen Vorrat von Erfahrungen, daß wir ein System wagen können, nach welchem für eine ganze Hälfte des menschlichen Geschlechtes eine so nachteilige Unterscheidungslinie sicher gezogen werden kann? Oder dürft' es uns über kurz oder lang nicht mit dieser gehen wie weiland Sr. Unfehlbarkeit jenseits der Alpen mit der berüchtigten Demarkationslinie? Mit einem System geht es gemeiniglich wie mit einem Instrument, auf das wir uns verstehen. Haben wir bei dem System, wovon hier die Rede oder die Frage ist, den gewissen Vorteil unwiderlegbar berechnet? Oder ist es eins wie viele andere seiner Brüder, bei denen nichts weiter als Sprachverwirrung obwaltet, wie bei dem Turm zu Babel, dessen Spitze bis in den Himmel reichen wollte? Nimmt man den meisten Systemen die Sprachverwirrung, was bleibt übrig? – Noch behauptet die Erfahrungsseelenkunde unter den Wissenschaften nur einen prekären Rang; sie stehe indes oder falle, die Wahrheit verliert nichts, die vor ihr war und nach ihr sein wird. Stärke der Seele, Mut, Überlegenheit des Verstandes, ein größeres Maß von Urteilskraft, Festigkeit des Willens, eine größere Stärke des Gefühls und andere dergleichen Seelenvorzüge der Menschen sind es, die sich die Männer auf Kosten des weiblichen Geschlechts als Erstgeburtsrechte zueignen. Sie sind mit dem Erdenall, das man zuweilen Erdenball heißt, von Gott belehnt – die edlen Lehnsträger! – Da sie indes Kläger und Richter in einer und selbsteigener Person sind, so scheinen sie noch gütig zu sein, wenn sie Weiber bei Menschenseelen rechtskräftig belassen. – Ob nun (nachdem es dem männlichen Geschlechte rühmlichst gelungen, die andere Hälfte der menschlichen Schöpfung, welche nach ihrer Bestimmung mit ihm ein Ganzes ausmachen sollte, zu unterjochen und sie an den Menschen- und Bürgerrechten nur bittweise, nur insoweit es seinem Majestätsrechte nicht zu nahe tritt und ihm nicht die Krone bricht, großmütigen Anteil nehmen zu lassen) – ob nun alle jene Erscheinungen Wahrheiten oder Täuschungen sind, ist eine Preisfrage, die mit vielen andern es gemein hat, daß die Antworten auf dieselbe von beiden Seiten hinken. – Auf diese Erscheinungen indes dem schönen Geschlechte alle jene Geistesfähigkeiten abzuleugnen und ihm in falschem Spiel seinen Rang abzugewinnen, heißt gerade so verfahren wie gegen die Amerikaner, denen man, auf die Aussage einiger Beobachter, die keinen Bart unter ihnen gesehen hatten, dieses männliche, übrigens sehr beschwerliche, Ehrenzeichen nicht nur absprach, sondern aus dem Mangel desselben auch die richtigen Folgen ableitete, daß die Natur ihnen die Keime dazu versagt habe und daß sie mithin zu einer weit geringern Menschenklasse gehörten, nicht minder daß sie unmöglich von *einem* Erzvater mit uns abstammen könnten. Was für eine Hauptrolle der Bart spielen kann, der denn doch, nach dem bekannten Sprichworte, keinen Philosophen macht! Besser wär' es freilich gewesen, wenn man sich die Mühe gegeben hätte, zu untersuchen, ob die Abkömmlinge des *Mankokapak* dies männliche Unterscheidungszeichen, das übrigens immer ehrenwert und nützlich sein und bleiben mag, nicht ebenso unbequem fanden wie die Söhne *Japhets*, und ob sie, in Ermangelung des Aufklärungsmetalls, des Eisens, nicht zu einem andern Mittel ihre Zuflucht genommen haben, diesen beschwerlichen Gast loszuwerden. – Nach genauerer Beobachtung fand sich der Bart, und die Präadamiten büßten abermals einen Sieg ein, den sie schon vermittelst eines so stattlichen Arguments in ihren Händen glaubten. – Das weibliche Geschlecht äußert nicht jene hervorragenden Geistesfähigkeiten, heißt bei weitem nicht: die Natur hat ihm die Anlagen dazu versagt, und also – oh, der unbärtigen Schlußfolge! – steht es eine Stufe niedriger auf der Jakobsleiter der Schöpfung. Sind *wir* etwa Gott ähnlich, und hat das andere Geschlecht bloß die Ehre, *uns* von Gottes Gnaden ähnlich zu sein? Warum nicht gar –! Nicht durch Körper, durch Sinne, durch Einbildungskraft nähern wir uns dem Urgeiste, sondern durch den Geist; und wie, fehlt es den Weibern an Verstand und Willen? an der Fülle des Geistes? Überlegen wir nicht oft durch sie? Würzen sie nicht in unzähligen Fällen mehr mit dem Salze der Erden, ohne das nichts schmackhaft ist, mit Vernunft? Und ihre Tugend – ist sie nicht vielfältig reiner als die werte unsrige? Übersteigt unsere Eitelkeit die weibliche nicht an allen Enden und Orten? War jener Pharisäer und sein ganzer Jesuiterorden nicht aus unserm Geschlechte? Kann ein braves Weib (und deren gibt es viele) ohne Schrecken und Entsetzen an den *Pharisäer neuerer Zeit* denken, der mit seinen Bekenntnissen vor Gottes Thron treten, dem Weltgerichte entgegen gehen und sagen will: Wer besser ist, werfe den ersten Stein? Würde nicht selbst *Therese* mehr als *einen* Stein haben heben können, wenn sie nicht durch diesen Gerechten wäre verdorben worden? Können die Anlagen sich entwickeln und Keime treiben, wenn keine wohltätige Hand sie pflegt? wenn alles sogar sich vereinigt, sie zu unterdrücken und womöglich auszurotten? Sind nicht von Zeit zu Zeit aus dem andern Geschlechte große Seelen aufgestanden, die alle jene ihnen aberkannten Geisteseigenschaften in einem sehr vorzüglichen Grade besaßen? Woher diese eben nicht so seltenen Erscheinungen, wenn es nicht Anlagen dazu in den Weiberseelen gäbe und es nur eines Zusammentreffens günstigerer Umstände bedürfte? einer pflegenden Hand, um diese zu entwickeln und ihren Kräften jenen Schwung beizulegen, ohne welchen sie nie ihre eingeengte Bahn verlassen hätten? Oder wollen wir der Natur lieber Mißgriffe aufbürden, um nur unser System zu retten? eher das vierte Gebot in Hinsicht dieser unserer guten Mutter so gröblich übertreten, als unsere vermeintlichen Standesrechte aufgeben? Ohne die großen Namen der Fabelwelt von den Toten zu erwecken, denen man denn doch nicht jeden Funken der Wahrheit abstreiten wird – wer wagt es, *Zenobien* und einer *Anna Komnena* einen über ihre männlichen Zeitgenossen hervorragenden Verstand und Urteilskraft, einer *Elisabeth* Herrschertalente, *Marien Theresien* Mut und Standhaftigkeit abzusprechen? Will man den Gesichtspunkt näherrücken? Es sei und gelte zwei weltberühmte Namen! *Katharina die Zweite* und *Voltaire*. Nicht die Selbstherrschertaten der *ersteren*, nicht die Kriegeslorbeern, die *sie* in *ihr* Diadem geflochten, nicht der poetische Nimbus, der die Götter der Erden umgibt – *ihr* Briefwechsel entscheide, wo *sie* nicht im Kaiserglanz, nicht mit den Palmen einer Weltüberwinderin erscheint – und seht, *sie* bleibt groß, wie *sie* ist – und *Voltaire?* klein, so klein, wie er war, sobald die Wahrheit ihm ihren magischen Spiegel vorhielt. Sein teures Selbst ist immer die erste Person; die große Frau muß sich mit der zweiten begnügen. *Sie* soll – man denke! – *Konstantinopel* erobern, oder wenigstens zu *Taganrok ihre* Residenz aufschlagen, damit er kommen und *ihr* die Füße küssen könne, weil es in *Petersburg* für den *alten Eremiten von Ferney* zu kalt sei. Noch nicht befriedigt, daß *die Kaiserin* seinen Uhrmachern für 8000 Rubel Uhren abnimmt, soll *sie* sogar, um seine Fabrikanten in Nahrung zu setzen, einen Uhrenhandel mit *China* in Gang bringen. *Ihr* weises Stillschweigen versteht er entweder wirklich nicht, oder – was glaublicher ist – er will es nicht verstehen, bis *sie* ihn denn endlich mit seinen, einer Kaiserin und eines poetischen Philosophen so unwerten, Merkantilgeschäften an ein *dortiges Handlungshaus assigniert.* Die prosaischste Leidenschaft unter allen, der leidige Geiz, brachte *Voltair'n* vom Parnaß auf eine Börse. – König *Friedrich Wilhelm der Erste* charakterisierte seine Gemälde durch die Losung: *in tormentis pinxit.* In der Tat, *Voltaire* schrieb hier in ebenderselben Seelenstimmung. Sonst pflegt das Genie den Dichter über sich selbst und alle Regeln hinwegzusetzen und ihm Dinge zu inspirieren, die größer als er selbst, die göttlich sind und die er selbst nicht umhin kann, mit Ehrfurcht und Bewunderung anzustaunen. Wo ist hiervon die kleinste Spur? Wir sind ehrgebiger, weil wir ehrsüchtiger sind; und *Voltaire* war beides in tausend Fällen, nur hier gewiß nicht. Sein Instrument, das er sonst meisterlich spielte, ist völlig verstimmt; und war es bei diesen Umständen Wunder, daß seine Schmeicheleien Gallizismen wurden, wie man sie an der *Seine* täglich zu Tausenden hören kann? Die Briefe *der Kaiserin* führen die Sprache der Natur; nur in Fällen, wenn *sie d*em eitlen *Voltaire* ein Opfer bringen will, zahlt *sie* ihm Münze von seinem Gepräge, so wie jener Fürst einem unverschämten Poeten Verse mit Versen bezahlte. Nur auf eine scherzhafte Weise spricht *sie* von *ihrer* Person, während die ganze Welt nicht aufhören kann, ehrfurchtsvoll *ihren* Namen zu nennen; *ihrer* großen Taten erwähnt *sie* so wenig, als wenn sie sich von selbst verständen. – Immer beschäftiget, *ihre unermeßliche Monarchie* reich an Menschen und an edler Denkart zu machen, entwirft *sie,* während *sie* die *Ottmannli* schlägt, die Konföderierten in Polen zerstreuet, der Pest gebietet und den Räubereien des *Pugatschef* widersteht, *ein Gesetzbuch* für *ihr* Volk, das *sie* aus allen Zungen und Sprachen unter dieses Gesetz versammelt, um, wie am Pfingstfeste, *einen* Geist über dasselbe auszugießen und es zu *einem* Ziele zu veredlen. Gleich stark im *großen* und *kleinen Regierungsdienste*, führt *sie* die Inokulation der Blattern ein, beschäftiget *sich* mit der Erziehung, erntet tausendfältig von den durch sie gestifteten Anstalten, erfindet und ordnet Feste an für den *Prinzen Heinrich* und hat – Muße ohne Anstrich von Eitelkeit, an den eitlen *Voltaire* zu schreiben. Diese Seelen miteinander abgewogen und die Waagschale womöglich in der Hand eines höheren Wesens – welche wird fallen? welche steigen? Doch warum höheren Wesens? So tief fielen die Menschen noch nicht, um nicht Ehre zu erweisen, wem Ehre gebührt. – Wozu eine vollständige Nomenklatur von berühmten Weibern, von solchen, die das Schicksal zu Kronen berief und die sie mit Würde trugen? – Es sei genug, eine *Margaretha von Dänemark*, eine *Christina von Schweden*, eine *Sophia Charlotta von Preußen* zu nennen; und von denen, die, wenn sie Männer gewesen wären, diesem Geschlecht Ehre gemacht hätten – verdienen nicht eine *Cornelia*, die edle Mutter der *Gracchen*, eine *Arria* und die durch so viele Gerüchte gegangene *Johanna von Arc* unsere Bewunderung? Nach diesen Beispielen wird man mir ohne Zweifel den Beweis erlassen, daß es den weiblichen Seelen nicht an großen Anlagen fehle. – Herbst und Winter rauben selbst den Steineichen ihre Blätter; allein die Wurzeln bleiben. Warum jene Anlagen nicht zur Regel werden, sondern Ausnahmen sind, warum sie nicht häufiger entwickelt werden – sind das Fragen? Hat denn *unser* Geschlecht einen so großen Überfluß von edlen Seelen? Nur selten ist die Ehre, womit *Ulysses* und *Aeneas*, nicht von der unparteiischen *Göttin der Gerechtigkeit*, sondern von dem oft sehr parteiischen launigen *Gott Apoll* kanonisiert wurden. Ohne Zweifel nahm *Homer* seine *Penelope*, *Andromache*, *Nausikae*, *Arete* aus der Natur; und noch immer scheinen mir die größere Gleichheit des dienenden und herrschenden Standes, die gemeinschaftlichen Arbeiten der Weiber und der Sklavinnen, die Vertraulichkeit, die von dem Umstande kam, daß sie untereinander aufgewachsen und erzogen waren, die Art der weiblichen Arbeit und der Ertrag des Nutzens derselben jene Zeit für die Weiber unendlich erträglicher gemacht zu haben als die bleierne, in welche das weibliche Geschlecht zu fallen das anscheinende Glück hatte und welche leider noch nicht von ihm genommen ist. Im Heldenalter waren die Sitten wie die Liebe (von jeher lebten Liebe und Sitten in der genauesten Verbindung) roher, und es blieb im Takt! Die *damaligen Übel* des weiblichen Geschlechtes waren ungeratene Kinder des Ungefährs, dem man, bei so vielen wohlgeratenen, auch jene verzeihen kann; die Übel der folgenden und der jetzigen Zeit sind konstitutionell, gründen sich auf Unfakta und inkonsequente Vernünftelei! – Fürwahr, es würde eine unerhörte und nach den angenommenen psychologischen Grundsätzen unerklärbare Erscheinung sein, wenn unter dem eisernen Drucke des Despotismus das Freiheitsgefühl nicht endlich seine Spannkraft verlieren; wenn aus Mangel an Pflege und Wartung der herrlichste Boden nicht verwildern und endlich jeder nützliche Keim ersticken; wenn über den Gedanken von entrissenem Rechte, und daß dieses unwiederbringlich verlorengegangen sei, nicht endlich auch das Andenken an jene Rechte selbst und die demselben entsprechenden Gefühle, der Glaube an sich selbst und an seinen selbständigen Wert verlöschen sollte. Wenn Schonung, Achtung und Pflege der ursprünglichen Menschenrechte, wenn vorzügliche Kultur und Wartung aller edlen und großen Keime, welche die Natur in die Seele der Weiber legte, nie stattfindet – was ist da am Ende zu erwarten? Ein Kahn, der sich zu sehr auf die eine Seite neigt, muß umschlagen – und unser Geschlecht? Wenn es eben den chemischen Versuchen auf nassem und trocknem Wege, den Feuer- und Wasserproben ausgesetzt würde; wenn diese Hiobsleiden, womit wir das andere Geschlecht heimsuchen, über uns verhängt würden – was wäre aus uns geworden? Würden wir noch soviel Urkundliches an uns behalten haben wie das andere Geschlecht –? Würde der Mann, der Mensch, nicht bei uns weit mehr aufhören als bei jenem? – Oh, des großen Musters, welches das andere Geschlecht, nicht mit Pomp, wie die Stoiker und ihr Erzmärtyrer *Peregrinus Proteus* beim Sterben, sondern ganz natürlich gibt, indem es nicht bloß seine Feinde liebt, sondern auch, und das sagt mehr, seinen Freunden vergibt! – Jenes große Wort ist sichtbar an ihm – *daß es die Schwachheit eines Menschen und zugleich die Zufriedenheit eines Gottes besitzt.* – Doch warum soll ich zurückhalten? Solange die Weiber bloß *Privilegia* und nicht *Rechte* haben; solange der Staat sie nur wie parasitische Pflanzen behandelt, die ihr bürgerliches Dasein und ihren Wert nur dem Manne verdanken, mit welchem das Schicksal sie paarte – wird nicht das Weib den großen Beruf der Natur: das Weib ihres Mannes, die Mutter ihrer Kinder und, kraft dieser edlen Bestimmungen, ein Mitglied, eine Bürgerin und nicht bloß eine Schutzverwandtin des Staates zu sein, nur immer sehr unvollkommen, und je länger je unvollkommener, erfüllen? Die Länge trägt die Last. Man gebe ihm aber seine Rechte wieder, und man wird sehen, was es ist und was es werden kann! Warum eine Kritik meiner namentlichen Beispiele? Warum ein Vorwurf, daß es nur blutwenige Ausnahmen gebe? Nach dem reinen Wein unserer Philosophen kann die Tugend nicht wie eine schöne Kunst nachgeahmt werden und nach Beispielen (wären sie gleich die ersten und besten) sich bilden. Aus dem ersten Prinzip der Selbstgesetzgebung soll sie fließen, wenn sie anders echt und rein sein will. Nur da ist Energie der Seele, wo man aus sich selbst schöpft – und was gilt Mannigfaltigkeit ohne höchste Einheit? was einzelne schöne Züge ohne alles anordnende und ins Reine bringende Prinzipien? – Die französischen Prinzen, die ihr Vaterland verließen, erklärten öffentlich: an Gott, an den König und an ihr Schwert sich wenden zu wollen. Drei Instanzen, wo der liebe Gott sich gefallen lassen muß, die erste, das heißt im juristischen Sinne die geringste, zu sein. Das andere Geschlecht hat nur *einen Gerichtshof:* an Gott. Überall Männer – Männer, bei denen nicht Wichtigkeit des Grundes, sondern Mehrheit der Gründe gilt: und welcher Gründe? – *Raisons d'Etat* –? Ich greife mir vor; wer kann sich aber zurückhalten? In der Tat, die Gesetze sind in Rücksicht der Weiber fast noch inkonsequenter als eine törichte Liebe! So sehr sie auf *einer* Seite die bürgerlichen Rechte der Weiber in Absicht auf ihre Personen und ihr Vermögen beschränken, weil sie dieselben für schwach und unvermögend, ihr eigenes Beste wahrzunehmen, erklären; so verpflichtet sie sich halten, das ganze Geschlecht zu einer immerwährenden Vormundschaft zu verstoßen: so schnell hört doch diese Schwäche auf, Schwäche zu sein, sobald von Verbrechen und Strafen die Rede ist; beide Geschlechter werden mit einem und demselben Maße gemessen – und in der Kirche, in den Gerichtshöfen (hoffentlich auch im Himmel) ist kein Ansehen der Person zwischen Mann und Weib: sie sind einerlei Leib und einerlei Seele. Ehre dem *Divus Justinianus*, der, mit mehr Zusammenhang als unsere Gesetzgeber, wegen der gröbsten Vergehungen dem schönen Geschlechte keine Zurechnung zumutete und es über alle Strafen wegsetzte! – Nach seiner Meinung war ein Weib so gut, daß es zu nichts taugte, wogegen es bei uns doch wenigstens einer Bestrafung – welch ein Vorzug! – würdig geachtet wird. Bei uns steht es unter dem Gesetze, bei ihm stand es nur unter der Gnade. – Wahrlich, man kann nicht leugnen, daß es bei uns einen Schritt zur Verbesserung getan hat, obgleich seine Vollendung, die in weitem Felde geblieben, noch ein Wunder in unsern Augen ist. – Jawohl, ein Wunder! – Die Ewigkeit der Höllenstrafen hat ihre Bestreiter gefunden, und dieses Höllenrätsel wird zu unserer knotenlösenden Zeit, wo die kalte Philosophie so manches abkühlt, durch die ewigen Folgen ins Reine gebracht, welche von keiner bösen Handlung getrennt werden können; die Sklaverei des andern Geschlechtes indes bleibt ein Wurm, der nie stirbt, und ein Feuer, das nie verlischt. – *Gerechtigkeit*, man hat dir die Binde genommen; und doch siehst du nicht, daß, wenngleich alle Handlungen, die mit den Personen und dem Vermögen des andern Geschlechtes in Beziehung stehen, ohne einen gesetzlichen Beistand ungültig sind und ohne allen bürgerlichen Effekt bleiben, deine armen Unmündigen durch alle sittlichen und bürgerlichen Gesetze in eben dem Maße wie die Männer verbunden werden! Selbst nicht bei Gesetzen wider die Contrebande ist nach dem Kurator die Frage, und ob in dessen Assistenz dem Kaiser nicht gegeben ward, was des Kaisers ist – und doch ist ein Weib dem Staate nur durch den Mann verwandt und zugetan: Nur *er* huldigte ihm und seinen Gesetzen. Ist es Wunder, wenn Weiber die Gesetze befolgen, wie die Nonne den Psalter singt? wenn sie den ernsthaften Anordnungen des Staates eine Folie des Lächerlichen unterlegen und sich da noch Auslegungen derselben erlauben, wo blinder Gehorsam erfordert wird? War je eine ärgere Löwengesellschaft? Und trifft es irgendwo klarer ein, daß man größere Diebe laufen läßt und kleinere zu hängen sich nicht entbricht? Staaten, die zum Schutze der Menschenrechte entstanden, entziehen ihn der Hälfte ihrer bürgerfähigen Einwohner! – Es ist natürlich, wenn der Wille sich da sträubt, wo die Vernunft so viele Steine des Anstoßes und Felsen des Ärgernisses findet. – – Leiden einzelner Menschen (besonders wenn diese nicht die verdammlichen Urheber davon sind) vollenden, und nichts, was groß war, kam ohne sie je zur Reife; Leiden aber, die einem ganzen Volke nicht von der Natur und vom Schicksal, sondern bloß willkürlich zugefügt werden, hemmen allen Mut; sie erschlaffen und entseelen die edelsten Völker, so daß man ihre Stätte nicht mehr findet. – Ewig schade um alle die Fortschritte, die durch jene männliche Grausamkeit gehemmet werden! Welch ein Stoff muß im andern Geschlechte liegen, da er allen diesen Hindernissen noch bis jetzt so stattlichen Widerstand leistete! – Doch unmöglich könnten die Weiber noch sein, was sie sind, und die Lage behaupten, in der sie sich befinden, wenn nicht Geschlechterneigung und Reize ihnen Subsidien geleistet hätten. So hat bis jetzt die Natur den Menschen noch nie ganz verlassen, wenn er ihr auch unerkenntlich den Rücken kehrte! Ein gewisser glücklicher Zustand, nach welchem den Menschen wenig zu wünschen, allein eben darum viel zu befürchten übrig bleibt, macht sie unglücklich: – sie erstreben nichts; ihre Seele verliert den Schwung, ihr Geist das Geistige; und so wie dieser glücklich-unglückliche Zustand das Schicksal vieler regierenden Herren ist, die ihren Beruf nur von der Seite der Hoheit und der Macht kennen, auf Kleinigkeiten fallen und Nebendinge der Regierung oder gar solche, die ihres Amtes nicht sind, zu Hauptsachen erheben: so scheint er auch überhaupt auf dem königlichen Geschlechte der Männer zu ruhen. Dieses sucht mehr durch Ausflüchte als durch Mut und Weisheit den Gefahren zu begegnen; es spielt mehr den Herrn und Meister, als daß es beides wäre; an Willkür gewöhnt, verlernt es, auf Mittel zu sinnen; zur Herrschaft geboren und erzogen, denkt es nicht darauf, sie zu verdienen; es vernachlässigt sich, da es keinen Anreiz hat und zu keinem edlen Wettlaufe sich in seinem Hause anstrengen darf; es fällt zusammen, da es sich nicht die Mühe gibt, sich gerade zu halten. Man sage nicht, daß die Männer bei andern Männern Licht anschlagen können; Tyrannen sind verzagt und kriechen überall, wo sie nicht befehlen dürfen. Wahrlich, nicht nur Weiber, sondern auch wir haben durch jene Herabwürdigung des andern Geschlechtes verloren – wer am meisten? Ist es zum Beispiel ein Wunder, wenn das fräuliche Geschlecht falsche Münze gegen falsche Münze wechselt und die Tyrannei des Herrn Gemahls mit Augendienst erwidert? Ist es ein Wunder, wenn alle beide sich das Leben verbittern und bei dem wohlseligen Hintritt des Herrn Gemahls – Gott tröste ihn! – die am pompreichen Leichengerüste wohlangebrachten Genien die einzigen sind, die ohne End' und Ziel Tränen vergießen, womit sie den letzten Funken der umgekehrten Fakkeln auslöschen, während die trostvolle Frau Witwe, unter einer ehrwürdigen Decke, ihre Rolle meisterlich spielt und fröhlich und guter Dinge ist? – Von Anbeginn ist es nicht so gewesen.

III. *Woher die Überlegenheit des Mannes über die Frau entstanden?*

Rückblicke auf die älteste Zeit

Wenn die Weiber mit den Männern von der Natur zu gleichen Rechten berufen sind; wenn sie sich im Besitz von gleichen Körper- und Geistesanlagen befanden und zum Teil noch befinden: *wo*, *wann* und *wie* entstand denn die Überlegenheit des Mannes über das Weib? Was gab dem Manne das Schwert in die Hand? Und was verwies das Weib an die Spindel? Diese Fragen, die jeder sich aufwerfen muß, der zu fragen versteht, wenngleich die größere Kunst zu antworten ihm nicht gegeben sein sollte, haben allerdings nicht wenig von der Natur jenes weltberühmten Knotens, der, da er geschürzet war, auch wieder hätte aufgelöset werden sollen, den aber *Alexander*, nach der Weise vieler unserer Dichter, zu zerhauen die unästhetische Dreistigkeit hatte. Ständen wir dem *Wann* und *Wo*, der Zeit und dem Raume nach, näher, so würde es wahrscheinlich keines *Ödips* bedürfen, um bei dieser Meisterfrage eine akademische Prämie von dreißig Silberlingen zu gewinnen und das *Wie* obendrein zur allgemeinen Befriedigung zu beantworten. Allein da über das *Wann* und *Wo* in keiner Chronik und keiner Topographie ein totes, geschweige denn ein lebendiges Wort zu finden ist, so müssen, bis die Hieroglyphen an den Pyramiden enthüllt sein werden oder bis uns ein bisher verborgenes Denkmal darüber seine Aufschlüsse nicht länger vorenthält, das *Irgendwo* und das *Irgendwann* bei dieser großen

Katastrophe zur Unterlage dienen und das *Wie*, in Ermangelung der Geschichte, durch eine Konjektur der Vernunft aufgelöset oder – zerhauen werden. Alles, wobei es auf Tatsachen ankommt, kann nur bis auf einen gewissen Zeitpunkt hin verfolgt verden. Da wo die Sonne der Geschichte untergeht und sogar der Mond der Fabel sein entlehntes Licht entzieht, bleibt der Vernunft nichts übrig, um sich zu orientieren, und sie irret in dem unbegrenzten Meere der Möglichkeit, ohne zu wissen, woher und wohin. Was hier über Geschichte und Fabel hinausgeht, ist (da die ersten Sagen der Völker davon als von einer Sache, die vor ihnen war, sprechen) derjenige Zustand des Menschen, wo jedes einzelne Individuum, ohne einige Verbindung mit andern seiner Art, in der vollkommensten Unabhängigkeit, bloß von den Früchten des Bodens, den es durchstrich, lebte, ohne durch eine andere Zubereitung, als die man von der Natur selbst erhielt, ihr zu Hülfe zu kommen. Die Menschen hingen vom Boden und sonst von nichts weiter ab. – Ob es einen dergleichen Zustand wirklich gegeben? ob je der Mensch (das geselligste unter allen bekannten Tieren, trotz jenen frommen Orang-Utangs in der thebaischen Wüste und ihren jüngeren Brüdern, die es doch behaglicher gefunden haben, sich aus Eremiten zu Zönobiten umzuformen) in einem solchen Zustande war, mag *Hans Jakob* verantworten, an dessen Grabe es heißt: *Ici répose l'homme de la nature et de la vérité*. – Dergleichen Hans Jakobsche Kinder der Natur hat weder *Colombo* noch sein Märtyrer von Nachfolger, *Cook*, gesehen. Allenthalben, wo diese hinkamen, waren schon die ersten Umrisse der Gesellschaft gezeichnet, Familienverhältnisse (wenngleich unvollkommen) gegründet und Spuren (wiewohl freilich oft nur sehr schwache) von Kultur und

Kunstprodukten vorhanden. Bei den allerrohesten Völkern fanden sie schon Hütten, eine Art von Zubereitung der Nahrungsmittel und bei den meisten auch die ersten Anfänge zu einer Bekleidung des Körpers. Wo sie sich lange genug aufhielten und wo es ihnen glückte, sich durch Zeichen zu verständigen, überzeugten sie sich, daß diese dem Naturstande anscheinend so nahe angrenzenden Menschen schon lange, und weit über ihre Überlieferungen hinaus, immer an dieser Stelle und diesem Orte gestanden hatten. Auch nicht die mindeste Ahndung ging unter ihnen im Schwange, daß es außer dem Punkte, wo sie sich befanden, noch andere ober- oder unterwärts geben könne. So einfach und in so geringer Zahl ihre Familien-, Haus- und Nahrungsgeschäfte auch immer sein mochten, da ihre Bedürfnisse noch wenig über die der tierischen Natur hinausgingen; so leicht ihre Notdürftigkeiten gestillt werden konnten, da die Kunst sie nicht verwöhnt hatte: so waren unter den beiden Geschlechtern doch schon *Kasten* errichtet und eine Scheidung vorgefallen in dem, was Gott zusammengefügt hat. Je unvollkommener auf der einen Seite hier die gesellschaftliche Verfassung war; je schwerer es fiel, das tierische Bedürfnis zu befriedigen, weil die Natur den Boden oder die Wälder (die königlichen Residenzen dieser Menschen) oder die Flüsse und Meere nur karg mit den Mitteln dazu ausgestattet hatte: um desto härter war das Los, welches dem weiblichen Teile dieser halbgezähmten Menschenklasse fiel. Das Leben des Mannes war vorzüglich zwischen Genuß und Ruhe geteilt, wenn ihn nicht dringendes Bedürfnis zur Jagd oder zum Fischfang aufforderte. Das Weib begleitete ihn nur selten als Gehülfin, weil ihm die Pflicht, die Speisen zu bereiten, oblag, während das Manntier seine Glieder in der Sonne dehnte. Freilich nur schwache, unbefriedigende Data zur Auflösung der aufgeworfenen Frage; indes doch etwas, um uns auf *mehr* zu bringen – wie jene Übermacht entstand, welche auf die eine Hälfte des menschlichen Geschlechtes alles *Lästige* wälzte und sich dagegen allen *Vorteil* weislich vorbehielt. – Scheint nicht die Natur durch Schwangerschaft und Geburt den ersten Fingerzeit *zu diesem Verlust über die Hälfte*, bei der Teilung des menschlichen Wertes, gegeben zu haben? Wenn dieser Anteil, der den Weibern zufiel, auch noch so sehr erleichtert wird; wenn er auch noch so köstlich ist: kann er auf eine andere Rubrik als auf Mühe und Not gerechten Anspruch machen –? Der Mann scheint zum Vergnügen berufen zu sein, das Weib dagegen zu Kummer und Elend. – Wenigstens liegen in dem Familienverhältnis, in der Art und Weise, wie die Keime der Geselligkeit sich zuerst bei dem Menschen entwickelten und worauf ihn vielleicht das Zeugungsgeschäft brachte, entfernte Winke und Hieroglyphen, wodurch der gesellschaftliche Zustand, welcher dem menschlichen Geschlecht einen so erstaunlichen Schwung gab, der einen Hälfte des Geschlechtes so nachteilig ward. – Wiederholung der nämlichen Umstände pflegt die Dürftigkeit derselben zu bedecken, als ob Ermüdung Ergänzung wäre; und selbst unsere Philosophen sind oft in dem Falle jenes Kranken, dem der Arzt erlaubte, täglich einen Löffel voll Wein zu nehmen, und der sich einen Löffel von vier Quart machen ließ – sie sind da am beredtsten, wo sie am kürzesten sein könnten, weil sie hier am wenigsten wissen. – Es sei mir erlaubt, jene Data durch Rückblicke auf die Geschichte, das Not- und Hülfsbüchlein in allen Lebensfällen, zu verstärken oder zu schwächen – meine Leser mögen den eigentlichen Aus-

druck suchen; doch, wenn ich bitten darf, nicht auf meine Kosten, sondern mir zum Besten.
Schon in den ältesten urkundlichen Nachrichten über den gesellschaftlichen Ursprung der Menschen finden sich Spuren von einer Ungleichheit der beiden Geschlechter und von Zurücksetzungen des weiblichen – wohin auffallend die Vielweiberei gehört.
Wie despotisch ist der Gedanke, daß ein Mann sich befugt halten konnte, mehr als ein Weib zu besitzen, indem bei einer Berechnung an den Fingern sich herausbringen läßt, daß er durch diese Verschwendung andere zum Darben bringt! Wahrlich, die Vielweiberei ist ein Umstand, der sich weder mit Seele noch mit Körper verträgt und nicht nur der Vernunft, sondern selbst einer Leidenschaft widerspricht, die (wie die Kinder reicher und vornehmer Leute) durch die Schule der Vernunft gelaufen ist. Wo ein Mann mehr als ein Weib hat, wird jener Tyrannenrat erfüllt: Teile und regiere *(divide et impera)*. Die Weiber mußten auf diesem Wege des ihnen so nachteiligen männlichen Luxus ihre Abhängigkeit im höchsten Grade fühlen; und wenngleich die Sultanin des Tages sich einen Vorzug vor ihren Kolleginnen anmaßte, so währte dieses Ansehen, das sie sich gab, doch nicht lange, und bald überzeugte sie sich, daß unter Sklavinnen keine Rangordnung stattfinde.
Die Geschichte der *Sara* und *Hagar* scheinen zu beweisen, daß die Kebsweiberschaft nicht gleich anfänglich bloß in dem eignen Belieben des Mannes gestanden und daß er anfänglich verpflichtet gewesen, die Genehmigung seiner Frau einzuholen, eh' er sich ein Kebsweib beilegen konnte. Auch scheinet sich aus dieser Kebs-Geschichte zu ergeben, daß dergleichen Kontrakte nicht auf die ganze Lebens-

dauer gegangen und daß oft noch vor Ablauf der kontraktmäßigen Zeit der Engel des Gewissens und der Schutzgeist warnender Umstände dem Manne zugerufen:

stoß die Magd hinaus mit ihrem Sohne!

Schon hab' ich mein Herz ausgeschüttet, daß der erste Grund zu der männlichen Anmaßung eines Vorzuges vor dem Weibe in dem Gange aufzusuchen sei, den die Bildung des gesellschaftlichen Zustandes nahm. Ob die Art, wie die geselligen Keime sich bei den Menschen entwickelten, die einzig mögliche, oder ob unter mehreren möglichen *die*, auf welche die Menschen von der Natur geleitet wurden, der schmale Weg sei, der zum Leben führet: das sind Nebenfragen, die, so wie ihre Stammutter, vielleicht noch lange, vielleicht immer unentschieden bleiben werden.

So viel scheint ausgemacht, daß diese Keime sich überall durch ähnliche Veranlassung entwickelt haben müssen, indem sie (ein Beweis, dessen ich gern entübriget wäre) für das weibliche Geschlecht einerlei nachteilige Folgen hervorgebracht haben. Die Gesellschaft ist die Quelle alles Glücks und alles Unglücks, das je dem menschlichen Geschlechte zufiel; und noch ist nicht erschienen, was die Menschen durch sie werden können und durch sie – sein werden. Wir wissen aber, daß, wenn es erscheinen wird, wenn wir das heilige Gesetz beobachten und dasselbe, so wie Gott, nicht fürchten, sondern lieben, wir Gott ähnlicher sein und die Krone des Lebens tragen werden. Eine Hoffnung, die *Plato* nicht den *Traum des wachenden Menschen* nennen muß und bei welcher Glaube an das menschliche Geschlecht zum Grunde liegt. Könnt' ich doch hinzufügen: *wahrer und lebendiger Glaube!* Aber noch ist

solcher in Israel nicht gefunden. – Dieser Glaube ist *Welt-Patriotismus.*
Darf ich mir ein- für allemal die Erlaubnis auswirken, rückblicken zu dürfen, ohne von irgendeiner kritischen Feder das Schicksal von *Loths Weibe* zu befürchten zu haben?
Zum Fischefangen und Vogelstellen hat jeder Mensch noch immer einen so besonderen Hang, daß gereimte und ungereimte Warnungstafeln aushängen müssen, um den Menschen von diesen Urbeschäftigungen abzuleiten und ihn, bei den erweiterten und verzärtelten Bedürfnissen, zu andern notwendig gewordenen künstlichern Nahrungsquellen zu gewöhnen. Der bekannte *St. Evremont* war bis an sein Ende wohlbestallter Entenhüter zu St. James; jener Schweizer in Frankreich erbat sich die Anwartschaft auf die Hofstelle des Rhinozeros – jener Gelehrte bei dem Hofe *Friedrichs II.* den vakant gewordenen Atheistenplatz; und zu wie vielen Rhinozeros- und Atheistenposten müssen sich Menschen nicht herablassen, um ihr tägliches Brot nach der heutigen Auslegung zu erreichen, wovon der Vogelsteller und Fischfänger kein lebendiges Wort wußte, keinen Traum oder toten Gedanken kannte!
Ob Jäger *Esau* auch ein Fischfänger gewesen, ist nicht bemerkt, und die Herren Juristen würden ohne allen Zweifel einen artigen Fang machen, wenn es *ausgemittelt* wäre (ein Lieblingswort dieser Herren, die doch so oft *zweckreich* und *mittelarm* zu sein pflegen), daß der Fischfang schon in den ältesten Zeiten unter der Jagd begriffen gewesen sei.
Warum das weibliche Geschlecht sich nicht die blutarme Fischerei zugeeignet habe, um dem nach Blut dürstenden Manne das Wild zu überlassen, ist eine Frage, die sich bei

dieser Gelegenheit von selbst aufwirft. Vielleicht nahm das Weib an allem teil – vielleicht stand es dem Manne nirgends nach; vielleicht hinderten es nur die letzten Stunden der Schwangerschaft und sechs Stunden nach der Niederkunft, an den Geschäften des Oberjägermeisters, seines Mannes, unmittelbaren Anteil zu nehmen. – Die Gottheit der Jagd, *Diana*, war bei den jüngeren Alten *generis foeminini*. –

Dieser Stillstand, den Schwangerschaft und Niederkunft verursachten, war, von so kurzer Dauer er auch immer sein mochte, ohne Zweifel der Grund des weiblichen Falles. In diesen Zwischenzeiten der Muße war es vielleicht, wo das Weib durch einen dem Geschlecht eigenen und mit seiner Bestimmung vielleicht genau zusammenhängenden Instinkt, zu sparen, sich sein Sklavenschicksal bereitete. Warum folgte es nicht der göttlichen Lehre: »sorget nicht für den andern Morgen; es ist genug, daß ein jeder Tag seine eigene Plage habe!« Solange die Nahrungsquellen ergiebig waren, fiel dem Manne nie der Gedanke an das Aufbewahren ein; sein Jagdrevier war seine Speisekammer, zu der alles, was Leben und Odem hatte, gehörte – eine lebendige Speisekammer, bei der er vor dem verdorbenen Geschmack an faul gewordenem Wildpret sehr sicher war, einem Geschmack, der bei allem – das leidige Geld nicht ausgenommen – stattfindet, was man in Scheuren sammelt, denen ohnedies das Motto angeschrieben ist: *du N – heute wird man deine Seele von dir fordern; und was wird sein, das du gesammelt hast?* – Doch auch dem Geizhals, dem Teufel, muß man einen Verteidiger beiordnen –; und in der Tat ist die Sorge für den andern Morgen, wenn sie rechter Art ist und in ihren Schranken bleibt, eine nicht gemeine Vernunftäußerung. Der Gedanke, »heute ohne Hunger zu jagen, um morgen nicht aus Mangel an Wildpret fasten zu dürfen«, enthält – ungeachtet jener göttlichen Lehre, für den andern Morgen nicht zu sorgen – so viel Überlegung in sich, wie in den Köpfen einer ganzen Herde von Wilden nicht Platz hatte. Auch hier mußte das Weib dem Manne aushelfen, und wo es auf Vernunftgebrauch ankam, scheint immer das Weib die Bahn gebrochen zu haben. Jene Verlegenheit, in die es die letzten Stunden der Schwangerschaft und die ersten nach der Geburt verwickelten, leitete es, kraft des instinktartigen Gefühls zur Selbsterhaltung, die ihm wegen der Erhaltung des Säuglinges noch dringender ward, an der Hand der Vernunft, weise und mächtig auf Vorrat zu denken, sich heute etwas zu entziehen, um morgen nicht ganz entbehren zu müssen. Diese Aufbewahrung von Vorräten, welche anfänglich bloß gelegentlich und nur so lange geschah, als es die Umstände verlangten, ward nach und nach, je nachdem die Menschen sich mehrten und die Nahrungsquellen ärmer wurden, wiederholt und mit der Zeit beständig. Wenn es wahr ist, daß in vielen Fällen Tiere die Lehrer der Menschen gewesen sind, so wird das Vorratsammeln ohne Zweifel zu dem Lektionskatalogus dieses Unterrichtes gehören. Der Instinkt (der sich zur Vernunft wie der Tanzbärleiter zum Hodogeten verhält) hat seine Kinder schneller und sicherer an Ort und Stelle gebracht als die sich Zeit nehmende kalte Vernunft die werten Ihrigen. Gewiß sammelten die Biene und die Ameise früher als der Mensch; vielleicht versteckte das Altertum diese Wahrheit unter der Fabel von den Myrmidonen. – Nicht etwa bloß Neugierde, wie einige wollen, sondern Beobachtungsanlage lenkte ohne Zweifel zuerst das Weib auf diese Experimentalunterweisung.

Vorräte erforderten beständige Aufsicht, nähere Einrichtung und Bearbeitung; und so entstand Hausrat. Irgendein Zufall, und ohne Zweifel die Anhänglichkeit mancher Tiere an den Menschen, lehrte ihn (wahrscheinlich zuerst das Weib), einige Gattungen von Tieren zu seinem beständigen Brauch und Dienste zu zähmen; und so vermehrte sich durch diese Dienstboten, die man im Falle der Not auch zur Nahrung nahm, der Haushalt. Jetzt mußten die Geschäfte geteilt werden; und da wählte denn der Mann die Jagd, das Weib den Haushalt. So ward das Weib allmählich die Befehlshaberin der Haustiere und, eh' es sich's versah, das erste Haustier selbst. Das arme Weib! Doch was kann weiter befremden? Ward es doch durch jene Revolution, wodurch es die Freiheit ans Licht brachte, eine Sklavin!
Allmählich fingen die Vorteile und Nachteile, welche mit den unter beiden Geschlechtern so sehr verschiedenen Lebensarten verknüpft waren, immer mehr an sichtbar zu werden. Der Körper des Mannes, durch die Beschwerlichkeiten der Jagd oder Fischerei abgehärtet, fest, gelenk und stark, behauptete auch einen Einfluß auf seine Seele. An Gefahren gewöhnt, ward er durch diese Gewohnheit mutig, unerschrocken, standhaft und fühlte seine Überlegenheit über alles, was nicht Mann war, mithin auch über sein Weib, dessen körperliche Kräfte aus Mangel an Gelegenheit unentwickelt blieben und das, aus Unbekanntschaft mit Gefahren, diese zu fürchten anfing, da hingegen der Mann, vertraut mit der Gefahr, sie vermeiden oder bestehen lernte. Mit kleinlichen Gegenständen und mit Tieren umgeben, die Zaum und Gebiß geduldig trugen, sank das Weib nach und nach an Körper und Seele zu einer niederen Stufe herab und lernte geduldig, sich bei

seinem Despoten mit der Stelle einer ersten Sklavin begnügen. Sklavin! Ohne Zweifel brachten zahm gemachte Tiere den Menschen auf diesen unmenschlichen Gedanken, und dies schreckliche Wort würdigte die Menschheit so tief herab, daß die verrufene Münze keine Spur mehr von Bild und Überschrift der vorigen Zeiten an sich trug. So wie unfehlbar das Weib durch den Besitz gezähmter Tiere das Hirtenleben erfand und einführte, so wird eben dasselbe, da es mehr an einen Ort und an eine Stelle gebunden war, auch zu Anpflanzungen und zum Ackerbau Gelegenheit gegeben haben. Gewiß hat es den ersten Salat zum Wildbraten des Mannes bewirkt. Eine Wurzel, Körner – die, in Ermangelung eines Alderman-Schmauses, von einem antipythagorischen Bohnenmahl übrig geblieben waren und die man, weil es fettere Bissen gab, nicht achtete – wurzelten und mehrten sich um die Hütte herum, bis es dem Weibe einfiel, absichtlich zu pflanzen und zu säen. So entstand von der Hand des Weibes vielleicht der erste Garten, den englischen Garten *Eden* ausgenommen; und der Gartenbau ist auch größtenteils in den Händen der Weiber geblieben, bis auf den heutigen Tag. Auch hat das Weib wahrscheinlich in allem zuvor Probe gegessen und dem Manne zur Sicherheit, teils wegen der Unschädlichkeit, teils wegen des Wohlgeschmacks, gedient. – Noch jetzt ist das höchste Ziel der Kochkunst ein Vorzug der Weiber. – Der Wechsel, den das Weib an seinem eignen Körper erfuhr, gewöhnte es an die Witterung und lehrte es so sehr auf die Zeit merken wie den Unbestand der Witterung überstehen; und so ward durch das Weib vielleicht beides, das Hirtenleben und der Ackerbau, erfunden oder zustande gebracht. – Wieviel läßt sich hierüber konjekturieren! Der gemeine Acker- und Gartenbauer räumt dem lieben getreuen Erdenvasallen, dem Monde, noch jetzt viel Einfluß auf seine Erzeugnisse ein: er pflanzt seinen Kohl und was Blätter treiben soll, im Vollmonde, und das, wodurch unter der Erde Wurzeln oder Knollen hervorgebracht werden sollen, bei Mondesabnahme. Die Phasen des Mondes sind ihm noch Epochen in seinem Wirtschaftskalender; und was kann ihn anders auf diese Mondweisheit gebracht haben als die *Weise* der Weiber –? Von beiden Hauptnahrungsquellen, dem Hirtenleben und dem Ackerbau, wußte der ins Größere gehende Mann das Weib abzubringen, um es an den Haushalt zu fesseln – wozu Se. Gestrengigkeit das Weib *verurteilt* hatte. »Verurteilt?« Mitnichten; durch einen Machtspruch, durch einen Justizmord des Landes verwiesen hatte. – Noch jetzt genießen Erfinder selten die Ehre der Erfindung und verdienen sie vielleicht auch nicht, weil fast immer ein Ungefähr sie darauf bringt. – Erfindungen und Offenbarungen werden gemacht, man weiß nicht wie! –

Ackerbau und Viehzucht sind, so wie Ursache und Wirkung, miteinander verbunden; und es ist schwer zu begreifen, warum Hirten und Ackerbauer sich gleich anfänglich haben trennen und beneiden können. Da nichts natürlicher war, als daß das Vieh keine Anpflanzung schonte, und da dieser Umstand die Hirten und Ackerbauer in beständige Grenzstreitigkeiten verwickeln mußte, so hätten diese Zwiste beide Teile sehr bald zu freundschaftlichen Verabredungen bequemen sollen.

Die Jagd allein, der Ursoldatenstand, scheint eine Erfindung des Mannes zu sein; und da der Mann seine Beute oft sehr weit suchen mußte, so gab sie die erste Ursache zur Herabwürdigung des Weibes. Bei dem Ackerbau und

der Viehzucht hätte es sich gewiß länger in Ehren und Würden erhalten können, wenn die Jagd nicht schon den Mann bewaffnet und er allen Vorteil und Nachteil des Soldatenstandes in sich vereinigt gehabt hätte. Er stand bei seinem Weibe im Quartier. – Noch jetzt bin ich ein Feind der Jagd, weil sie dem Weibe jeden Schritt zur weiteren Kultur vertrat und alle jene Übel erzeugte, denen das menschliche Geschlecht durch Kriege oder Menschenjagden unterworfen worden ist. – Zwar sagt man, daß der Krieg oft ein Weg zur Kultur gewesen sei und werden könne; und freilich ist es nicht das erste Mal, daß aus dem Bösen etwas Gutes wird. Ist und bleibt aber, dieser Metallverwandlung des Guten und Bösen unbeschadet, Krieg nicht ein Originalübel? Im Reiche Gottes, dessen Sonnenaufgang und Morgensegen wir mit Danksagung erwarten, wird man sowenig Menschen würgen und sich zur Erkenntlichkeit dem Würgengel bloßstellen, als in der andern Welt freien und sich freien lassen. –
Die Flecken in der Sonne – die man ungefähr wie die Flecken ansieht, womit die reinlichste Hausfrau in der Küche sich ihre Manschetten bespritzt, wie es dem Geschäftsmanne an seinem Schreibtische mit Tinteflecken nicht besser geht – sind nicht, was sie scheinen. In der physischen Welt ist überhaupt alles gut, sehr gut! – Und wie, dies sollte uns nicht zu der Hoffnung Anleitung geben, daß es auch in der moralischen Welt zu jener Stufe der Kultur kommen werde, wo man des Bösen nicht bedarf, um Gutes daraus zu lernen? Fehden waren es, die ihren Ursprung aus der Vermehrung der Menschen und aus der Verminderung des Wildes (des einzigen und nächsten Nahrungsmittels für den rohen Menschen) hatten; der Menschen wurden mehr, des Wildes ward weniger: und

so konnte es nicht fehlen, daß nicht Streitigkeiten und Befehdungen entstanden, welche Familienkriege nach sich zogen.
Zwei Familien, die der Übermacht zu weichen gezwungen waren, stießen vielleicht durch einen Zufall auf eine dritte, der sie einzeln nicht gewachsen gewesen wären, die ihnen aber jetzt ihr Jagdrevier überlassen mußte; und dieser Umstand war es, der zwischen beiden, wenigstens solange die Gefahr dauerte, ein gesellschaftliches Band knüpfte, ohne daß es unter ihnen zu einer Verabredung und Konstitution kommen durfte. Durch Irrtum und Torheit gelangen die Menschen zur Wahrheit und durch Mühe und Streit zur Vereinigung und Gesellschaft. Ist mir doch schon wieder der traurige Gedanke im Wege, daß das Böse so oft ein Vorspiel, ein Präludium zu dem Textliede des Guten sein muß! – »Oft, oder allemal?« Oft, Freunde; denn es gibt Original-Gutes, Gutes aus der Wurzel – und dies könnte man *göttlich Gutes* nennen! Gott ist originalgut!
Das Hirtenleben und der Ackerbau (das neue Testament, wozu die Menschen nach dem alten Testamente des Jagdlebens sich aufklärten) gab nicht minder zu Zwisten Gelegenheit, wozu die Tagdieberei des Hirten und das Vorurteil, als ob er eben darum Gott lieber wäre und von ihm mehr beglückt würde, mittelst des argen, bösen Neides nicht wenig beigetragen haben mag. Neid ist Geiz, und dieser ist, wie jeder von uns weiß, die Wurzel alles Übels. Der Hirt schonte die Anpflanzungen des Ackermannes nicht, und ehe dieser pfänden konnte, war jener mit seiner Herde über alle Berge und wußte sich listig der Berichtigung des Pfandgeldes zu entziehen. Dies zwang den Ackerbauer, mehr auf seine Verteidigung bedacht zu sein;

und da er sich gedrungen sah, mehr Hände anzuwerben, um den Acker zu bestellen (Hände, die zusammenbleiben mußten, um die Zeit abzuwarten und die Witterung zu benutzen oder ihr zuvorzukommen), so bauete ein Haus das andere, wie ein Wort das andere zu geben pflegt. Hierdurch waren die Ackerbauer mehr imstande, sich den Ausschweifungen des zahmen Hirten und des wilderen Jägers zu widersetzen. Aus den Ackerbauern wurden Bauherren (eine Würde, die ihnen selbst von den überwundenen Horden der Jäger oder der Hirten zugestanden ward), und nur spät hat sich das Blatt gewendet, so daß wiederum Fürsten und Herren jagen und Sklaven den Acker bauen. – So drehet sich alles in der Welt, und die Menschen folgen so großen Beispielen, Familien und Reiche, Aufklärung und Verfinsterung, Gutes und Böses, alles geht auf und unter. – Zu der Zeit, als auf den Trümmern von Familiengesellschaften bürgerliche Gesellschaften errichtet wurden, war das Schicksal der Weiber schon, wie es schien, unwiederbringlich entschieden.

Die Waffen, welche die Männer bei jenen Umständen führen mußten und welche sie fast nie aus den Händen ließen, während die Weiber für das Hausbedürfnis ihrer Männer und Kinder besorgt waren, gaben diesen ein entscheidendes Übergewicht über jene, welche, weil sie mit Waffen nicht umzugehen wußten, sich vor ihnen fürchteten. Sie erschraken vor Gefahren, welche die Männer, mehr damit bekannt, verachteten. An Körper und Seele war ihnen der Mann, wenn ich so sagen darf, unter der Hand überlegen geworden, und da er sich im ausschließenden Besitze der Schutz- und Trutzwaffen befand, so verteidigte er nicht bloß seine Person, sondern auch sein Eigentum, wozu er seine Familie und in derselben sein

Weib rechnete, das er jetzt als durchaus von ihm abhängig ansah.
Während die Einsichten des Mannes durch seinen vergrößerten Wirkungskreis sich vermehrten; während daß seine Geschäfte mit der bürgerlichen Gesellschaft einen höheren Schwung nahmen, indem seine Begriffe sich zu generalisieren anfingen, schrumpfte die Seele des Weibes je mehr und mehr in die Grenzen des Haushalts ein. Dieser bestand wegen Einfachheit der Bedürfnisse, dem Vater *Homer* zufolge, in dem Zeitalter der Heroen selbst bei königlichen Familien noch bloß im Weben und andern dergleichen Handarbeiten. Nach und nach verlor sich die weibliche Spannkraft gänzlich. Schade! – Durch die Umstände, daß alle Geschäfte des Staats den Weibern entzogen und diese bei Entstehung der bürgerlichen Gesellschaften schon zur Besorgung des Haushalts verwiesen waren, wurden sie nicht Bürgerinnen des Staats, sondern Schutzverwandte. – Schon sehr zufrieden, daß der Staat ihnen diese Gnade angedeihen ließ, begnügten sie sich mit einigen Begünstigungen vor den Sklaven, die man ihnen bloß zu *spendieren* schien. Wunderbare Wege! Doch ging man nicht von der Poesie zur Prosa, von dem Tanze zum Gange, vom Singen zum Reden, vom Roman zur Geschichte –? Es wirkte eine Reihe von Ursachen (wozu wahrscheinlich die, wiewohl größtenteils mißverstandene, Natur die erste Veranlassung gab), daß nach und nach eine ganze Hälfte des Menschengeschlechtes ihre ursprünglichen Menschenrechte verlor und gegenwärtig einige Überbleibsel davon unter dem Titel von Begünstigungen, wohl zu merken, nur so lange genießt, als es der andern Hälfte gefällt, ihr dieselben zu lassen; – und doch ist das dritte Wort dieser unterdrückenden Menschen-

hälfte: Recht und Gerechtigkeit, Gesetzgebung und Gesetzhandhabung! – Warum in Fällen dieser Art ängstliche Geschichtsausspürung? Der Geist, der in uns ist, bleibt immer die beste Quelle aller Geschichte; er gleicht im wesentlichen dem Geiste aller derer, die vor uns waren, und gibt dem, der sich mit ihm einlassen kann, und jedem, der sich selbst verständlich zu machen weiß, wichtige Fingerzeige von Nachrichten, die weit über den Zeitpunkt schriftlicher Zeugnisse und weit über die historische Gewißheit hinausreichen. Jedes Kind bringt das Andenken an die Kindheit der menschlichen Vernunft in Anregung, und die Hauptzüge derselben drängen sich jedem auf, der Augen zu sehen, Ohren zu hören, ein Herz zu fühlen und Vernunft zu ergänzen, zu vergleichen und zu verbinden hat. Mit Meinungen der Vorzeit kann uns nicht gedient sein, und die Handvoll aufbehaltener Tatsachen sind so sehr mit jenen Meinungen in Verbindung, daß man ohne Philosophie bei den historischen Quellen der Vorzeit außerordentlich zu kurz schießt. Kann man ohne philosophischen Kopf bei den historischen Quellen auslangen? In uns liegt das Vermögen, aus jenen Bruchstücken der alten Welt wo nicht ein Gebäude, so doch eine Hütte zu zimmern und ein Ebenbild unseres Geistes, eine Einheit zu schaffen, die ohne Forscherblick weder in der Weltgeschichte noch auch in der Geschichte jedes einzelnen Menschen gefunden werden kann. Ohne diesen Geist der Wahrheit ist und bleibt jede Lebensbeschreibung ein Roman, der Verfasser gehe so offen zu Werke als möglich oder verstecke sich unter die Bäume im Garten. – Zu Geschichtforschern, Auslegern des menschlichen Geistes, zu Seelengelehrten, zu Sehern gehört Studium seiner selbst; und nur in dieser Rücksicht ist *sich selbst zu kennen* eine große Lehre! Nur ein Geschichtschreiber, der diese Salbung empfing, weiß die Reihe der Dinge zu übersehen und Ursache und Wirkung unter einen Hut zu bringen. – Es gibt historische Ergänzungen, wo uns so wenig ein lästiges Ungefähr untergeschoben wird, daß wir weder gerade noch seitwärts etwas gegen diese Ergänzungen einwenden mögen, wenn wir auch könnten. –

Seht, nicht Überlegenheit des Körpers, nicht Übermacht des Geistes gab dem Manne das Schwert in die Hand; die Lage der Sache begünstigte diesen Schritt. Über seinen Unterhalt bestand der Mann den Kampf mit seinesgleichen. Madame beschützte zwar anfänglich zu Hause ihre Kinder und genoß die Ehre, in dieser Festung zu kommandieren und während der Feldzüge ihres Mannes Proviant und Montierungsstücke zu besorgen; indes ward sie auch hier sehr bald von ihrem erstgebornen Sohne entsetzt, der, noch zu jung und zu ohnmächtig, dem Heere seines Vaters zu folgen, sich hier zum Kommandanten aufwarf, bis er, mit Vorbeigehung seiner Mutter, diesen Posten seinem zweiten Bruder anvertrauen konnte.

Was für eine Veränderung diese Umstände während eines Zeitraums von mehrern Jahrhunderten oder Jahrtausenden in dem Charakter, der Denkart und selbst in den körperlichen Eigenschaften beider Geschlechter nach und nach hervorgebracht haben, ist am Tage. Andere Verhältnisse und Resultate als diese Machtvorteile waren aus jenen Vorgängen ohne Wunder nicht zu erwarten; doch nicht eines einzigen, sondern eines Zusammenflusses von Wundern hatt' es bedurft, allen diesen zufälligen äußeren Veranlassungen eine andere Folgenrichtung zu geben. – Der Anfang steht oft in unserm Vermögen, die

Mitte selten, das Ende nie. – Warum sollt' ich es bergen, daß wir Männer von Gottes Gnaden es so gern bemänteln, wie wir zu dieser Überlegenheit gekommen sind? Überhaupt sind Mäntel die männliche Originaltracht, in die wir uns so bedächtig verhüllen, um nur so viel von uns zu zeigen, als höchstnötig ist; die Weibermäntel sind Kopien von den unsrigen. – Nähme man uns den philosophischen Mantel, entkleidete man uns von der Reverende der wohlehrwürdigen Hypothesen und von allen unwesentlichen, fremdartigen Behelfen, hinter deren Wolken wir uns so unmännlich verbergen: wie weit seltener würden wir bestehen in der Wahrheit! – Um alles in der Welt möchten wir die andere Hälfte des menschlichen Geschlechtes überreden, nicht *wir*, sondern die *Natur* habe sie zurückgesetzt und uns unterworfen; und doch sind *wir* es, die seine Bedürfnisse erregen und Meinungen herrschend machen, wodurch wir, so wie durch jene Bedürfnisse, den Meister über die schöne Welt spielen. Jene Klubs und geheime Gesellschaften, die, ohne daß sie den Degen ziehen, Macht, Gewalt und Herrschaft erschleichen, sind Kopien des Ganges, den die Männer einschlagen. – Und die Bibel? Bis jetzt haben noch alle philosophischen Sekten, die gedrückte, die streitende und die triumphierende, und jede neue Staatsreform, bis auf die *französische Konstitution*, sich in der Bibel getroffen gefunden.

Es ist das künstlichste Spinnengewebe von Gründen, wodurch wir das weibliche Geschlecht zu einer ewigen Vormundschaft verurteilen; und selbst bei den feierlichsten Ehegelübden, die man sich am Myrtenfeste vor Gott und den (freilich durch ein Lucullus-Mahl bestochenen) Hochzeitszeugen ablegt, verlangt das kirchliche Formular, daß, wenngleich beide Teile gegenseitig sich zu ehren verheißen, doch die geehrte Männin dem Manne gehorchen und ihm als ihrem Herrn huldigen soll. Ist es zu verwundern, wenn die heiligste aller Zusagen, die Ehetreue, so schnöde gebrochen wird, da diesen Prinzipalpunkt so viele Nebenverheißungen schwächen? Wie ist die Preisfrage eines feinen Kopfes: warum in verschiedenen Staaten, wo Eide das tägliche Brot in Gerichten sind, das Ehegelübde (der wichtigste Kontrakt, den Menschen miteinander schließen können) ohne Eid vollzogen wird, zu lösen? Etwa durch die Bemerkung, daß der Gegenstand so groß wie das Verbrechen des Vatermordes sei, welches in weisen Gesetzbüchern weiser Völker ohne Strafe blieb? Etwa weil keine Formel stark genug ist, das Ehegelübde zu besiegeln? Und weil, um das Größte zu sagen, man zur Natur der Sache, zum einfachen *Ja*, *Ja*, *Nein*, *Nein* zurückkommen muß? Wichtige Gründe! Doch schwerlich werden sie bei der Unterlassung des Eheeides entscheiden; denn müßte sonst nicht unsere Eidmethode längst verbessert sein? Oder wie, schwört man bei der Ehevollziehung etwa darum nicht, weil die Gelübde nicht gehalten werden, nicht zu halten sind? nur da gehalten werden dürfen, wo die Natur in speziellen Fällen mitwirkt? Ei, Lieber, wer hält seinen Amtseid? und wird dieser Eid erlassen? Der größten Versuchungen zu falschen Aussagen ungeachtet, findet der Richter oder – was mehr sagen will – der Gesetzgeber keine Bedenklichkeit, Eiden auszuweichen; und geht denn wirklich das Versprechen der ehelichen Treue, auf welchem die Würde, Sicherheit und Wohlfahrt des Staates, das Glück des häuslichen Standes (des angenehmsten und tröstlichsten im menschlichen Leben) und aller Fleiß, alle Betriebsamkeit beruhen, über das Vermögen der Menschen? Hast du nicht liebe getreue Ehegenossen gekannt?

Ein menschliches Schauspiel, das Engel zu sehen gelüsten könnte! Unglücklicher, was ist dir die Menschheit wert, wenn sie so tief gesunken wäre! Ich suche den Grund dieser, von unseren eidereichen Vorfahren auf uns gleich eidgierige Nachkommen gebrachten, denkwürdigen Gewohnheit in der Befürchtung, daß man Eide einer baren Lächerlichkeit aussetzen würde, wenn man sie durch den unnatürlichen, vom andern Geschlecht zu übernehmenden Umstand, sich der unerkannten Gewalt des Mannes unterwerfen zu wollen, entheiligt hätte. Diese *Homagial-Umstände* entfernen den Eid bei der Ehe *in vielen protestantischen Staaten;* und die auserwählten Rüstzeuge von Reformatoren hatten nicht unrecht, den Eid aus der Trauungsformel zu verabschieden oder ihm einen Laufpaß zu behändigen. Soll aber die durch die Natur und Erfahrung laut widerlegte männliche Macht und Gewalt über das andere Geschlecht sich durch leidige Künstelei erhalten? Werden wir, wenn Natur und Wahrheit ihre Rechte zurückfordern, die keiner Verjährung unterliegen, noch immer gewinnen und den Sieg behaupten? Durch Wiederfragen antworten heißt, wo nicht gar spotten, so doch: die Frage keiner eigentlichen Antwort wert achten. Wer kann sich aber, wenn er auch wollte, dieser Zwittergattung von Erwiderung enthalten? wer der Fragantwort ausweichen: ob die Natur je so tief in Ohnmacht und Schwächlichkeit versinken könne, daß sie sich ungestraft berauben lasse, ohne das Raub*schloß* oder Raub*nest* zu zerstören? Längst sind Männer nur Titularherren, Besitzer *in partibus infidelium.* – Und wie, Deutsche, deren Vorfahren ihre Weiber achteten, da der Rat derselben ihnen wichtig, ihre Aussprüche ihnen heilig waren, wenn sie die Zukunft aufklärten, vielleicht weise genug, sie nach ihrem Willen zu *lenken* – (eine ehrwürdige prophetische Kunst!); Deutsche, die, wenn es gleich von ihnen heißt, *daß sie viel für Geld tun*, ihre Weiber nicht wie die Römer (als wären sie Hausrat) einkauften; Deutsche – sollten ihrer Vorfahren so unwert sein! Was ist anständiger, mit dem andern Geschlechte gleichen Schritt zu halten oder uns von ihm, ohne daß wir es wissen, leiten und führen zu lassen? Nur die *Zeichen* der Regierung sind uns wert, die *Regierung* verkaufen wir für ein schnödes Linsengericht; und eine kluge Frau läßt sich von dem Manne zur Regierungs-Repräsentantin erkiesen, dem hier kein Hochverrat ahndet und der (weil doch Hochmut dem Falle vorausgeht) seine Frau selbst zum Throne führt und sich hinreichend begnügt, daß alles unter seinem Namen expediert wird, alles unter: *Wir von Gottes Gnaden.* – Wenn nun aber ein so betrogener Mann, der seine Frau zur List erniedrigt, der seine Kinder zu ähnlicher Denkart berabwürdigt und öffentlich mit sich spielen läßt, bei dem allen nicht unglücklich ist; wenn er einen menschlichen Richter in Hausangelegenheiten, einen treuen Ratgeber in Fällen, wo er unentschlossen schwankt, in seiner Frau findet: – was würde sie ihm sein, wenn sie von Rechts wegen gleich und gleich mit ihm wäre! Wie unendlich leichter würde der Stand des häuslichen und Staatslebens werden, wenn wir so eine herrliche Bundesgenossenschaft anerkennen und schätzen lernten! – *Eigensinn*, *Trägheit* und *Stolz* fesseln uns an alte Meinungen und Gebräuche: drei Götzen, die man auch *Augenlust*, *Fleischeslust* und *hoffärtiges Leben* zu nennen pflegt! – Laßt uns diesen Götzendienst mit einer vernünftigen Verehrung der Natur und ihrer Gesetze vertauschen! Schon lange sind die Weiber durch Leiden geprüft und bewährt, um der Herrlichkeit wert zu werden, welche die Natur an ihnen so gern offenbaren möchte. Das Ende vom Liede dieses Abschnittes.

In der Tat scheint eine höhere Vernunft es mit Vorbedacht und Vorsicht darauf angelegt zu haben, daß der Anfang des menschlichen Geschlechtes in einem tiefen heiligen Dunkel bleiben sollte. Chaos war eher als die Welt, Finsternis eher als Licht, Nacht eher als Tag; und wohl uns, wenn die menschlichen Handlungen, ebenso wie alle Naturbegebenheiten, nach allgemeinen Naturgesetzen bestimmt und von einem inneren Lichte, das der große Haufe nicht sehen kann und das nur Sonntagskindern selbst in der dicksten Finsternis leuchtet, gelenket werden!

Heil uns, wenn bei den unablässigen Bemühungen der Menschen, alles unregelmäßig zu machen, jene göttliche Regelmäßigkeit ihren festen Schritt hält und die Weisheit ihre ursprünglichen hohen Anlagen bei der späten Entwickelung rechtfertiget! Heil uns, wenn wir alle und auch selbst die unter uns, welche am wenigsten daran denken, Mitglieder der göttlichen unsichtbaren Kirche sind! wenn der, welcher bloß für sich denkt und oft sogar des andern Teufel ist, doch, ohne daß er es weiß, die göttliche Absicht befördert, die Welt ihrem moralischen Ziel immer näher bringt und selbst Teufeleien zum besten kehret! Oh, der herrlichen Veredlung der moralischen Metalle!

Wer kann bei dieser Idee gleichgültig sein! Wer wünscht nicht, sich jenen jüngsten Tag der Menschheit lebhaft vorzustellen und den Gang des menschlichen Geschlechtes von Anbeginn bis auf unsere letzte *betrübte* und die in der Hoffnung erwartete *letzte fröhliche* Zeit in einer Karte zu übersehen! – Wie oft würde auf diesem Menschheitsgemälde die Weisheit des Einzelnen als Torheit und die Torheit im Großen als Beitrag zur Weisheit erscheinen! Nur daß kein Mensch hieraus Gelegenheit nehme, in seinem verkehrten Sinne zu tun, was nicht taugt, vielmehr nach bestem Wissen und Gewissen seine Tage so anlege, daß die Stimme seiner theoretischen und praktischen Vernunft, seiner Einsicht und seines Gewissens nicht unbefolgt bleibe! Zwar kommt es hier immer noch bloß auf den Glauben an die Menschheit an, der durch so manche unerhörte, unerklärliche Begebenheit nicht nur in Hinsicht einzelner Menschen, sondern auch ganzer Nationen schwankend gemacht wird; wer wollt' indes auch bei einem Senfkorn dieses Glaubens verzweifeln! Vater der Menschen, stärk' uns diesen Glauben! Wie planlos da alles durcheinander läuft! Wieviel Zerstörungssucht, Hader, Neid, Zank, Zwietracht! Alles verschworen, die Wünsche des Menschenfreundes zu vereiteln und der göttlichen Bestimmung entgegen zu arbeiten! Doch jene goldreine Zeit wird kommen, wo die Menschheit mehr von Schlakken geläutert sein wird! Nur daß nicht, was bei menschlichen Handlungen glänzt, uns sogleich etwas Göttliches scheine! Nicht alles, was glänzt, ist Gold! Nur daß wir uns durch nichts, selbst nicht durch den herrlichsten kosmopolitischen Zweck, zum Handeln bestechen lassen, vielmehr auf nichts weiter denken, als unsere Pflicht mit strenger innigster Redlichkeit zu bewirken und sie *menschenmöglichst* (ein teures, wertes Wort!) zu erfüllen! Nur daß wir bei unseren heiligsten Verbindlichkeiten nicht an den Morgen der Folgen denken, sondern lauter und rein tun, was wir schuldig sind, und alles Übrige *dem* überlassen, der allein weise ist! Wer sich das Ansehen gibt, der göttlichen Regierung nachhelfen zu wollen, ist ein Gottesleugner in einem besondern Sinne. – Sollte indes die Natur dem verzagenden Beobachter nicht wenigstens, wie *Ariadne*, einen Leitfaden zugeworfen haben, um sich aus diesen Labyrinthen herauszuhelfen? um, da er in allem eine göttliche Endabsicht voraussetzen kann, dieselbe, trotz allen Kreuz- und Querzügen von eigenen Absichten der Menschen, auch bewundern und sich an ihr und an der allmählichen Erreichung derselben erfreuen zu können? Nichts würde diese Gesinnungen und diese Hoffnungen stärker befestigen, als wenn wir, von den Urzeiten ab, in allen den Krümmungen, die das menschliche Geschlecht einschlug, eine geheimnisvolle Entwicklung dieser Anlagen zu bemerken und den Finger einer Vorsehung zu finden imstande wären. Sobald Geschichte, Erfahrung und Nachdenken etwas von diesem ihren Gange enträtseln können, so ist hierzu ein Plan gezeichnet, und wir sind in diesen vierzig Jahr-Wochen des Wüstenumweges nach Kanaan nicht ganz und gar verlassen und versäumet. Doch noch hat diese herkulische Arbeit keinen Anfänger, viel weniger einen Vollender; und da die Einbildungskraft in dieser Hinsicht kein leidiger Tröster ist, so läßt sie uns in, mit und unter ihrer Beihülfe wenngleich nicht lebendige Überzeugung, so doch beruhigende Hoffnung erlangen. Ist der Mensch ein Miniaturstück von Welt, ein Mikrokosmos, so mag die Geschichte des einzelnen Menschen immerhin ein Schattenriß von der Geschichte der Menschheit abwerfen und den Anfang derselben, so wie ihren Fortgang, in Hieroglyphen dem Auge des Sehers wenngleich nicht völlig, so doch kennbar darstellen. Jeder Mensch feiert durch sein Leben das Leben des menschlichen Geschlechtes und wird wo nicht die Quintessenz, so doch ein kurzer Auszug von der Geschichte der moralischen Welt. Wenn man ohne sonderliche Vorurteile (denn ist es möglich, sich über diese ägyptischen Plagen völlig wegzusetzen?) einen Plan entwerfen könnte, wie die Menschenwelt gehen müßte, wenn sie anders den letzten Zwekken der Vorsehung gemäß wandeln wollte, so hätte man freilich von der moralischen Welt eine treue Probe, die mit den Bruchstücken, welche wir davon geschichtlich besitzen, stimmen und die Data da ergänzen würde, wo in der wirklichen Welt alles wüst und leer scheinet. Jetzt aber werden wir, hier und da viel oder weniger abgerechnet, wenigstens ein Ungefähr von dem herauszubringen imstande sein, was herauszubringen war; und sollten wir nicht alles mit einer reinen Idee dieses Ganges übereinstimmend finden, so wird doch ein großer oder kleiner Teil stimmig sein. Die erste Periode unseres Lebens ist so dunkel wie die Genesis der Welt, von der wir, da sie unter dem Herzen ihrer Mutter lag, nichts wissen. Ist unsere Kindheit (wo wir keinen Willen haben, sondern nach Instinkten und nach Leitung der Eltern, die uns entwarfen, leben, weben und sind) nicht jener Weltperiode ähnlich, die wir den *Stand der Unschuld* nennen? Und sie mag um so mehr so heißen, da uns in derselben nichts zugerechnet werden kann. Der Mensch fühlt sich; das heißt: er emanzipiert sich, gibt oft noch vor der Zeit sich *veniam aetatis*, glaubt in seiner Vernunft einen Gott zu haben; und seht, mitten in dieser Selbstvergötterung sinkt er, und oft so tief unter den Menschen herab, daß er kaum zu kennen ist. – Leidenschaften stürzen ihn. – Fall auf Fall! – Anfänglich sind diese Leidenschaften ungebetene Gäste, die man gemeiniglich lieber gehen als kommen sieht; doch über ein Kleines werden sie Vernunftgenossen, Herzensfreunde, Busen- und Schoßlieblinge, deren Umgang, wenn

das Gewissen dagegen einwendet, der Mensch bis aufs Blut so verteidigt und rechtfertiget, daß das sich selbst gelassene Gewissen sich anfänglich hintergehen, bald hernach sich anstecken läßt und endlich selbst leidenschaftlich wird. – Spät nur, und wenn der Tag seines Lebens kühl geworden, kommt der Mensch durch die Stimme seines Gewissens, das sich wieder erholt hat, zum Nachdenken. »Adam, wo bist du? wohin ist es mit dir gekommen?« Das Fieber des Selbstbetruges legt sich; die Vernunft hat Zwischenstunden, kommt allmählich zu Kräften und entwirft sich Gesetze, die der Mensch wenigstens im Durchschnitt erfüllt. – Ganz wird er nie aufhören, Mensch zu sein – wie sollt' er auch eine ihm wildfremde Rolle völlig ausführen können? Bei den Fehlern des Alters erinnert er sich der Sünden der Jugend, sinkt, fällt, steht auf und sieht am Ende ein, daß der Mensch nie zur Vollständigkeit gelangen kann; doch jaget er ihr nach und versucht, ob er jenes Ziel erreichen werde, die Krone des Lebens. –
Das Weib – ist wie der Mann; es gibt hier keinen Unterschied: sie sind allzumal Menschen und mangeln des Ruhmes, den sie haben sollten. – Das Verhältnis der Geschlechter gegeneinander? Allerdings der Hauptpunkt, worauf es bei dieser ganzen Abschweifung ankam! Der gerade Gang aller kleinen und großen Gesellschaften – den ich aber aus mehr als einer Ursache auch selbst nach den ersten Strichen nicht darstellen mag. *Adam* und *Eva* leben anfänglich im Stande der Unschuld; dann wird *Adam Evas* Untergebener, gehorsam bis zur Ausschweifung; bald darauf verwandelt er sich in ihren Gebieter, welches er lange bleibt, bis sie endlich beiderseits in Frieden, Einigkeit und Gleichheit miteinander leben und zu jenem Stande der Unschuld, wiewohl mit weit mehr Einsicht und weit mehr

Glückseligkeit, zurückkehren. Genug – auch dieser Handzeichnung vom Verhältnisse der Geschlechter will ich weder Farben geben, noch sie vollenden. – Ein jeder wird an diesen Strichen sich selbst kennen und *durch* diese Selbstkenntnis den Gang der Menschenwelt und der beiden Geschlechter. – Möchte doch auch in Hinsicht des Geschlechterverhältnisses *eine* Herde und *ein* Hirte werden! – Doch dieser Wunsch ist im dritten Kapitel zu früh; wer wird sich selbst in den Kauf fallen? wer sich vor dem fünften Akt verheiraten? –

IV. *Nähere Angaben, woher die Überlegenheit des Mannes über die Frau entstanden ist*

(betreffen neuere Zeit)

Das Schwert gab dem männlichen Geschlechte Machtvorteile über das weibliche; aber dem natürlichen Maße von Leibes- und Seelenkräften konnte es ebensowenig eine Handbreit zusetzen, als der Nichtbesitz der Waffen dem weiblichen Geschlechte eine Handbreit zu nehmen imstande war, wenngleich nicht geleugnet werden kann, daß dieser Nichtbesitz Furchtsamkeit, Mißtrauen in Kräfte, welche die Weiber nicht kannten, zur Folge hatte. Als die Griechen und Römer in ihren Kriegen mit den Indiern der Elefanten ansichtig wurden, erschraken sie über diese Kolosse und der Mut entfiel ihnen; doch er nahm wieder zu, als sie diesen Kriegspopanz mehr kennen und verachten gelernt hatten. Sie überzeugten sich, wie wenig diese unbehülflichen Massen der Gewandtheit eines geübten Kriegsheeres die Waage halten könnten; und ob sie gleich hierdurch keinen wesentlichen Zuwachs an Kräften erhielten, so ward doch durch diese Erfahrung das Zutrauen auf ihre Kräfte vergrößert. Es hatte mit diesem Zutrauen eben die Bewandtnis wie mit dem Kredit der Kaufleute, wodurch sie reicher als durch Schätze sind. In der Tat, wir haben an körperlichen Kräften und an den Resultaten derselben, Mut und Tapferkeit, gegen unsere Väter so wenig gewonnen, daß wir es wohlweislich bleiben lassen müssen, in ihren Rüstungen und mit ihren Waffen zu fechten; würden sie aber, mit aller jener körperlichen Überlegenheit, mit allem jenen Mut und jener Tapferkeit, nicht gegen die erste beste unserer Armeen das Feld räumen müssen? Wir haben uns durch Glück und Kunst solcher Kräfte bemächtigt, gegen die sie nicht zu stehen vermögen. Verstärken aber alle diese Dinge unsere Leibeskräfte und unsere Geistesvorzüge? Sind wir dadurch wesentlich mächtiger und tapferer geworden als unsere Vorfahren? Haben wir auf diesem Wege ein Recht erlangt, sie unter uns zu erniedrigen, sie zu entwürdigen und zurückzusetzen? – Gerade so und nicht anders verhält es sich mit unsern Anmaßungen gegen das weibliche Geschlecht. Dadurch, daß die Gesellschaften nach und nach dauerhafter und fester wurden; dadurch, daß sie gewisse Formen erhielten, vermittelst deren sie äußerlich sich immer ähnlicher wurden; dadurch, daß man in diese Formen allmählich mehr Verhältnis zur Masse brachte; kurz dadurch, daß die bürgerlichen Gesellschaften ihre gegenwärtige Gestalt erhielten, ward den Weiberrechten nicht im mindesten gefrommt. Diese ursprünglichen Rechte waren einmal verlorengegangen, und es blieb dabei, daß man Weiber mit zum Hausgeräte des Oberhauptes der Familie rechnete, womit mancher notdürftig, mancher überflüssig versehen war; sie hatten nur noch Wert für ihn, insofern sie dazu dienten, durch klugen Austausch seine Habe zu erweitern und sein Inventarium zu vergrößern. Die Menschen wurden Bürger; allein sie fingen ihre Bürgerschaft nicht damit an, diesen ihren bürgerlichen Verfassungen Ordnung, Dauer und Regelmäßigkeit beizulegen. Noch jetzt lernt man in der Gesellschaft gesellig sein, und nichts läßt sich so wenig theoretisch begreifen als diese Kunst. Die ersten Gesellschaften dehnten sich bloß durch Gewalt der Waffen über andere aus und gaben sich Mühe, ihre freien Nachbarn nicht zu ihren Mitbürgern und Freunden, sondern zu ihren Sklaven zu machen. So entsprang, erweiterte und bildete sich der römische Staat; und daß dies der Uranfang aller großen bürgerlichen Gesellschaften war, bezeuget die Geschichte vom finstern Anfange bis zum angeblich lichten Ende. Immer hatte man Waffen in den Händen, man mochte seinen Freunden und seinen Feinden Gesetze vorschreiben, man mochte über Anordnungen zum Besten des Staates ratschlagen oder über Bürgerrechte entscheiden. So waren und blieben die Männer in Rücksicht ihrer Weiber in Machtvorteilen und ließen ihnen Gnade für Recht widerfahren, wenn sie ihnen einige Brosamen von ihrem Überflusse zuwarfen; das heißt: wenn sie ihnen einige Vorteile vor den Sklaven zugestanden. Indes fanden es die Griechen und vorzüglich die Römer billiger oder (besser) politischer, das weibliche Geschlecht in die Staats- und Gesetzordnung mit einzuschließen. – Wie es der Orient mit den Weibern gehalten hat, ist, außer dem, was der jüdische Gesetzgeber in Rücksicht ihrer anordnet, nicht bis auf unsere Zeiten gekommen; doch scheint ihr ehemaliger Zustand in diesem Vaterlande des Despotismus und der Vielweiberei vor dem jetzigen sich nicht ausgezeichnet zu haben, da *Asien* und *Afrika*, seitdem die Griechen und Römer daselbst bekannt wurden, in der Kultur eher zurück- als vorgeschritten sind. – Der Mensch ist zur Freiheit geboren; sie ist die Sonne, deren Einfluß alles hervorbringt. Da, wo Freiheit unterdrückt wird, kann nichts, was menschlich ist und heißt, zu Kräften kommen. – Dort ist noch die Ehe, dieser wichtigste und heiligste Vertrag im Staate, nichts mehr und nichts weniger als ein Kauf- und Tauschhandel; Weiber sind eine

Ware des Luxus, weil der *Zenana* (Harem) einen wesentlichen Teil eines indischen Palastes ausmacht und die Stelle derjenigen Örter vertritt, wo der Europäer seine Prachtliebe zur Schau trägt. Anstatt Meisterstücke der Malerei und Bildhauerkunst aufzustellen, anstatt die Natur durch die Kunst zu verschleiern, stellt man sie nackt und bloß dar; und anstatt in einen Tempel des Geschmacks zu führen, führt man in ein B–. Die Weiber sind dem Indier Gegenstand und Werkzeug des Vergnügens und Zeitvertreibes; und seht da den höchsten Gipfel des weiblichen Wertes! Liebe kennt er nicht; denn diese kann in Hinsicht des Geschlechtes sich durchaus nicht so teilen. – Tierisches Bedürfnis ist das Heiligtum seines Altars der Liebe und verschwenderische Üppigkeit das Ziel seiner häuslichen Glückseligkeit. – Oh, des in Armut reichen Menschentiers!

Was indes Griechen und Römer dem weiblichen Geschlechte durch ihre Gesetzgebung an bürgerlichen Rechten zugestanden, war nur ein sehr dürftiger Teil desjenigen, was ihnen von Natur eignete und gebührte und was ihnen sonach weder durch Feuer noch durch Schwert, weder durch gute noch durch böse Gerichte genommen werden konnte. Wahrlich ein Raub von besonderer Art, wobei man nicht nur den Leib, sondern auch die Seele entwendet und den sich besonders die weltberühmten rechtlichen Römer zuschulden kommen ließen! Kann man überhaupt zu einem Rechte Zutrauen fassen, das sich nicht grämte, nicht schämte, zu behaupten: die Sklaven wären für nichts zu halten *(servi pro nullis habentur L. 32. D. de Reg. Jur.)*, und welches den an sich so schädlichen als drolligen Einfall geltend machte, es gäbe Menschen, die nur den Wert von Sachen hätten? Durch diese gerichtliche Taxe verlor die ganze Menschheit; und solange man den Sklaven Bild und Überschrift von Menschen nicht zu nehmen vermag – wer wird mehr entehrt, sie oder ihre Herren? Was nun besonders die unerhörte Unerkenntlichkeit der Römer betrifft, die durch das andere Geschlecht zu Menschen gemacht, die durch die sabinischen Jungfrauen erzogen waren – und die ohne Zweifel jene Spuren der Menschlichkeit, die sie von ihren Gouvernantinnen lernten, in alles Römische brachten, um ihm den bittern Geschmack der Roheit zu benehmen –, wer kann dieser *römischen Unerkenntlichkeit* sich ohne Mißmut zurückerinnern? Welch eine demütigende Ehre, die man den Weibern erwies, sie auf immer unter Vormundschaft zu setzen, ihren bürgerlichen Handlungen die bürgerlichen Folgen zu entziehen und sie durch eine feierliche Sanktion zu Schatten der Männer im Staate zu machen! Alle Gesetze in Hinsicht des andern Geschlechtes scheinen in Donner und Blitz gegeben zu sein; wenn sie gleich sich das gesetzliche Ansehen (das pedantischste von allen) geben, den Evangelienton anzunehmen, sieht man, sobald man ihnen näher tritt, doch so viel Donner- und Blitz-Gesetzlichkeit in ihrem Evangelio, daß man sich sogleich überzeugt, kein Frauenzimmer habe hier mit votiert. –

Die höchste Beleidigung ist, zu erklären, daß man durch jemanden nicht beleidigt werden *könne;* und durch das Privilegium, nicht Unrecht tun zu *können,* hat man die damit Privilegierten in keine vorteilhaftere Sicherheit gestellt als die Blödsinnigen. Weibliche Personen vom tiefsten Sittenverderbnis wollen geschmeichelt sein, daß sie äußerlich die Tugend ehren, die ihr Geschlecht am meisten ziert; und wie, die Gesetze selbst berauben das ganze Geschlecht alles Nervs, alles Mutes, die Freiheit zu lieben, aller Vernunft, den Despotismus nicht zu fürchten? wie, man erniedrigt ein ganzes Geschlecht zur Sklavenklasse, aus dessen Mitte man mehrere, und bei weitem nicht die vorzüglichsten, anbetet und als Göttinnen in den Himmel versetzt?

Ist es zu leugnen, daß die römische Gesetzgebung, und die Adoption derselben in Deutschland, dem weiblichen Geschlechte jene *odiösen* Privilegia im höchsten Grade zuwandte und ihm den schlechtesten Dienst erwies, den man ihm je erweisen konnte? Beide Regeln, welche von der gesetzlichen Annahme an Kindes- oder Enkelstatt unzertrennlich waren (nämlich daß die Adoption die Natur nachahme, und daß sie bloß zum Nothelfer für die erfunden sei, die weder leibliche Kinder noch Hoffnung und Aussicht dazu hatten), fand zwar bei dieser Adoption des Römischen Rechtes nicht statt. Da indes von *Rom* aus, und durch die Römer, sich Künste, Wissenschaften und Sitten in Norden und Westen verbreiteten, so wie unsere ganze hochlöbliche Kultur noch gegenwärtig römisches Vaterland verrät, so trägt besonders unsere Staats- und bürgerliche Verfassung, und vor andern unser bürgerliches Recht, noch Namen und Gepräge der Römer an Stirn und Brust, seitdem der *Justinianische Gesetz- und Rechts-Codex zu Amalfi* wieder aufgefunden ward. Auch das *von Carmersche Neue Testament* beziehet sich auf jenes römische Sinai des Alten und ist weniger Schöpfung als bessere Einrichtung. – Nur noch wenige Züge, eh' ich dieses Feld verlasse. Jene Rechts-Peinlichkeit in Rücksicht der Hermaphroditen würde bloß lächerlich sein, wenn der Geschlechtsstand des männlichen vom weiblichen Geschlechte nicht so außerordentlich verschieden wäre. – Das Gefühl, Manns- und Weibspersonen würden einerlei Rechte zu genießen haben, wenn es auf die Entscheidung der Natur ankäme, brachte die Gesetzgeber, und noch mehr ihre Jünger und Prophetenknaben, in eine nicht geringe Verlegenheit, und da Ausnahmen nicht vermutet, sondern bewiesen werden müssen, so deutete man (oh, der Gerechtigkeitsliebe!) *ein Gesetz*, *wobei die Weibspersonen nicht ausgenommen waren*, auf *beide Geschlechter*, und die Weiber hatten die Ehre, die Worte: *(si quis) wenn jemand*, auch sich zuzueignen und – welch ein Vorzug! – auch *ein jemand* zu sein. Ein großes Glück, daß man sie nicht zum *Niemand* verstieß. Es ist unerklärbar, wie man auch nur auf den Gedanken hat fallen können, daß nicht etwa bloß dem männlichen, sondern auch dem weiblichen Geschlechte, nach römischen Grundsätzen, Vorteile zugeteilt wären! Ich finde deren keinen von letzterer Art; vielmehr scheinen mir die sogenannten Weibervorteile geheime Wunden und Meuchelstiche zu sein, die noch mehr schaden, als wenn das Gesetz sich öffentlich wider die Weiber erklärt hätte. Was bedürfen wir weiteres Zeugnisses, als daß die Frauenspersonen auf kein öffentliches Amt Anspruch haben; daß sie (Mutter und Großmutter ausgenommen) nicht Vormünderinnen werden können; daß sie in Fällen, wo die Gesetze, der Feierlichkeit des Geschäftes halben, mehr als zwei Zeugen verlangen, nicht als Zeuginnen zuzulassen, mithin nicht als Zeugen bei Testamenten brauchbar sind, und daß noch Zank und Streit unter den Gelehrten obwaltet, ob und inwieweit ihnen diese Zeugenehre bei Codicillen zu bewilligen sei; daß sie an den Rechten der römischen väterlichen Gewalt (sie war, so wie überhaupt, so besonders in Hinsicht des Vermögens der Kinder vorzüglich) keinen Anteil haben; daß man sie zur wahren Adoption unfähig erklärt, weil hier die väterliche Gewalt

sich in ihrer rechtlichen Würde zeigt! – Wahrlich, nach diesen Beraubungen wird man auf die angeblichen Vorteile neugierig sein, wodurch die römischen Gesetze das andere Geschlecht zu entschädigen die Güte gehabt; und sehet da, die Unwissenheit der Rechte kann den Weibern nicht zugerechnet werden, wenn sie sich dieses elenden Einwandes in Fällen bedienen, um sich durch einen Blitzableiter wegen des Schadens und der Strafe zu sichern. Sie können nicht aus einer Bürgschaft belangt werden – und kurz und gut, sie haben das Recht, alte Kinder zu bleiben bis an ihr seliges Ende. – Der Claudianische Ratsschluß war so gnädig festzusetzen, daß, wenn eine freie Frauensperson einen Sklaven *actualiter* für einen Menschen anerkannte und sich mit ihm zu weit einließ, sie dem Herrn desselben, falls er ihr in der heiligen Zahl Drei diesen Umgang untersagt hatte, als Sklavin zugesprochen werden mußte, sobald dieser Herr darauf antrug. So fiel sie und – wohl zu merken – auch ihr ganzes Vermögen diesem so wohlmeinenden Herrn anheim, der die große Mühe gehabt hatte, sie dreimal zu warnen! – *Justinian* hob diese Härte, als seiner Zeiten unwürdig, auf; und noch schüttelt man den Kopf, unentschlossen, ob dies ein Lob- und Dankopfer oder ein Vorwurf in Hinsicht seiner goldenen Rechtszeit sei.
Bei diesen und andern Umständen hat man nicht etwa bloß dem Geiste der römischen Gesetzgebung, sondern auch ihren Kruditäten das Bürgerrecht verstattet und zu ihrer Aufnahme die Tore weit und die Türen hoch gemacht, während die Franken, Sachsen und andere Bewohner Deutschlands, nach ihrer Weise und nach deutscher Art und Kunst, in der Kultur fortschritten. Die Handlungsweise und die Sitten erhielten zwar eine andere, aber doch

keine römische Gestalt; vielmehr machte die Eigenheit des Volkscharakters einen sehr wesentlichen Unterschied bemerkbar: indes wurden deutsche Handlungen doch mit römischen Schneiderscheren verschnitten. – Aus einem Paradiese und kühnen Naturgarten wurde kleinliche holländische Künstelei. – *Demosthenes* hält es beinahe für ein Gesetz des Schicksals, daß immer die besten Menschen die ungezogensten Kinder hätten; und in Rom und Griechenland war es zum Sprichwort geworden, daß die Söhne der Helden selten ihren Vätern ähnlich wären. Ganz anders mit den Staatsgesetzen, deren Erziehung fast nie fehlschlägt. – Wenn Mitglieder des Staates von ihren Rechten und Pflichten richtige Begriffe haben und gern denselben gemäß handeln, so sind sie sicher aufgeklärter, als wenn sie der Wissenschaften Menge besitzen, die zur bürgerlichen Glückseligkeit nichts Wesentliches beitragen, die den Schein haben und die Kraft verleugnen. Wie betrübt war das Schicksal der Deutschen bei römischen Gesetzen! Diese Gesetze wurden dem National-Charakter der Deutschen und ihren väterlichen Sitten auf keine Weise anpassend gemacht. Man fiel nicht darauf, Gesetze und Sitten soviel als möglich in Übereinstimmung zu bringen, nicht, wo weder Sitten noch Gesetze eine Umformung annehmen wollten, diese zu verwerfen und für jene eine Regel zu erfinden: man nahm es sich vielmehr mit patriotischer Freiheit heraus, das Römische Gesetzbuch, wie die *Säulen des Herkules*, als Grenze anzusehen, über welche hinaus sich kein Ruhepunkt für den menschlichen Verstand denken ließe; man ahndete nicht einmal, daß das, was im römischen Staate und für Römer gerecht und weise war, in Deutschland und für Deutsche sehr unweise und ungerecht sein könnte. – Der unverfeinerte Geist der deutschen

Sitten hing mehr an einer tugendhaften schlichten Denkungsart als an gewissen durch Konnivenz so oder so bestimmten Wörtern; und die Deutschen hätten von hundert Arten der Lust nicht gewußt, wenn das Römische Gesetz (dessen um sich greifende Alleinherrschaft man nur allmählich und notdürftig durch Spiegel und Weichbilde und Willküre beschränkte) nicht gesagt hätte: *Laß dich nicht gelüsten.* Kann man nicht Laster verbreiten, wenn man sie gleich mit wahren Farben zeichnet? Gibt es nicht Sünden, die nicht anders als mit Gefahr der Verführung zu entschleiern sind? Und wenn es dem Dichter schwer ist, treue Gemälde der Sitten zu liefern, ohne den sittlichen Anstand zu verletzen – mit welcher Weisheit muß der Gesetzgeber verfahren, um nicht mehr zu verderben als zu bessern? Kann der Dichter wenigstens jetzt – und hatten die Alten so ganz ein Recht, sich von dieser Weise auszunehmen? – viele Dinge nach der Natur malen? Oder muß er nicht vielmehr seine Gemälde unter einer konventionellen Maske und mithin um vieles sittlicher, als die Menschen *pro tempore* sind, anlegen und halten? Und der Gesetzgeber, so ein Prosaist er auch sonst ist – muß er nicht eben den Weg wandeln, wenn er nicht mehr Schaden als Nutzen stiften will? Die Menge der Römischen Gesetze würde vielleicht mehr abgeschreckt haben; indes brachte das System, wonach sie gezimmert waren (das nicht bloß die Rechtsgelehrten, sondern, wohl zu merken, auch der Bürger studieren mußte, wenn er nicht alle Augenblicke an einer Fiktion und einer Feinheit oder dess' etwas sich Kopf und Herz stoßen wollte), die römische Gesetzkunst in Umlauf. Der größte Haufe lernte sie halb kennen, und eben diese Halbkenntnis erwarb ihr, nach wohlhergebrachter Gewohnheit, eine fast mystische Verehrung, so daß alles vor dem Römischen Rechte die Knie beugte und ihm huldigte. – Und wer mag denn auch leugnen, daß es einen Schatz von Kenntnis und Weisheit enthält? und daß, da Spitzfindigkeiten und Distinktionen für den größten Teil der Köpfe etwas sehr Hinreißendes behaupten, es besonders zur damaligen Zeit sehr natürlich zuging, wenn ihm so reichlich Jünger und Anhänger zufielen? ob es gleich den Briten nie leid getan hat und zu tun scheint, dieser Rechtsfahne nicht geschworen zu haben. Warum mehr Ausholung? – Das unrömische deutsche Weib kam unter das Römische Gesetz, und die deutschen Männer verwickelten sich selbst in das Garn, womit sie Weiber zu fangen gedachten. Zu wenig hat die Geschichte uns von unsern in Gott ruhenden Ahnherren hinterlassen, denen es überhaupt mehr darum zu tun war, Taten der Nachwelt würdig zu tun, als sie aufzuzeichnen und aufzubehalten. Das, was Freund und Nachbar *Tacitus* von ihren Sitten und Gebräuchen überliefert, ist bei weitem nicht hinreichend, um uns von ihrer Haus- und bürgerlichen Verfassung einen ganz richtigen, am wenigsten einen vollständigen Begriff zu machen. Nach ihm wurde bei den Deutschen, bei denen Sitten weit mehr als in Rom Gesetze vermochten (denn so, denk' ich, will *Tacitus* übersetzt sein), der Ehebruch mit dem Tode bestraft; und bedarf es größerer Beweise, daß die Ehen den Deutschen nicht gleichgültig waren? Sie wachten über ein Geschäft, wobei der Staat so sehr interessiert ist, daß jede Vernachlässigung sich über kurz oder lang unmittelbar am Staate rächt, mit vieler Eifersucht und Strenge, so, daß auf Vergehungen dieser Art (die unter einem Himmelsstriche wie der ihrige, bei einer einfachen frugalen Lebensart und bei der Unbekanntschaft mit Müßiggang und dem Wohlleben, den

Gefährten des Luxus, in der Regel sich nur sparsam ereignen konnten) dennoch eine so harte Strafe gesetzt wurde.

Der Einfluß der deutschen Weiber in Staatsgeschäfte war wichtig, indem sie aus ihren Mitteln Priesterinnen gaben, die, außer ihren gottesdienstlichen Verrichtungen, einen großen Einfluß in Staatsverhandlungen behaupteten, ihre Beratschlagungen lenkten und ihren Kriegern in Schlachten Verachtung der Gefahr, Liebe für das Vaterland und Mut gegen ihre Feinde einhauchten. Weiber waren ihren Männern nicht, wie große Staatsdiener ihren noch größeren Fürsten, *rechte* oder *linke Hand*, sondern Herz und Seele. Die Geschichte hat uns noch einen berühmten Namen, *Vellede*, aufbehalten. Ob sie übrigens als aktive Bürgerinnen an den Volksversammlungen teilnahmen; ob sie mit den Männern überall gleiche Rechte genossen: das ist eine Frage, welche die Geschichte unbeantwortet läßt; indes ist zu vermuten, daß auch bei unsern Vätern die Weiber jene Rollen mehr aus Konnivenz als kraft einer förmlichen Berechtigung spielten, indem ein so wichtiger Umstand, der bei allen übrigen damals bekannten Völkern so sehr außer der Regel war, gewiß der Nachwelt wäre überliefert worden. Die Eheunlust, worüber Gesetzgeber und Politiker von jeher so manchen Stab Wehe brachen – entstand sie nicht aus der Verachtung, welcher das andere Geschlecht ausgesetzt war? Scheint es nicht eine Art von Degradation seiner selbst, ein Frauenzimmer zu ehelichen, das im Grunde so ohne alle Bedeutung ist? Besonders wenn man überlästige Schwiegermütter und Basen als Beilagen *sub Ecce* und *Vide* erhält! Man lasse das Mädchen sein wie unsereiner, und gewiß wird ein ehelustiger Jüngling weniger Bedenken finden, mit ihr zu ziehen; und werden Basen und Schwiegermütter bei der Geschlechtsverbesserung noch Zeit behalten, sich als *Beilagen sub Ecce und Vide* brauchen zu lassen? –

Wenn es wahr ist, daß durch den Müßiggang eines Bürgers im Staate ein anderer doppelt arbeiten muß, um die Faulheit von jenem zu übertragen und alles ins Gleichgewicht zu bringen, so bestätigt sich diese Bemerkung noch weit mehr durch die Vielweiberei, die Quelle, wodurch zwar das *andere* Geschlecht außerordentlich von seiner Würde verloren, die indes auch dem *männlichen* und sonach dem *ganzen* menschlichen Geschlechte einen unglaublichen Nachteil zugezogen hat. Nicht bloß Vater und Mutter, sondern auch die Kinder sind verdorben; der Vater kommt mit seiner Liebe zu den Kindern ins Gedränge: er liebt sie nicht als seine Kinder, sondern insoweit dieses oder jenes das Kind dieser oder jener Mutter ist! – Der Mißbrauch ist eine ansteckende Krankheit, die alles angreift und vergiftet, was ihr zu nahe kommt. – Es ist eine so feine als richtige Bemerkung, daß die Vielweiberei geradehin zu einer unnatürlichen Liebe führt, so wie Aberglaube zur Atheisterei, Verschwendung zum Geize. – Doch diese Abschweifung sollte bloß den Weg zu der Bemerkung bahnen, daß so, wie dem andern Geschlechte von den Männern begegnet wird, die Männer sich von den Regenten begegnen lassen. – Die Sklaverei, wenn sie auch nur im Kleinen, in einer einzigen Beziehung, geduldet und geübt wird, macht über kurz oder lang alles zu Sklaven. Bei einer gelinden, gemäßigten, eingeschränkten Regierung galt das Frauenzimmer von jeher mehr als in despotischen Staaten, wo die Sklaverei der Weiber politisch notwendig ist. Den Weibern ist ohne Zweifel jene Gelindigkeit, Mäßigung und Einschränkung in der Regierung zu danken. – Wo sie zum Worte kommen, stimmt sich alles zur erlaubten bürgerlichen Freiheit; zur erlaubten, sag' ich, und füge hinzu, daß die Weiber zur despotischen Herrschaft von Seelen und Körpers wegen nicht aufgelegt sind. – Zeigen sie Spuren vom Gegenteil, so waren Männer ihre Verführer. Der fromme *Haller* sagt:

Was Böses ist geschehn, das nicht ein Priester tat?

und ist Priester nicht ein Erzmann? ein Mann aus höherem Chor? Man sagt, im Orient mache das Klima es notwendig, daß die Weiber in Festungen eingeschlossen werden, und der Zwang der Harems verbessere ihre Sitten. Lieber, kann der Zwang Sitten verbessern, wenn du ihn dir nicht selbst durch Grundsätze anlegst? Oder ist die Tugend, die nicht nur einer Schildwache, sondern einer ganzen Festung bedarf, so vieler Umstände wert? Was muntert mehr zur Ehe auf: Hagestolzenstrafen – Vaterprivilegien? oder eine tugendhafte Frau, die bischöflich nur *eines* Mannes Weib ist und dies ihr Licht leuchten läßt vor den Leuten, daß sie ihre guten Werke sehen? –
Welch ein Umgang ist reizender als unter Freunden und Freundinnen! – *Freundschaft* kann freilich unter *einem* Geschlecht existieren; allein *Umgang* nicht. – Freundschaft, echte Freundschaft ist eine Schaumünze, die man nur im höchsten Notfall angreift; Umgang ist Ausgabegeld, für das wir tägliches Brot kaufen: und was wären wir ohne ihn? Wie viele Menschen, die zu jener hohen Stimmung der Freundschaft keinen Beruf empfingen, würden ohne Umgang lebendig tot sein! Die Freundschaft bittet nicht, sie fordert; sie borgt nicht, auch wenn ihr Antrag noch so mächtig wäre, sie kassiert nur Schulden ein. – Freunde befinden sich in Gemeinschaft der Güter des Le-

bens; ihr Sinnbild ist, nach dem Ausspruche des *Aristoteles:* Eine Seele in zwei Körpern. Zu historischen Belegen mögen *Damon* und *Pythias*, *Orestes* und *Pylades* dienen, deren Freundschaft stärker als Leben und Tod war. – Ein Alter hielt *den* schon für äußerst glücklich, der nur *einen Schatten* von einem Freunde angetroffen hätte. Der Umgang, wenn beide Geschlechter daran teilnehmen, ist ein dergleichen Reich der Schatten, ein Elysium diesseits des Grabes – und an dem Eingange stehen die Worte: hasse, als stände dir eine Zeit bevor, worin du die, welche du jetzt hassest, lieben wirst; liebe die Menschen, als wenn du dich nicht würdest entbrechen können, sie einmal zu hassen. – Ein Fingerzeig, der ein Hochverrat am Tempel der Freundschaft sein würde; doch Freundschaft hat keinen Tempel, selbst nicht eine Kapelle von Menschenhänden gemacht: das Herz ist ihr Heiligtum. Noch oft wird mich das selige Wort *Freundschaft* entzücken. – Verzeihe, lieber **s, daß ich hier abbreche; bald sehen wir uns wieder. – – –

Die Herren Alten hatten den Weibern die Schnecke zum Sinnbilde ausersehen; allein durch sklavische Eingezogenheit verliert die Ehe von beiden Seiten, und die Männer ohne Zweifel am meisten. – Die ägyptischen Damen mußten mit bloßen Füßen ausgehen, damit sie einheimisch blieben; und wer erinnert sich nicht an die Geschichte jenes Weibes, das ein öffentliches, den Männern geheiligtes Haus vorbeigegangen war? Dieser unbeträchtliche Umstand veranlaßte eine Wallfahrt nach *Delphi*, um in heiliger Kürze und Einfalt zu erfahren, was dieser Vorgang bedeute. Wer wollte nicht lieber an der *Wirtstafel* als bei *Lucullus* vorlieb nehmen, wenn bei letzterem die Menge der Leckerbissen das Vergnügen des Umganges und einer gemischten Gesellschaft ersetzen sollte? – Die römische Sprache scheint zum Umgange mit Frauenzimmern, und zum Umgange überhaupt, wenig zu taugen, weil die Römer jenes Salz der Erde nicht kannten. Zwar hat jede Nation in ihre Sprache Spuren ihrer Lieblingstugenden und Lieblingssünden gedrückt: so kommen die technischen Benennungen des Seewesens aus dem Holländischen, die Soldatenworte aus dem Französischen, die Baukunst, die Malerei und Bildhauerkunst beweisen durch ihre Ausdrücke, daß Italien ihr Vaterland ist, und das Jagdwesen erkennet Deutschland für sein Revier: indes scheinen alle neueren Sprachen, die deutsche selbst nicht ausgenommen, durch den Umgang mit dem andern Geschlecht etwas Eigentümliches erhalten zu haben, das der alten Welt gebrach. – Wenn das ewige Feuer, welches die Vestalinnen unterhielten, dazu diente, Licht anzuzünden, wie ein allgemeiner Brunnen, Wasser zu schöpfen, so ist es ein schönes Bild von dem Dienste, den das schöne Geschlecht durch die Verfeinerung des Umganges der Welt erwiesen hat: Wir alle haben bei ihm Licht angezündet; – und die Regel: »beherzige deinen Körper in der Einsamkeit, bilde deinen Geist in der Welt, deinen Willen durch das Gesetz, deinen Verstand durch Freiheit« ist so richtig, wie irgendeine Regel es nur sein kann. – Weiber sind berufen, angegriffen zu werden und sich zu verteidigen und in beides eine *so feine Lebensart* zu mischen, daß, wenn sie nicht die Ehre verdient, *Schamhaftigkeit* zu heißen, diese doch nicht ohne jene bestehen kann. Körperlicher Genuß, er sei von welcher Art er wolle, ist kurz und dämpft jenes beglückende sanfte Feuer des Umganges eher, als daß er es dauerhaft machen sollte. –

Auch das Recht, das die Männer sich bloß anmaßten, die

Weiber verstoßen zu können, ohne es den letztern gleichfalls zuzubilligen, hat das andere Geschlecht entwürdiget. Warum ward dieses Verstoßungsrecht nicht wechselsweise und beiden Teilen verstattet? Das Weib würde sicher von diesem Rechte nur selten Gebraucht gemacht haben, da der größte Teil seiner Reize, gleich Rosen, sehr bald dahinwelkt und da es, nach wenigen in den Armen eines *Adams* verlebten Wochen, so unendlich viel minder gilt, wogegen sein *Adam* unverwelklich bleibt. – Sobald Mann und Frau die Trennung nicht gemeinschaftlich wollten (in welchem Fall es Ehescheidung gewesen wäre), so hätte die Verstoßung als eine bloße Gewaltausübung eine unerhörte Sache sein müssen. Aller dieser wunderbaren, das andere Geschlecht erniedrigenden Gesetze und Gewohnheiten ungeachtet, wußten sich doch wenigstens einige desselben so auszuzeichnen, daß das ganze Geschlecht durch sie gewann; und es ist – zum unsterblichen Lobe des schönen Geschlechtes sei es gesagt! – in Hinsicht seiner der Fall am öftersten gewesen, daß man nicht allgemein ein Recht ausübte, welches ein unnatürliches, ein hartes Gesetz einräumte. Von dieser Seite sind Gewohnheiten *(consuetudines)* das Ehrwürdigste, das ich kenne; sie beweisen da, wo ihrer eine ungewöhnliche Anzahl vorhanden ist, nicht unrichtig jenen großen, edlen Menschendrang nach Recht, Billigkeit und Freiheit, und daß über die bürgerliche Einrichtung der Mensch nicht verlorenging. – Was hülf' es auch dem Menschen, wenn er die ganze Welt gewönne und nähme doch Schaden an seiner Seele!

Wie wär' es, wenn ich nach diesen Bemerkungen im allgemeinen noch einmal dem Römischen Rechte ein Rauchopfer anzündete und den Grund der gesetzlichen Härte gegen das Frauenzimmer zu entwickeln suchte? Jede Sache hat innere Data, die, wenn man sie mit Einsicht und Bescheidenheit nutzt, die äußeren oft überwiegen; indes hat es dem Römischen Rechte nie an Helfershelfern, Kommentatoren, Epitomatoren und Auslegern gefehlt, und einem dieser gelehrten Herren gehört ohne Zweifel die Behauptung, daß die *Eifersucht* der Ursprung der meisten weiblichen Rechte gewesen sei. Diese Behauptung indes ist für mich so wenig überzeugend, wie der Glaube lebendig ist, daß *schuldige Verehrung* und *Achtung* hierzu den Grund gelegt haben. So entfernt ich bin, dem zweizüngigen *Prokop*, der den *Upravda* in seinen acht Geschichtsbüchern erhöhet und in seinen Anekdoten erniedrigt (recht als wenn jemandem das im Testament mit Lob und Dank zugebilligte Legat im Codicill mit Verachtung und Bitterkeit entzogen wird), nachzubeten und überhaupt auf die Rechnung eines Gesetzsammlers und Gesetzgebers alle Fehler und Vorzüge eines zusammengebrachten Gesetzbuches zu schreiben, so ist doch *Justinians* Schwäche gegen seine Gemahlin *Theodora* unleugbar, die weiland eine Komödiantin war und der er nicht wenig Einfluß in die Regierungsgeschäfte, ja, wenn man will, in das Allerheiligste derselben, die Gesetzgebung, einräumte. Warum gab *Justinian* seinen Liebesgrillen nicht eine andere Richtung? Wie sehr übertraf ihn *Franz der Erste*, glorwürdigen Andenkens, der zuerst die Sitte begann, daß Damen an den Hof kamen, als wodurch das, was man *Hof* nennt, eigentlich erschaffen ward! Ihnen zu Ehren wurden Bälle, Komödien und Turniere angestellt, und *Franz des Ersten* herzbrechendes Sinnbild war ein Salamander in den Flammen, als ob er nicht anders als in der Liebesglut leben könnte. Bei seinen Hofleuten warf er sich zum Werber und Ehebeförderer auf, und gern war er ein allezeit fer-

tiger Fürsprecher bei ihren Schönen. Traf er ein verliebtes Paar, so verlangte er zu wissen, was es sich sagte, und mit Vergnügen legte er ihrer Zunge von seinem Salamanderfeuer Geist und Flamme bei. Freilich war auch sein Gang kein Richtsteig; doch – kam er der Sache nicht näher, als der gesetzgalante *Justinian*, der das größte Sibyllinische Buch, *die Welt*, dem schönen Geschlechte noch mehr verriegelte, wogegen *Franz I.* es ihm öffnete? – Wie konnte man überhaupt von der damaligen Zeit, wo alle Gelehrsamkeit auf so schwachen Füßen stand oder ging, Helden- und Meisterzüge der Gesetzgebung erwarten?
Es gibt, sagt man, nach der Verschiedenheit der weiblichen Rechte auch verschiedene Beweggründe zu ihrer Bewilligung – und in jedem Gesetz ist der Grund, weshalb es gegeben ward, am sichersten aufzusuchen. Zwar ist es nicht immer der, welchen die gesetzgebende Majestät anführt; indes wird man über die Floskeln des angegebenen Grundes sich ebenso leicht wegsetzen, als wir heutzutage wissen, wie wir uns mit dem *allgemeinen Besten* und der *angestammten Huld und Gnade* einzuverstehen haben. Schwäche des Geschlechtes ist zum Beispiel die Ursache, warum es keine Bürgschaft gültig übernehmen kann; und da diese Schwäche, selbst nach den *eigenen Worten des Gesetzes*, nicht den Mangel an Überlegung andeutet, so scheint sie eher in jener Gutmütigkeit zu bestehen, die zu Menschen-Wort und Verheißung nicht den Glauben verloren hat; und ist dieser *Glaube an Menschen* Schwäche? Ist er es, so kann es von ihm in Tat und Wahrheit heißen: wenn ich schwach bin, bin ich stark. Eine wohlgewählte Strafe für den Betrüger würde vielleicht weit wirksamer sein als der *Vellejanische Ratschluß*, da sie auch gutmütige Männer aus der Verlegenheit zu ziehen imstande wäre;

und wenn Lügen, als die Wurzel alles Übels, mit der gehörigen Härte bestraft oder auf eine sonst gute Manier aus der Welt verbannt würden – welch ein Gewinnst! Das Kindergebären, das gemeiniglich zu den Hauptbeweisen der Schwäche gezählt wird, welche die Gesetze dem schönnen Geschlecht außerordentlich hoch anzurechnen geruhen, legt geradezu ein Naturzeugnis seiner Stärke ab. Ich wünschte nicht, daß dieses Geschäft an unser Geschlecht käme. Wie sehr würde unser Heer von Stutzern, diese hybriden Geschöpfe, und wie noch mehr der Staat zu bedauern sein! Welch ein *Minus* würde sich schon im ersten Jahre an geborenen Kindern und welch ein *Plus* an gestorbenen Kindbettern finden –! Zählt die Tage beider Geschlechter, welche Krankheit zu heiligen erniedrigt; und ich wette, es wird in der Balanz *Credit* und *Debet* beider Geschlechter sich heben. –

Auch die *Schamhaftigkeit* wird als ein authentischer Grund der weiblichen Rechtsunterdrückung – wohl zu merken, von den Gesetzen selbst! – angeführt. Ein Grund, worüber sich die Schriftgelehrten schämen würden, wenn sie das könnten! Wegen der Schamhaftigkeit soll das schöne Geschlecht nicht teil an gerichtlichen Handlungen nehmen? Wie gütig die Gesetze sind! Als ob in den Gerichten die Schamhaftigkeit Gefahr liefe oder gar aufgegeben würde! Was könnte denn hier zu unerlaubten Begierden verleiten und ein von diesen entferntes Herz dazu entflammen? Ehe *beide* Geschlechter sich zu dieser Tugend entschließen und sich von jedem verführerischen Worte Rechenschaft abfordern – gibt es Schamhaftigkeit? Und was gilt sie einseitig? – Die Schamhaftigkeit ist eine Tugend, die, wenn ich so sagen darf, *in der Ehe lebt;* wenn sie nicht von Männern und Weibern zugleich geübt wird,

so artet sie in Ziererei und weibliche Taschenspielerkünste aus. – Und wie, ist den Reinen nicht alles rein? Eine Ehefrau kleidet eine edle Freimütigkeit, ein unverstelltes Wesen, unendlich besser als jene klösterliche Heuchelei. Mit ungewaschenen Händen essen, verunreinigt den Menschen nicht; und der Tugend sich mit seinem Munde nahen, sie mit seinen Lippen ehren und das Herz von ihr entfernen – ist das nicht ein Greuel?
Macht man indes mehr auf einen reinen Mund Anspruch als auf ein reines Herz, so hat die Gesetzstelle gewonnen Spiel, welche *(L. I. § 5. D. de postulando)* behauptet, daß man die weibliche Schamhaftigkeit in Labyrinthe der Versuchung führen würde, wenn es dem schönen Geschlechte erlaubt werden sollte, sich in Rechtsangelegenheiten zu mischen. Oh, der überfeinen Besorgnis! Ist das Reich Gottes nicht in uns? Tugenden, die nie das Glück gehabt haben, in Versuchung zu kommen, sind, wie die Scheidemünze, von sehr verdächtigem Schrot und Korn, ob sie gleich gemeiniglich den Vorzug haben, in Kurs zu bleiben. – Jenes Recht der Gegenwehr, kraft dessen wir allem widerstehen, was uns zu nahe zu treten versuchen will – wenn es nie in Anwendung gebracht wird, setzt es nicht die Menschen über kurz oder lang aus aller Disziplin, so daß sie zuletzt von ihren eigenen Schatten in die Flucht geschlagen werden? Sind die schrecklichsten Schandtaten in der großen Welt oder in der Einsamkeit empfangen und geboren? Oder will man dem schönen Geschlechte die Fähigkeit und das moralische Vermögen, etwas zu tun oder zu lassen, zu Deutsch *das Recht* genannt, in bester Form Rechtens aberkennen? Haben wir nicht bedacht, daß Recht aus der leidenden Verbindlichkeit entsteht und daß kein Recht sein würde, wenn keine Verbind-

lichkeit wäre? daß, wenn die Natur zu einem Zwecke durch ihr heiliges Gesetz verbindet, sie auch den Schlüssel und das Recht zu den Mitteln verliehen hat? Oder kann man ohne Mittel zum Zwecke gelangen? Stehet es nicht jedem frei, das zu tun, ohne was er seiner Verbindlichkeit nicht nachkommen oder sie nicht erfüllen könnte?

Sehr konsequent in Rücksicht Römischer Rechtsgrundsätze hat *Divus Justinianus (Nov. CXXXIV Cap. IX.)* angeordnet, daß kein Frauenzimmer gefänglich eingezogen werden solle. Auch wegen der größten Verbrechen will er sie nur mit dem Kloster bestrafen und sie bloß der Aufsicht anderer Weiber anvertrauen. – Wir indes geben dieses Gesetz aus männlicher Machtvollkommenheit auf, ohne dem Geschlechte andere Römische Rechtswohltaten zu erlassen. Wer sollte denken, daß man mit Wohltaten so sehr ins Gedränge kommen, so geplagt und belästigt werden könnte! Wer sollte denken, daß man dem mit Wohltaten so sehr überhäuften römischen Frauenzimmer ehemals nicht gestattete, den Volksversammlungen beizuwohnen, daß man es der Ehre nicht würdigte, zum Volke zu gehören, und daß eben aus dieser Herabsetzung ihm der Vorzug erwuchs, mit Bestande Rechtens in den Rechten unerfahren zu sein und sich mit dieser Gesetzunwissenheit, wie mit einem Orden, zu schmücken! – Nicht nur unschädlich, sondern rühmlich war ihm diese Wohltat der ewigen Kindheit, vermöge deren es im Reiche des *Saturnus* in einem immerwährenden Frühling lebte, schwebte und war. – Es verschenkte alles das Seinige, um von Almosen zu leben; es vertauschte Gold gegen Flittern, Schaumünzen gegen blanke Rechenpfennige. Doch alles ist kein Vergleich gegen den Tausch des Rechtes gegen Güte – der männlichen Worte: *ich fordere!* gegen die weiblichen:

ich bitte. Wie konnte man aber auch einer in der gesetzlichen Herrschaft des Eheherrn befindlichen Gattin, einer der Gewalt eines andern untergeordneten Sklavin, mehr als Gnade und Wohltaten erweisen? Nicht sie, sondern ihr Mann hatte Kinder. Auf ihre Familie hatte sie Verzicht getan, um zu ihres Herrn Familie einzugehen. – Schon längst hatte man verlernt, daß die Ehe eine gleiche Gesellschaft sei, daß die Herrschaft im Ehestande eine beiderseitige Herrschaft der Eheleute nebeneinander bleibe und daß der Mann sie sich nur durch einen *ausdrücklichen* Vertrag zueignen könne. »Nicht auch durch einen *stillschweigenden?*« Ach freilich, hätt' ich doch diese stumme Sünde beinahe vergessen! Die Geschichte gedenkt eines naseweisen Knaben, *Papirius*, im Besten, weil er, seine Mutter zu betrügen, schon in frühen Jahren reif genug befunden war. Er begleitete nach damaliger Sitte seinen Vater, wenn Seine wohlweise Gestrengigkeit auf das Rathaus ging; und da seine Mutter die Debatten des Tages vom *Papirius* zu wissen verlangte, so schob er ihr eine bare Unwahrheit unter. Es wäre, sagte er, die Frage zur Motion gediehen: Ob es besser sei, daß ein Mann zwei Weiber oder ein Weib zwei Männer habe. – Welch eine Erniedrigung, daß eine Mutter bei einem Knaben und, was noch mehr sagen will, bei ihrem leiblichen Sohne nach den Dekreten einer obrigkeitlichen Sitzung forschen muß! Und welch eine Übertretung des vierten Gebotes, daß ein Sohn seine Mutter durch eine Unwahrheit vorsätzlich zu einem weiblichen Auflauf bei der National-Versammlung mißleiten konnte, der sich entschloß (ohne Zweifel in besserer Form und Ordnung als die parisischen Fischweiber), wider das vermeintliche Dekret, daß ein Mann zwei Weiber haben könne, zu protestieren. Es heißt, *Papirius* habe von Stund' an und nach diesem *examine rigoroso* ein Patent als ordentlicher Beisitzer des hohen Rats erhalten, und dagegen sei allen übrigen Auskultatoren und Referendarien der Zutritt zu den Rats-Sessionen untersagt worden! Freilich verdienten solche altkluge, auf Treibhäusern gezogene Kenntnisse des *Papirius* und ein so stattlicher Mutterbetrug Aufmunterung und Belohnung! – Sollten indes alle jene so übermäßigen Wohltaten nicht unter einen Hut zu bringen sein? Wir können in Ansehung dessen, was in anderen Fällen geschieht, wo nicht schon sicher wissen, so doch mit Zuverlässigkeit vermuten, mit was für einem Maße der Einsicht in den Grund der Sache, aus welchen öffentlichen und geheimen Artikeln von Anreizungen, Absichten und Nebenabsichten für die Beibehaltung des Alten geeifert wird. Wenn mich nicht alles trügt, so hat die *Furcht* der Männer, durch die Weiber *unterjocht zu werden*, die ersteren zu jener Überhäufung mit Wohltaten gebracht. Nach Art der Hofleute, die kein moralisches Äquinoctium annehmen, wo Gutes und Böses sich die Waage hält, scheinen die Männer, die schon unter sich so viele Feinde und Widersacher zählen, sich von seiten der Weiber den Rücken decken zu wollen. – Wär' es das erstemal, daß man seine Herrschaft durch das Hausmittel zu sichern suchte, die, welche man beherrscht und gern ewig beherrschen möchte, von reiner Erkenntnis und Besserung hochbedächtig zurückzuhalten? Und wie, es stand noch kein Prediger in der Wüste auf, der diesen Männerdünkel in seiner Blöße zeigte, und auf diesen Staat im Staate aufmerksam machte? – Es gab Götter und Göttinnen, die für Opfer und Geschenke feil waren. So ging es dem andern Geschlechte, das auch Opfer auf Kosten seiner Rechte annehmen mußte und das, wenngleich die Menschheit es so sehr zierte, sie doch gegen jene Göttlichkeit aufzugeben gezwungen ward. Jemandem Güte erweisen, indem man ihm Gerechtigkeit entzieht, heißt: ein Naturgesetz mit Füßen treten und sich mit einem positiven brüsten; die Erstgeburt für ein schnödes Linsengericht verkaufen, Mücken seigen und Kamele verschlucken. – Oh, der blinden Leiter, die mit pharisäischer Heuchelei das andere Geschlecht einschläferten, im Trüben fischten und durch Schein des Rechts die natürlichen in das Herz geschriebenen Rechte zu vertilgen suchten! Die Natur läßt sich nicht zwingen. – *Furcht!* Fiel dies Wort auf? Es sollte auffallen. – Seht, ich will mein Herz ausschütten und zur Ehre des männlichen Geschlechtes bekennen, daß keine bösere Absicht als *die Furcht, das andere Geschlecht würde uns beherrschen*, den Grund zu unserer Herrschaft über dasselbe gelegt hat. Auch dachten wir vielleicht unsererseits bei diesem Plane nicht, den Weibern eben schwerzufallen und ihnen Schaden oder Leides zu tun, sondern *ihnen und uns nützlich zu werden*. Vielleicht war ein Plan dieser vermeintlich *nutzreichen Art* der Anfang mancher andern, jetzt so ausgearteten Herrschaft. Die *Furcht* schuf Götter, sagt ein Alter; – nicht auch die *Liebe?* Wir sollen Gott fürchten und lieben, fängt *Luther* jede Erklärung der zehn Gebote an – und doch treibt die Liebe die Furcht aus –!

Sehet euch um! Noch jetzt werdet ihr finden, daß Männer, die ihre Weiber *anbeten*, vorzüglich jedem Beitrage zur Verbesserung des andern Geschlechtes ausweichen. Und warum dieser befremdende Widerstand? Das Gefühl von dem Werte seines vortrefflichen Weibes verstärkt die *Furcht* des Herrn Gemahls. Die Verehrung, die er ihm widmet, unterdrückt den Gedanken, dem Geschlechte in ihm Gerechtigkeit zu erweisen. – Auch der beste Mann ist neidisch auf große Eigenschaften seines Weibes, die ihm gefährlich werden können; er will mit seinen Wohltaten ihm den Mund stopfen, die Vernunft und den Willen desselben einschränken und mißleiten, damit es nicht Gerechtigkeit begehre. – Eine besondere Art, mit Geschenken das Recht zu beugen, eine Wechselschuld nicht zu bezahlen, allein dem Wechsel-Gläubiger ein Geschenk zu machen, das jene Schuld überwiegt! – Dergleichen Männer bemühen sich außerordentlich, sich ihren Weibern von der besten Seite zu zeigen; und da sie wohl einsehen, wie sehr weit sie von ihren Weibern in allem zurückgelassen werden, so legen sie ein außerordentliches Gewicht auf ihren Staatsberuf und rechnen sich die Amtsgeschäfte äußerst hoch an, um sich bei ihren Weibern in Achtung zu erhalten. – Das arme Geschlecht, wie sehr es doch durch blauen Dunst hingehalten wird –! Man erzählt von einem türkischen Gesandten, er habe auf die Frage, wie ihm das Frauenzimmer in *** gefalle, geantwortet: ich bin kein Kenner von Malerei. – Ist nicht jeder Beamte im Staate geschminkt? Man nehme ihm das Weiß und Rot, das der Staat ihm ehrenhalber auflegt, und wir werden weder Gestalt noch Schöne an ihm finden. – Wir mögen uns nicht anstrengen, um mit dem andern Geschlechte Schritt zu halten; und das müßten wir oft über unser Denken und Vermögen, wenn wir ihm gleichkommen wollten. Wir geben ihm sonach Rätsel auf, die der Auflösung nicht wert sind; wir verlangen Traumdeutungen von ihm, ohne daß wir ihm den Traum bekannt machen; wir suchen es in das Spielwerk der Welt zu verwickeln und es dem Ernste und Nachdenken soviel als möglich zu entziehen: und doch ist dieser Müßiggang – welches Weib wird nicht dazu auf eine grobe und subtile Art verurteilt? – der Grund von allem jenen Übel, wovon reelle Beschäftigung das Weib, seinen Mann und die Welt befreien würde. – Die *Tätigkeit* hat drei Grazien zu Töchtern: *Tugend*, *Wissenschaft* und *Reichtum;* allein welche Tätigkeit? Die, wozu Männer aus Machtvollkommenheit die Weiber verurteilen, oder jene, die man bei selbstgewählten Geschäften anwendet? Die, wo Lied- und Tagelohn bezahlt wird, oder jene, wo das freiwillig übernommene Geschäft sich selbst belohnt? Aufgegebene Arbeiten können zwar zu andern unaufgegebenen erwecken, die über jene unendlich erhaben sind; doch müssen die aufgegebenen nie von so einförmiger Art sein, wie die weiblichen es sind, falls sie die einmal in Bewegung gesetzte Seele zu edler Wirksamkeit hinaufstimmen sollen. – Wann wird Tätigkeit aus selbsteigener Wahl einmal aufhören, der königliche Vorzug der Männer zu sein! Wann werden Weiber zu dem Menschenrechte gelangen, Geschäfte nicht fürs Brot, nicht auf den Kauf, sondern mit Lust und Liebe treiben zu können! Oh, wann! – Wie sehr würde man die Erklärung der siebenten Bitte durch die Verbesserung des weiblichen Verhältnisses zum Staate verkürzen! Man verbietet mit Recht nicht nur das Laster, sondern auch den Schein desselben, weil Schamlosigkeit, wenn sie ins Publikum dringt, ein allgemeines Verderben des Staates bewirkt und ein gewisses Zeichen seines nahen Sturzes ist. – Doch bedenkt man nicht, daß eben die Ausschließung des andern Geschlechtes von allen öffentlichen und ernsthaften Beschäftigungen es geradesweges auf den Gedanken bringen muß, alle jene ehrwürdigen Sachen zu entthronen, den Wert derselben, den innerer Gehalt oder Lieblingsgrillen ihnen beilegen, zu verringern und der jungen naseweisen Welt der Jünglinge allen jenen Ernst so zu verekeln, daß, wenn sie sich ja Geschäften widmen, sie die Maximen des Lächerlichen in Anwendung bringen, welche sie zu den Füßen des schönen Geschlechtes gelernt haben. Es werden wenige Dinge sein, die sich von dem Roste der Pedanterie reinhalten können, außer wenn das Frauenzimmer, dieses einzige Verwahrungsmittel gegen jenes Geschlechtsübel, dabei eingeflochten wird.

Der Mensch ist zur Nachahmung geneigt, und es ist eine bekannte Bemerkung, daß man das in seinem Hause im Kleinen einführt, was im Staat im Großen gang und gebe ist; das Haus pflegt ein Miniaturstück des Staates zu sein. Wenn aber gleich in despotischen Staaten der Despotismus auch in Priesterhäusern wütet und um so mehr mit gutem Bedachte wüten zu müssen das Ansehen gewinnt, da größere Freiheit der Weiber dem Staat unüberwindliche Nachteile zuziehen und dieses Geschlecht, geboren der Natur getreu zu sein, alles jene unnatürliche Wesen der Despotie an die gehörige Stelle und den rechtmäßigen Ort bringen würde, so ist doch auch in Republiken das schöne Geschlecht noch nie zu einem anständigen Grade von Besitz seiner Rechte gediehen. Zwar gewinnt es dort durch mindere Pracht; allein eben dieser Gewinn lehret die Herren Staats-Repräsentanten aufs Wort merken. Die Weiber spielen ein etwas ernsthafteres Spiel als in Despotie und Monarchie; aber man erlaubt ihnen nicht, dieses Ziel zu überschreiten: ihre anscheinenden Vorzüge sind avanturiert (erabenteuert). – Es bleibt Spiel, was sie treiben. Ihr Dichten und Trachten sind Kleinigkeiten von Jugend auf und immerdar; und, was noch ärger ist – der widernatürliche zusammengeordnete Putz entstellt die natürliche Schöne des Körpers so sehr, daß die *Frage* der Gemahlin des Kaisers von *Marokko* an die geputzte Frau des holländischen Konsuls: *bist du das alles selbst?* oft ihr Glück versuchen könnte.

In der Aristokratie sind die Herren Aristokraten zum Neide und zur Eifersucht so berufen, daß sie zu verlieren befürchten, wenn sie ihren Weibern einen Vorzug verstatteten. Und da selbst die Französische Revolution ihren Zustand, obgleich Weiber die Fahne derselben geführt, nicht verbessert hat, so scheinen wohl die Verschiedenheiten der Regierungsformen nicht bestimmt zu sein, diesen Schaden Josephs zu heilen: höchstens bleiben die armen Weiber beim *mehr* oder *weniger* stehen.

»Es ist wider die Vernunft und wider die Natur«, sagt ein Philosoph der Welt, »daß Weiber die *Hausherrschaft* führen; allein *Reiche* können sie regieren. – Im ersten Falle erlaubt ihnen ihre Schwäche diesen Vorzug nicht; im andern stimmt diese sie zur Leutseligkeit und Mäßigung.« – Mich dünkt, diese Bemerkung ist Sophisterei. Wer will denn, daß Weiber das Hausregiment führen sollen? Nur da, wo, nach dem altdeutschen Reim eines Reformators, ein jeder seine Lektion lernt, wird es wohl im Hause stehen. – Es ist zu verwundern, daß jetzt, da das halbe menschliche Geschlecht auf weiter nichts sinnt, als sich mit Ehren unter die Haube zu bringen, noch soviel Polizei im Punkte des Punktes herrscht – und daß, da das Frauenzimmer zu einer ewigen Vormundschaft verdammt wird, es seine Rache bloß aus der ersten Hand vom Ehemann nimmt und übrigens in der größeren Welt so sittsam und menschenfreundlich bleibt. Strenge Aufmerksamkeit auf einen sich selbst gegebenen Punkt unterdrückt das Gefühl des Schmerzes, und die größte Krankheit verliert einen großen Teil ihrer Feindseligkeit durch die Unterhaltung mit einem guten Bekannten, welche aber, wohl zu merken, den Kranken unvermerkt, äußerst leicht und ohne angreifende Übergänge beschäftigen muß. Ist die Ehe, nach jetziger Sitte, viel mehr als eine Krankenunterhaltung, wodurch man so sehr die Langeweile als die Anstrengung vermeidet und vorzüglich das andere Geschlecht von jenem schrecklichen Gefühle seiner Abhängigkeit und Unterdrückung ableitet? – Ließen die Männer sich öfter als jetzt merken, daß sie das Verhältnis der Geschlechter besser als die Natur zu ordnen wüßten, wie weiland *Alphonsus* das Schöpfungswerk weit besser als der Schöpfer Himmels und der Erden zu verstehen vorgab, so wäre den Männern höherer Klassen schon längst von ihren aufgeklärten Damen der Krieg angekündigt; jetzt aber, da Männer diese Saite fast gar nicht berühren oder höchstens sich über diese Sache etwa so auslassen wie *Machiavell* über die Tyrannen: – jetzt bleibt es in besseren Volksklassen beim Frieden, und in den geringeren ist der Unterschied zwischen männlichem und weiblichem Wert und Unwert zu unbedeutend, oder jene geringeren denken zu wenig an ihre Bestimmung, um anders als tierisch zu wissen, daß zwei Geschlechter unter den Menschen sind. – Wird dann etwa (im Jubeljahr) unter uns ein *St. Pierre*, ein *Bayard*, ein *Heinrich IV.* geboren, so läßt das andere Geschlecht, des Verdienstes dieser hervorragenden Männer halben, dem ganzen männlichen Geschlechte Gnade widerfahren. – Laßt uns aufrichtig sein! Alles, wodurch Menschen sich auszeichnen können, ist dem Frauenzimmer benommen. Ein Cartel erniedrigt es so tief, wie eine ungerechte Beleidigung den Ehemann; und in die Klasse der Unedlen, der Knechte ward es unter dem Schreckbilde, daß die Grenzen seiner fräulichen Schamhaftigkeit verletzt werden könnten, verstoßen, damit nur unser Geschlecht sicher bliebe, nie von ihm zum Zweikampfe gefordert zu werden. – Nicht die Ähnlichkeit, sondern das Gesetz bestimmt vermöge der Ehe den Vater; es benennt ihn und leidet keinen Widerspruch. Wie war es möglich, daß, da die Natur unmittelbar die Mutter bestimmt, daß, da diese so unbezweifelt gewiß wie unsere Existenz und der Tod ist, die Kinder in solch eine Unerkenntlichkeit ausarteten, daß nicht gutgesinnte unter ihnen sich vereinigen, um ihre Mütter aus der Schmach zu reißen, in der sie von wegen des Geschlechtes schmachten! Das männliche Geschlecht spielt mit außerordentlichem Glück. – Wenn die Väter ihren Töchtern vermöge des Geschlechtstriebes nicht so liebreich zuvorkämen, wie es gemeiniglich der Fall ist, vielleicht würden diese schon längst eine Konspiration veranlaßt haben, um Menschen aus Mädchen zu machen, die jetzt aus Sitte nicht sehen, hören und denken dürfen, die allein in der Einsamkeit das Recht haben, dreist zu sein, und nur im Selbstumgange jenen schrecklichen Klosterzwang ablegen können, der sie in Gesellschaft zur entsetzlichsten Einsamkeit verdammt. Was kann man von dieser Erziehung erwarten, die von der Heuchelei dirigiert wird, nach welcher selbst der Plan, zur Heirat Anlaß zu geben, so insgeheim ausgeführt werden muß, daß oft das lauteste *Nein* das herzlichste *Ja* bedeutet! – Alle jene Gesetze zur Fortpflanzung des menschlichen Geschlechtes, jene Aufmunterungen zur Ehe, die Drei-Kinder-Ehre – was sind sie andres als unnatürliche Hülfsmittel, die alle aufhören würden, wenn man Männer und Weiber in den Gang der Natur einlenkte? – Wie würde sich hier alles von selbst verstehen! – Man trachte zuerst nach dem Reiche Gottes und nach seiner Gerechtigkeit; und in Wahrheit, alles andere wird von selbst zufallen. Darum Leute im Staate ehren, weil sie in der Ehe leben, weil sie Kinder, weil sie drei Kinder haben; darum, weil man die meisten Kinder hat, zuerst im Rate votieren – ist ebenso wunderbar, als die Seele nach dem Körper messen; und jener General hat sich mit uns ausgesöhnt, der Spezialkarten verwarf und nur Generalkarten wollte, weil er General war, oder der es nicht begreifen konnte, daß man ein großer Mann sein und doch nicht über vier Zoll messen könne. – Vielleicht kommt noch die Zeit, daß man belohnt wird, weil man essen und trinken oder schlafen kann! Mit Volksmenge allein ist dem Staate nicht gedient, wohl aber mit Bürgern, die mit der natürlichen Beschaffenheit und der Größe desselben in richtigen Verhältnissen stehen, die frei, arbeitsam, wohlhabend und wohldenkend sind. Und selbst die Volksmenge – würde sie nicht über die Hälfte vermehrt werden, wenn man das andere Geschlecht zum Volk zu machen sich entschließen und Weiber zu Kolonisten im Staat aufnehmen wollte? Man wende einmal die Münze um; und der Revers der Sache –? Zu elenden Kunstgriffen muß man sich herablassen, wenn man die Winke der Natur vernachlässigt. – Merkwürdig ist es, daß selbst Weiber zu einer gewissen Zeit in *Rom* durch Kinder sich aus der beständigen Vormundschaft hinausgebären konnten! – Die Freigeborne mußte deren drei, die Freigelassene vier haben. – Heil den Gesetzen, die nicht ansehen, was vor Augen ist, sondern die nach dem Beispiele des Stifters des Christentums das Herz verlangen; die es auf den inneren Menschen anlegen; die nicht äußere Schäden verbinden, sondern heilen; nicht Palliative bewirken, sondern das Blut reinigen! –

Derjenige, der später bezahlt, bezahlt weniger – die bündigste Antwort, wenn von der Erlaubnis, Zinsen zu nehmen, die Frage ist. Wie viele Verzögerungs-Zinsen werden wir dem andern Geschlechte schuldig werden –! Als *Cromwell'n* geraten ward, seine Tochter *Karl dem Zweiten* zu geben, nachdem er *Karl den Ersten* hatte enthaupten lassen, war seine Antwort: »Nein; denn könnte er wirklich vergessen, was ich tat«, fügte er hinzu, »so wär' er nicht wert, eine Krone zu tragen.« –
Sollten die Weiber nicht dereinst über kurz oder lang ihre Existenz den Männern beweisen, so wie weiland *Alcibiades* die seinige den Atheniensern, die ihn zum Tode verurteilt hatten? Sollten sie nicht auch ein *Sparta* finden, um ihren Atheniensern von Männern den Krieg anzukündigen? sie, die schon jetzt während ihres fünfjährigen pythagorischen Stillschweigens so deutlich zu erkennen geben, wie sehr sie verdienen, für mündig erklärt zu werden? sie, die mit zwei Augen mehr sehen als *Argus* mit hundert? sie, die schon jetzt, noch ehe erschienen ist, was sie sein werden, privilegierte Seelen aufzuweisen haben, die es mit unserem Geschlechte aufnehmen? sie, welche die Sphäre ihrer Zeitgenossen durchbrechen und, ohne sich nach Brücken umzusehen, mit Geistesflügeln sich erheben und, wenn es nicht gehen will – sich hinausdenken und wie *Felix* auf einen gelegenern Augenblick warten? – Oder wie, ist es Wollust, keine Wollust zu genießen? Ist es ein Göttermahl, zu fasten? Ist bloß Streben unsere Tugend und Hoffnung unser Glück –? Beweiset nicht ein großer Teil der Weiber, daß edle Seelen auch in Ketten frei sind, wie ein Herrscher bei entgegengesetzter Denkart sich in *selbsteigener Sklaverei* befindet? Der schlechteste Herr, der nur zu finden war! So diente *Alexander*, und *Dioge-*

nes war frei. – *Alexander*, dem ein Seeräuber in die Augen zu sagen den Alexander-Mut hatte: kleine Diebe hängt man; *Diogenes*, der, als *Alexander* ihm Gelegenheit gab, sich eine Pension zu erbitten (und eine größere als alle zusammen genommen, die *Friedrich II.* seinen Leib-Philosophen und Dichtern gab), nur verlangte, daß Se. Alexandrische Majestät geruhen möchte, ihm, der wert sei, von der Sonne beschienen zu werden, diesen Vorzug nicht länger zu rauben. – *Diogenes* beurlaubte *Alexandern:* der reiche Bettler den armen, ihm die Cour machenden Weltbesitzer. – Gründet sich fortschreitende Vervollkommnung des menschlichen Geschlechtes und wahre, nicht Schein-Aufklärung auf eine unparteiische Kenntnis der Natur und auf die Einsicht, ihre Gaben recht zu gebrauchen, so kann kein politischer Zwang Menschen behindern, an ihrem Glücke zu arbeiten und die Würde der Gerechtigkeit und ihre wahren Verhältnisse zu allem außer sich einzusehen. – Selten wird ein Mann leugnen oder nur bezweifeln, was allgemein angenommen ist; ein Weib aber rechnet es sich zum Vorzuge, täglich dergleichen Ausnahmen zu machen. Oft tut ein Weib es früher, als es die Umstände geprüft hat; und wenn es dann aus der Not eine Tugend zu machen sich gedrungen sieht, so ist es angenehm zu bemerken, wie es Gründe sucht und findet, wodurch es bei seinem Wagestück von *Nein* sich bei Ehren erhält und sich, wenn nichts mehr, so doch den Vorzug erwirbt, sonderbar zu scheinen. Ein Glück, das dem Verstande in Notfällen übrig bleibt, um zu zeigen, wieviel man zu tun imstande gewesen wäre, wenn man nicht zu vielen Hindernissen unterliegen müssen. Wir sind mehr für die Gewohnheit, Weiber mehr für die Neuheit. – Beide Neigungen lassen sich aus der Lage beider Geschlechter ziemlich richtig erklären. Was geht dem andern Geschlechte ab, um würdig zu sein, in den vorigen Stand zurückgesetzt (*in integrum* restituiert) zu werden? Die Tränen der Weiber sind nicht bloß Beweise der Schwäche, sondern auch Beweise der in ihnen wohnenden Kraft. Sind Tränen nicht schon im gemeinen Leben öfter Anzeigen des Entschlusses als der Reue? Und haben nicht Schuld und Unschuld ihre Tränen? Daß übrigens nicht bloß Weiber und Kinder greinen (wenn von Verstellung der Gebärde bei Tränen die Rede ist), sondern auch Männer, wird selbst dem gemeinsten Beobachter nicht entgangen sein. Die Launen der Weiber werden in der Tat zu wenig von uns beobachtet; wir würden hier oft auch bei kleineren Gewässern tiefe Gründe finden, da hingegen jetzt diese Launen auf Flügeln der Morgenröte uns entfliehen, auch selbst wenn wir sie zurückzuhalten bemühet sind. – Die Weiber wissen die wenigste Zeit, wie sie mit sich selbst daran sind, und sie sollten mir danken, daß ich ihnen hier eine nicht kleine Entdeckung mache – sie sollten manches, was zu ihrem Frieden, zum wahren, zum Frieden Gottes gehört, in ihrem Herzen bewegen, um eine Stärke recht beurteilen zu lernen, die sich bloß – auf ihre angebliche Schwachheit gründet. Von Liebenden sind uns alle Ergebenheits-Bezeugungen verhaßt, wenn *wir* nicht der eigentliche Gegenstand der Neigung sind. Männer, habt ihr von euren Weibern mehr als den Schein der Liebe? Und verdient ihr mehr? – Verdient ihr nicht, daß sie euch nur in dem Grade lieben, wie Sklaven Tyrannen bedienen? Es gibt Augenliebe, wie Augendienst. – Hätte man die Weiber bloß von einigen, augenscheinlich *origetenus* und von Haus aus männlichen Dingen ausgeschlossen: wer unter diesem sanften Volke hätte gemurret –? Es hätte sein *Marlborough s'en va t'en guerre* geleiert, und damit wäre alles vergeben und vergessen gewesen. –

Die Macht kann überall weniger ausrichten als die Weisheit. Wer sich Gott als den *Mächtigsten* denkt, ist sein *Knecht*; wer ihn sich aber als den *Weisesten* vorstellt, verdient den Namen seines *Kindes*.

V. *Verbesserungsvorschläge*

Soll es denn aber immer mit dem andern Geschlechte so bleiben, wie es war und ist? Sollen ihm die Menschenrechte, die man ihm so schnöde entrissen hat, sollen ihm die Bürgerrechte, die ihm so ungebührlich vorenthalten werden, auf ewig verloren sein? Soll es *im* Staat und *für* den Staat nie einen absoluten Wert erhalten und immerdar beim relativen bleiben? Soll es nie an der Staatsgründung und Erhaltung einen unmittelbaren Anteil behaupten? Soll es nie *für* sich und *durch* sich denken und handeln? ohne End' und Ziel nur als Scheidemünze gelten? Werden wir uns bei diesen Fragen mit einer wohlweisen Römischen Rechtsfiktion oder einem wohlhergebrachten Verjährungs- und Besitzrechte aushelfen können, um sie ab- und zur unangenehmen Ruhe zu verweisen? Werden wir selbst unser männliches Gewissen mit Bedenklichkeiten über die möglichen Folgen, mit Mißbräuchen und was dergleichen Popanze mehr sind, wodurch man Kinder schreckt, beruhigen und diese Angelegenheit der Menschheit auf die lange Bank schieben können –? Dann ist freilich der schöne Morgen der Erlösung noch nicht nahe. – Werden wir uns aber hierbei entbrechen können, uns selbst noch *Goten* und *Vandalen* zu heißen, was weiland unsere Väter waren, wenn wir nicht dieses Unrecht je eher je lieber zu vergüten suchen? Mißbrauch des Rechtes verwirkt nicht das Recht. Menschenrechte können niemals, Bürgerrechte nur durch Felonie verloren werden; und was ist Felonie? Dies aus dem Lehnsrecht entlehnte Wort (keine sonderliche Abkunft!) bezeichnet alles, was man der

Lehnsverbindlichkeit zuwider tut oder unterläßt, und wird aus dem Lehns-Kontrakte beurteilt. Da es sowohl für den Lehnsherrn als für den Vasallen Rechte und Pflichten gibt, die sie einander schuldig sind, so kann nicht nur der Vasall, sondern auch der Lehnsherr der Felonie schuldig werden. Und wie, geht denn wegen einer jeden Handlung oder Unterlassung, die dem Lehns-Kontrakte zuwider ist, schon das Lehn verloren? Ist der Lehnsherr, da er nichts mehr und nichts weniger als ein Mensch ist, nicht vielmehr verbunden, den Vasallen zur Leistung der kontraktgemäßen Tat und zur Vermeidung der kontraktswidrigen Untat von Rechts wegen anzuhalten und auf Schadenersetzung anzutragen? Werden Kontrakte durch zugefügte Kontraventions-Strafen geschwächt oder vielmehr verstärkt? Können die Handlungen eines andern jemandem zugerechnet werden? Und wenn der Vasall wegen Felonie das Lehn verliert, ist der Lehnsherr nicht verpflichtet, es nach dessen Tode demjenigen wieder zu geben, dem es nach dem Ableben des der Felonie schuldig und des Lehnsbesitzes unwürdig befundenen Vasallen zufällt? Kann je durch Felonie das Lehn aufhören? – und wer machte denn den Mann zum Lehnsherrn und das Weib zur Vasallin? Sind sie nicht beide göttliche Lehnsträger? – Die Erde könnte vielleicht eher ein Weib- als ein Mannlehn heißen und ist ohne Zweifel ein vermischtes *Feudum*. – Man lasse doch die Weiber-Felonie an seinen Ort gestellt sein, wovon Natur und Geschichte kein lebendiges Wort wissen, und vergesse nicht, daß Gott dem Menschenpaar, welches *er* (oh, der Menschenwürde!) abschattete, dieses Erden-Lehn anvertrauete und daß zwischen seinem Lehnrecht und der Stümperei des menschlichen keine Vergleichung denkbar ist. – So weit von bürgerlichen Rechten – über

Menschenrechte kann nur Gott richten; und in seine Hände zu fallen – wie wohl tut das, wenn wir die gehegten und ungehegten Banken der Menschen dagegen halten! –
Ist es etwa Furcht, oder ist es bloß eine Grimasse derselben, die wir vorgeben, um jener gegründeten und rechtmäßigen Forderung mit Anstand ausweichen zu können? *Werdet wie die Kinder*, ist ein wohlgemeinter Rat; denn nur die kindliche Furcht ist nicht unmännlich: sie besteht in der Sorgfalt, dem auszuweichen, was den ewigen Gesetzen des Wahren und Guten entgegen ist. Jene knechtische, wenn man aus Furcht vor der Strafe tut, was die Gesetze wollen, oder unterläßt, was sie nicht wollen, ist unmännlich, so wie ihre Verwandtin, die Befürchtung, vermittelst deren wir den Gelegenheiten zuvorkommen wollen, wodurch wir dergleichen Strafen und Strafgerichten unterworfen werden können.
Wir wollen ein Geschlecht fürchten, das zur Liebe geschaffen ist und, wenn es zürnt, selten die Sonne über seinen Zorn untergehen läßt? das bis auf *einen* Punkt (und dieser ist eine Sünde wider den heiligen Geist des Geschlechtes) dem Beleidiger zwei Dritteile des Weges entgegenkommt, um ihm Versöhnung anzubieten! Wie viel mehr Ursache haben wir, uns selbst zu fürchten, als ein Geschlecht, das, wenn man es in seine Rechte einsetzte, uns wo nicht Erkenntlichkeit, so doch Wohlwollen schuldig wäre und diese Schuld kraft seines Wesens und Seins so gern abtragen würde!
Man sagt, es sei schwer zu hoffen, daß das menschliche Geschlecht, welches von der Natur sich so weit und breit zu entfernen die Ungezogenheit gehabt, das durch keine Religionsempfindung sich leiten, durch keine Staatstäuschungen sich blenden lasse, sich zu Gesetzen bequemen

werde; und so liege denn die Furcht nicht so sehr aus dem Wege, als man es gemeiniglich denke. – Lieber, wie kannst du fordern, daß das Menschengeschlecht sich ewig am Gängelbande wohlbefinden werde? Erregen jene Staatstäuschungen und jene Religionsempfindungen, wenn sie nicht von Grundsätzen abstammen, nicht einzig und allein Unglauben und Mißtrauen in Rücksicht der Gesetze? Sollte der Mensch nie zur Achtung für Pflicht gebracht werden? Sollte er nie zu dem Hauptprinzip des Lebens gelangen: sei vernünftig? – Sollen denn Sinnlichkeiten ihm mehr als die moralische Vernunft und das Sittengesetz gelten –? Wird er sich nie so weit erheben, seiner geistigen Natur würdig zu sein und für das, was er nicht siehet, Ehrfurcht und Achtung zu fassen –? Soll denn bloß Weichheit des Temperaments ihn zur Neigung bringen? Oder gibt es auch außer der Temperamentsneigung, die, wenn sie geläutert wird, eine Herzensneigung heißen könnte – gibt es außer ihr auch eine Geistesneigung, so wie es ein Geistesvergnügen geben kann –? Für nichts, was in die Sinne fällt, hat der stolze Mensch in die Länge Achtung – es familiarisiert sich mit ihm, und es ist wie unsereiner. – Das einzige Mittel der größten Helden und des größten Gelehrten, sich bei übermenschlicher Ehre (was soll aber die?) zu erhalten, ist: sich zurückzuziehen. Sobald wir uns näher zeigen, geben wir uns wohlfeiler. – Je höher die Spannung war, je schneller läßt sie nach. Alles, außer sterben, muß der Mensch *lernen*. Zu allem, es sei gut oder böse, kann er sich gewöhnen. – Ein scheues Pferd führt man zu dem Gegenstande zurück, den es fürchtete; und wie, hier, wo das höchste Ziel seiner Würde auf dem Spiele steht, sollte der Mensch auf seinen Nachdruck Verzicht tun? – Mitnichten. – Wir können und werden dahin kommen, daß wir die Göttlichkeit der Gesetze in ihrem Heiligtum, in unserer Seele, verehren und unser Herz durch jene Überzeugung des Geistes gewinnen. Noch würde sich freilich der Gesetzgeber gröblich verrechnen, wenn er seine Gesetze auf festes Zutrauen zur Vernunft und zur Weisheit seiner Bürger kalkulierte; allein, wird die Menschheit nie die Kinderschuhe ausziehen? Ist dies – nun, so bleibe alles Altflickerei, und der Mensch schäme sich, daß er *Mensch* heißt. – Ist die Menschheit indes imstande, zu jenem Grade der Vollständigkeit zu gedeihen, den sie sich vorstellen kann, jene Tugend zu üben, die ihr im Ideale Freude macht –, so entferne man den Nebel der Täuschung, wodurch man Menschen betrog, die über kurz oder lang zum Gebrauche der Vernunft kommen und sich betrogen finden müssen. Männer, würdet ihr die Furcht nicht barbarisch und unmenschlich finden, wenn man euch alles und jedes von Freiheit bloß darum entzöge, weil ihr es mißbrauchen könntet –? Wie wollet ihr denn jene Furcht nennen, die euch abhält, dem andern Geschlechte seine Ehre wiederzugeben? Die Zeiten sind nicht mehr, um das andere Geschlecht überreden zu können, daß eine Vormundschaft wie bisher für dasselbe zuträglich sei, daß sie seinen Zustand behaglicher und sorgloser mache als eine Emanzipation, wodurch es sich mit Verantwortungen, Sorgen, Unruhen und tausend Unbequemlichkeiten des bürgerlichen Lebens belasten würde, die es jetzt kaum dem Namen nach zu kennen das Glück habe. Wahrlich ein abgenutzter Kunstgriff des unmenschlichen Despoten, wodurch er seinen feigen Sklaven das Gewicht der Ketten erleichtern will! Als ob die Freiheit mit allen ihren Ungemächlichkeiten nicht der gemächlichsten Sklaverei vorzuziehen wäre! *Glauben Sie nicht, daß das Württembergi-*

sche Land Ihrentwegen geschaffen ist, schrieb *Friedrich II.* an den jetzt regierenden *Herzog von Württemberg; sondern überzeugen Sie Sich, daß die Vorsehung Sie hat geboren werden lassen, um Ihr Volk glücklich zu machen.* Und Männer, ihr wollt glauben, eine halbe Welt wäre zu eurem *bon plaisir*, zu eurem eigentlichen Willen, das ist verdolmetschet: zu eurem Eigenwillen, da? Tiere wirken; Menschen handeln. – Warum soll das Weib nicht *Ich* aussprechen können? Wahrlich ein sanftes Wort, denen, welche die neidlose *Natur* verstehen. – Wer die *Kunst* versteht, ist neidisch und verrät den Meister nicht. – Ist es nicht der größte Menschenvorzug, sich selbst zu kennen? Unser Wert ist unsere Sache; unsere Würde ist die Sache Gottes und gerechter Menschen. Hat Gott bei dem anderen Geschlecht etwas versehen? Oder sind es die Männer, die sich an diesem Geschlechte wider den Willen des Schöpfers versündigen? Warum sollen die Weiber keine Person sein? warum nicht wissen: das ist mir gut, und das ist gut, oder das ist vorteilhaft, und das ist recht? Vieles, und fast das meiste, was mit Vergnügen anhebt, leistet bei weitem nicht, was wahrhaft vorteilhaft ist. – Aus echtem Vorteile tugendhaft sein, heißt sonst mit andern Worten: es in Reinheit sein.

Frankreich schreckt eben jetzt mit der Freiheit diejenigen Mächte, welche die zu weit gegangenen Beschlüsse der Nationalversammlung einzuschränken drohen. Gott! zu Ende des achtzehnten Jahrhunderts – wo kein Gespenst, und wär' es eins von nicht ganz kleinem Range, ein Poltergeist, mehr Wirkung tut – kann man mit *Freiheit* schrecken –! Dahin wär' es gekommen? Ach, auch selbst dem, der an der Kette erzogen ist, blitzt der Name *Freiheit* auf, dieser göttliche Funke, durch den wir sind, was wir

sind, und der uns so wenig schrankenlos macht, daß er uns vielmehr fester als alles an das Allerheiligste der Gesetze bindet. Das weibliche Geschlecht kam um die Menschenrechte ohne seine Schuld, bloß durch den Schwung, den die menschlichen Angelegenheiten bei den Fortschritten zu ihrer Kultur nahmen; Bürgerrechte, die es leider sehr zeitig und schon bei Entstehung kleinerer Familienstaaten verlor, hat es nie, weder durch Unterhandlungen noch mit Gewalt, zu erringen gesucht und erwartet sie noch heute mit aller Selbstverleugnung von unserer Gerechtigkeit und Großmut. Und wir wollen es vergeblich warten lassen und das Gesuch, welches die Natur für die Weiber einreicht, zu einer Zeit, da Menschenrechte laut und auf den Dächern gepredigt werden, mit einem aufrichtigen und deutlichen *Nein* abweisen?
Die neue Französische Konstitution verdient eine Wiederholung meiner Vorwürfe, weil sie für gut fand, einer ganzen Hälfte der Nation nicht zu gedenken, ob sie gleich einem kleineren Teile derselben, der überall, wo er sich befindet, auf das Duldungsrecht beschränkt ist, die Rechte aktiver Bürger zugestand. Alle Menschen haben gleiche Rechte. – Alle Franzosen, Männer und Weiber, sollten frei und Bürger sein. Jene Vorschläge zur *dégradation civique*, wodurch die Männer vermittelst einer feierlichen besonderen Formel der Ehre eines Französischen Bürgers für unwürdig proklamiert werden sollten, falls sie durch Verbrechen diese Strafe verdienten, sind nicht auf das andere Geschlecht ausgedehnt. Über dieses sollte bloß der Fluch ausgesprochen werden: Euer Vaterland hat euch einer infamen Handlung überführt befunden. –
Mirabeau, der zur gegenwärtigen Generation von Menschen sein Zutrauen verloren haben mochte, setzt, wie alle

großen Täter, sein Zutrauen auf Erziehung und weiset in seinem Posthumus *Travail sur l'éducation publique*, die sein Arzt und Freund *Cabanis* herausgab, das Frauenzimmer zur Häuslichkeit und zu stillen, sanften Tugenden an (ist denn nicht jede Tugend sanft und still?), worauf das Glück der Familien und am Ende das Glück des Staates so sehr beruhe. Ohne mich in den Streit einzulassen, der über den Grafen und Nichtgrafen *Mirabeau* von Freunden und Feinden übertrieben worden, sei es mir erlaubt, der Behauptung zu widersprechen, daß jemand in seinem Privatleben ein elender Mensch, dagegen doch der tugendhafteste Bürger und der höchste Grad desselben, ein geschickter Offiziant, sein könne. Ein Mensch, der gegen alles gleichgültig zu sein vermag, was gut oder böse, gerecht oder ungerecht ist, ein nicht rechtschaffener Mensch kann kein rechtschaffener Bürger sein. *Horaz* sagt: *Jupiter* gehe über den Weisen; der Weise sei reich, frei, gerecht, ein König alle Könige. – Da das andere Geschlecht vom Menschen auf den Bürger zu schließen gewohnt ist und jene Rollenspieler, die nichts aus Grundsätzen, alles aber nach Zeit und Umständen sind, sehr richtig berechnet – ist es Wunder, daß diese Glücks- und Unglücksritter das andere Geschlecht zu entfernen suchen? –

Wir irren, wenn wir uns überreden, daß Weiber für die Ehrensache der Menschheit, für den Kampf der Freiheit mit der Alleingewalt, keine Sinne besitzen. Sie haben nicht bloß durch ihren lauten Beifall bezeugt, daß sie den Wert der Freiheit zu schätzen wissen und daß das Gefühl für dieselbe noch lichterloh aufflammen kann; selbst tätig haben sie mitgewirkt, die Fesseln zu brechen, die man der Nation anlegte, und wahrscheinlich lag es nicht an ihnen,

daß sie bei diesem Schauspiele nur Rollen vom zweiten Range spielten.
Die berühmte Verfasserin der Geschichte der Königin *Elisabeth*, Mad. *Keraglio*, verteidigt seit der Revolution in ihrem *Journal d'Etat et du Citoyen* die Rechte der Menschheit mit Freimut, Wahrheit und Stärke. Weiber fühlten jene Zurücksetzung, jenes tiefe Stillschweigen bei einem so schönen Anlaß, jene Verstoßung, wenn es Staatsdiener gilt. – Eins unter ihnen wagte es, ihren Unwillen laut werden zu lassen. In einem an die Nationalversammlung abgelassenen Briefe bemerkt es, daß kein Wort in der Konstitution von den Weibern vorkomme, obgleich die Mütter Bürgerinnen des Staates sein müßten. Es schmeichelt sich mit dem Befehle, kraft dessen den Müttern erlaubt sein werde, in Gegenwart der Bürgerbeamten diesen feierlichen Eid abzulegen. Diese ehrwürdige Zeremonie würde es wünschenswert gemacht haben, Mutter zu sein. Die Geschichte sagt nicht, was von den Repräsentanten der Nation auf diese Adresse einer edlen Französin beschlossen worden ist. Betrübt feiere ich heute ihr Andenken, heute den 18. März 1792, da ich in öffentlichen Blättern lese, daß die Franzosen, ungerührt durch diesen Wink, es dahin kommen lassen, daß das andere Geschlecht dringender um diese Rechte angehalten. Schöner würde es gewesen sein, wenn man dem Geschlechte mit der Bürgerehre zuvorgekommen wäre und bei dieser ernsthaften Sache kein Ärgernis des Lachens gegeben hätte. Wehe dem Menschen, durch welchen dergleichen Ärgernis kommt! Würden wohl alle jene Laternenszenen sich ereignet haben, wenn Weiber Aktivvotantinnen in Frankreich gewesen wären? Durch geheimen Einfluß wird in jedem Staate, besonders in freien, alles verdorben. – Doch ist es die

Frage, ob die Pariser Damen schon die Selbstüberwindung gehabt haben, so weit zur Natur zurückzukehren, daß sie die gute Sache menschlich und bürgerlich beherzigen können. – Wahrlich, zu deutschen Weibern ist größeres Vertrauen zu fassen. – Wem Gott Kraft gab, gab er dem nicht auch das Recht, sie anzuwenden? Sollen denn die Weiber ihr Pfund im Schweißtuche vergraben, ohne es auf Wucher anzulegen, der dem Staate tausendfältige Früchte bringen würde?

Auf Vernunft und auf ihr Meisterstück, die Gesellschaft, kommt es an, ob jener Kraftanwendung freier Lauf zu lassen oder ob sie einzuschränken sei; nie aber kann der Staat sich herausnehmen, sie ganz unterdrücken zu wollen. Und wie, er wollte ein Räuber der Freiheit sein, welche zu befördern die Hauptabsicht seiner Existenz ist?

Wenn Stände nur durch ihresgleichen repräsentiert werden können; wenn sogar unsere Vorfahren durch Ebenbürtige sich die Gesetze zumessen und Recht sprechen ließen: wie kann man Weiber vom Staatsdienste ausschließen, insoweit er sich mit der Gesetzgebung oder Gesetzausübung beschäftiget? Will man etwa den Weibern die Weihe zu diesen Mysterien abschlagen, um sie nicht unsere Schwäche da sehen zu lassen, wo wir den höchsten Grad unserer Stärke hieroglyphisch vorgeben? Man kann dreißig Jahre dienen und nur ein Jahr leben, wie weiland *M. Plautius*, welcher nur von *der* Zeit an sein Leben zählte, als er aufhörte für das Öffentliche und anfing für sich zu leben. – Ein lehrreiches Zeugnis auf Kosten des Staatsdienstes! Ist das Leben für den Staat des Ehrennamens *Leben* wert, wenn es uns für unsere eigene Person sterben läßt, uns vom selbsteigenen Leben entfernt –? Nur als uns selbst können wir den Staat, unsern

Nächsten lieben; alles darüber ist vom Übel. Wenn man nicht durch den Staatsdiener vervielfältigt lebt, so liegt es entweder an uns oder am Staate; in beiden Fällen bleibt die Krankheit gefährlich. – Ist es nicht der gewöhnliche Fall, daß wir vor lauter Räderwerk nichts ausrichten, vor lauter Eingängen das Thema vergessen? Kommt nicht vor lauter kluger Vorsichtigkeit gemeiniglich Kleinheit zum Vorschein –? Die meisten Staatsbeamten sind Accoucheurs eines Berges, der eine Maus zur Welt bringt, die indes bei der Taufe die prachtvollsten Namen erhält und fast mit noch mehr Paukenhall ins Publikum gebracht wird, als wenn ein Schriftsteller sich selbst rezensiert. Wer in großen Residenzen zu leben die Gnade gehabt hat, wird mich am leichtesten verstehen. – Welcher Schweiß des Angesichts! – Collegia und Ausschüsse, das *Plenum* und *Komitees*, Gerichte und Kommissionen, was für eine Menge Papier wird getragen, geschrieben, gelesen! – Agioteurs von einer andern Art! Papierhändler von höherer Würde! Scheint es doch, als wäre alles gegen alle, weil alle gegen alle sind *(bellum omnium contra omnes)*; und doch bezwecken jene herkulischen Beschäftigungen, jene Versammlungen, Richterstühle und Aktenberge das allgemeine Beste, dessen Flor in den Kirchen gebetet und in Schauspielhäusern beklatscht wird (beides *ex officio*, von Amtswegen). Ist es klug oder nötig, daß man so viele Holzhauer und Wasserträger, Virtuosen und Zünftler in Atem setzt, um eine einzige Staats-Manège anzulegen? so viele Meister politischer Art und Kunst, um ein Staatsregierungs-Exerzitium, ja Exerzitium, zusammenzustümpern? Nur einen Hebel verlangte jener Weise, um die Welt zu heben; und wenn das allgemeine Wohl solch eine Anstrengung braucht, so liegt es gewiß, oder mich trügt alles, an dem politischen Oberrechenmeister. – Wahrlich, diese so beschäftigten Herren dienen nicht dem Staate, sondern der Staat dient ihnen. – Der Weise, der diesem Staatsspiele näher tritt und dessen *joujou* bis auf sein Schach kennt, überzeugt sich, daß *ein* Kopf hinreichend ist, dies alles zu lenken. Waren nicht schon *Petrus* und *Paulus* streitig? Ist nicht *ein* Kopf vermögender, das Ganze zusammenzuhalten und zu übersehen? Man verlangt sonach nicht ohne Grund *einen* Prinzipalmeister; wo aber *einer* zu finden? Wer wird die Selbstverleugnung haben, die vielen Künste zu verlassen und der Natur zu huldigen? wer den Wortsturm aufgeben? das brausende Meer bedräuen und zur Stille des Denkens und Handelns eingehen? Wer, ohne zu befürchten, daß er beim Fürsten und beim Volke verliere –? Das Volk wird durch den Schein dieser fast übermenschlichen Anstrengung hintergangen, und der Fürst desgleichen, der, wenn es nicht soviel Schweiß kostete, sich gewiß näher mit diesen Staatsarbeiten bekannt machen würde – und da möchten denn die hohen und nächsten Staatsgehülfen sehr leicht auf eine kleine Rolle zurückgesetzt werden und aus Staatsräten in Schreiber zusammenschrumpfen! – Ich setze wenig oder nichts von Menschenübeln auf Rechnung der Fürsten; gewiß das meiste gehört auf das Konto der Minister, die nicht schwach, nicht stark, nicht kalt, nicht warm, sondern unentschlossen und lau sind, sich von jedem Winde hin- und hertreiben lassen, jeden um seine Meinung befragen und, wenn sie deren unzählige gesammelt haben, nicht wissen, wozu sie sich entschließen sollen. – Wer selbst keine Meinung hat – wie kann der aus so vielen die beste finden? Hierzu kommt, daß Gemächlichkeit und ewiger Hang zum Vergnügen sie noch stumpfer machen. – Sie kommen nicht aus den Bêten heraus, die sie abzuspielen haben! – Noch ärger sind die, welche nicht über ihren theoretischen Leisten gehen, immer Schuster bleiben, die sie sind, und in armseliger Pedanterie Trost suchen und finden, wenn ihnen nichts einschlägt. – Was können wir dafür, daß der Staat, den wir zu regieren haben, sich nicht nach unserem *Orbis pictus* und einem *Compendio* schmiegen will, das uns zum Pharos demütigst empfohlen worden? – Allerdings, und welche Greuel, wenn die Minister gar Genies zu sein sich einbilden und zu Dero Haupt ein so unumstößliches Zutrauen gefaßt haben, daß das große Wort: *Er hat es gesagt*, ihren Commis hinreichend scheint, die einleuchtendsten Vorstellungen abzuweisen und zu entkräften! – Das *Recht des Vernünftigern* ist ihnen, nach ihrer zwar etwas freien, indes, wie sie glauben, nicht unverständlichen Übersetzung, das *Recht des Stärkeren;* und freilich – wer darf es wagen, der Gewalt, solange sie am Ruder ist, den Verstand abzusprechen? Jene gewaltigen Genies berechnen alles an den Fingern. – *Newton* könnte von ihnen rechnen lernen; und freilich, wenn die *Data* zu ihren Berechnungen richtig wären – wer würde ihnen gleich kommen? Zur Kalkulatur geboren, sind sie im göttlichen Zorn Minister und Staats-Administratoren geworden. –

Stumpfe Köpfe, ihrer eigenen Schwäche bewußt, sind für Collegia. Das Sprichwort: vier Augen sehen mehr als zwei, bringt sie zur Multiplikation der Augen – die blinden Leiter! In der Oper hilft jeder, der Schriftsteller, Spieler und Sänger, zum Ganzen – und da fallen Koloraturen, Läufe, schmelzende, verzweiflungsvolle, schmachtende, fürchterliche Gänge vor, die der Verfasser den Spielern und Sängern in Mund und Kehle legt. – Hier aber verläßt sich entweder einer auf den andern und sieht die Stunden, die er wohl bezahlt absitzen muß, als eine ihm angewiesene Schlafzeit an, worin er sich stärkt, um desto geistreicher am Spieltische zu glänzen; oder er hauet die Kreuz und Quer ein, so daß nach vielstündigem Zank die Sache am Ende weit übler als am Anfange steht und der kleinere Teil die schrecklichste Mühe von der Welt hat, nicht die Angelegenheit ins Reine zu bringen, sondern das *per plurima* herausgebrachte Schluß-Votum von den Ungereimtheiten so vieler disparaten Meinungen zu säubern und zu läutern und es W. R. I. oder – wenn es hoch kommt – verständlich zu machen. Der so witzige als einsichtsvolle Vorschlag, daß die Minorität der Stimmen gelten sollte, ist der auffallendste Beweis, was man sich zu diesen vierzig Perücken oder ihren Stöcken zu versehen habe. – Viele Köche versalzen den Brei, und *ein* Kopf ist mehr wert als ein ganzes Synedrium von – – Kinnbakken. –

Wenn die Staats-Offizianten auf die Pflicht angenommen würden, nichts zu verderben und sich leidend zu verhalten – wieviel weiter wäre die Welt! – Sind das die hohen Collegia und hohen Stühle, von denen man das schöne Geschlecht ausschließt –? Man sollte sie aufnehmen, wie in freien Reichsstädten politische Kannengießer und Aufwiegler zu Ratsgliedern, damit sie schweigen. – Vielleicht hätte man dies Stratagem auch wirklich schon segensreich in Anwendung gebracht, wenn man zu der Verschwiegenheit des schönen Geschlechtes mehr Zutrauen fassen könnte. *Johnson* sagt: man kann so sehr ein Mann nach der Welt sein, daß man nichts mehr in der Welt ist. Sollte man nicht weit eher so sehr ein Staats-Offiziant sein können, daß man bei weitem zu der Ehre, ein Staatsbürger zu sein, unfähig ist? – Wahrlich, um sich wieder zu orientieren, sollte man die Weiber zum Staatsdienste vozieren – wozu sie unstreitig einen göttlichen Ruf haben, an dem es den meisten Taugenichten von hohen Staatsbeamten ermangelt.

Ist es zu leugnen, daß man in jedem Gesetz-Codex von den Grundsätzen der natürlichen Gleichheit ausgehen und mit dem Paradiese anfangen kann und muß, wenn nur der Sündenfall nicht vergessen wird? Jene Grundsätze der Gleichheit werden und müssen sogar bei ihrer Anwendung auf den Staat das Resultat politischer Ungleichheit unter den Bürgern herausbringen. Bei jener natürlichen Gleichheit gewinnt das andere Geschlecht allerdings; allein auch die politische Ungleichheit kann nie ein ganzes Geschlecht unwürdig proklamieren, in welchem es in der Regel mehr Mündige als in dem unsrigen gibt, und wozu vielleicht kein anderer Grund vorhanden ist, als daß die Gesetzgebung bloß aus Männern besteht. Soll ich bemerken, daß ich hier nicht bloß vom Gebrauche des Mundes und der Zunge, sondern der Seele und des Herzens rede? Sobald Stärke, Obermacht und Verjährung nicht Gesetze abnötigen – und wehe der Staatsgrundlegung, die solche Ecksteine in Anwendung bringt! –, sobald jede regelmäßige Gesellschaft sogar eben dazu entsteht, um jene natürlichen Hervorstechungen ins Gleichgewicht zu bringen: so hat das andere Geschlecht ein Recht, vom Staate zu fordern, daß er ihm Gerechtigkeit erweise, daß er über die Schwächlichkeit des Körpers, welche zum größten Teil durch Vorurteil entstanden ist, die Stärke der Seelen der Weiber nicht vergesse. Macht denn nicht die Seele den Hauptbestandteil der Menschen? Die natürliche Gleichheit erfordert eine politische Ungleichheit, weil die Erhöhung des natürlichen Wertes des Menschen nur durch eine gegenseitige politische Verbindung derselben untereinander möglich ist und hervorragende Menschen durch Gesetze, so wie Genies durch Regeln, in Ordnung gehalten werden müssen. Kann aber dieser an sich nicht unrichtige Grundsatz auf ein ganzes Geschlecht gedeutet werden? Ist es gerecht, billig, ratsam und nur menschlich, daß unser ganzes Geschlecht zu einer Standeserhebung gebracht und als der Mittelpunkt angesehen wird, um dessen willen das andere Geschlecht existiert? – Es gibt nur zweierlei Tatsachen, von denen wir Begriffe haben: Natur und Freiheit; und sowohl zur Physik als zur Moral haben Weiber unverkennbare Anlagen. Will man Natur und Freiheit sinnlich abbildern, so müssen beide in Gestalt eines Weibes dargestellt werden. Und was ist ihnen denn im Wege? Das positive Gesetz? Kein Gesetzbuch, und würde es mit Engelzungen reden, kann *Formula concordiae* und eine Augsburgische Konfession werden. Gesetze erziehen Menschen und müssen sich, wenn Menschen mündig werden, von Menschen erziehen lassen. – Angenommen, Weiber wären körperlich schwach – angenommen! –, und was wäre da die Pflicht der Gesetze? In den Schwachen mächtig zu sein. Nicht die Starken bedürfen des Arztes, sondern die Schwachen.

Weiß ich denn nicht, daß manche Frau bei manchem Manne auch jetzt sich wohlbefindet? Was indes bloß auf persönlicher Gesinnung beruhet, muß seiner Natur nach wandelbar sein; und es ist auch bei den tolerantesten Gesinnungen im Staate notwendig, daß keine intolerante Stelle im Gesetzbuche bleibe. Wer steht für den Nachfolger im Reiche? Weiber wissen ihre Männer zu überzeugen, als hätten Weiber keinen Willen. Doch eben wenn sie

auf ihren Willen in bester Form Rechtens Verzicht zu tun scheinen, werden sie Alleinherrscherinnen, ohne den starken Glauben ihrer Männer zu schwächen, als ob diese ganz allein regierten. – Sie regieren nicht mit Gewalt *(vi)*, sondern heimlich und bittweise *(clam et precario)*.
Der Liebhaber glaubt in dem Dienst einer Göttin zu sein, welche Apotheosen so sehr in ihrer Gewalt habe wie Fakultäten Doktorhüte. Der glückliche Geliebte dünkt sich wenigstens halb Gott, weil er so glücklich ist, einer solchen Gottheit zu dienen. – Erwacht er über ein Kleines aus diesem Traume, seht, so verwandelt sich die Raupe nicht in einen Schmetterling, sondern in einen Zuchtmeister, und die entgötterte Frau wird seine Sklavin; der Bräutigam wird nicht Ehemann, sondern Ehevogt. So hörten Monarchen auf, Götter und *Divi* zu sein, und hatten die Güte, zu den Menschen herabzusteigen; doch würdigten sie, um über anderen Menschen zu sein, diese anderen eine Stufe unter die Menschen hinab. – Halbe Wahrheit ist gefährlicher als eine ganze Lüge; diese ist leichter zu kennen als jene, welche sich in Schein zu verkleiden pflegt, um doppelt zu betrügen. Männer, laßt doch Menschen sein, die Gott zu Menschen schuf! *Laßt uns Menschen machen*, hieß es, *ein Bild, das uns gleich sei; und er schuf sie ein Männlein und ein Fräulein.* Sie sind Bein von unserm Bein und Fleisch von unserm Fleisch; und warum nicht Bürger wie wir? Warum nicht, da ihnen weder Sinn noch Kraft zu Bürgertugenden gebricht und es bloß darauf ankommt, daß sie zu Bürgerinnen erzogen werden! Jetzt freilich, wie sie da sind, zum Spielzeug für Männer gemodelt; jetzt, wenn sie auf einmal aus dem Gynäzeum auf den großen Schauplatz des gemeinen Wesens, einen für ihren Körper und ihre Seele so fremden

Boden, treten und männliche Rollen spielen sollten: jetzt würden sie kaum erträglich debütieren. Wer fordert dies aber von ihrem Kopfe und von ihren Händen? Sie sollten eben den Weg gehen, den wir gingen, eben die Wüsten betreten, die uns auf der Bahn nach Kanaan beschwerlich wurden; nur durch Erziehung, Unterricht und Erfahrung sollen sie das Ziel erreichen, dessen sie so würdig sind. – Das Licht braucht beinahe acht Minuten, um von der Sonne zu uns zu kommen, und wir sehen die Veränderungen, die in der Sonne vorgehen, jedesmal acht Minuten nachher. *Pythagoras* legte seinen Schülern zuvor Schweigen auf, ehe ihnen die philosophische Zunge gelöset ward. Dies mögen Fingerzeige für Männer und Weiber sein: für *diese*, um nicht auf Meisterrechte Ansprüche zu machen, ehe sie die Lehrlingsjahre zurückgelegt haben; für *jene*, von einem Geschlechte, das so lange vernachlässigt ward, nicht vor der Zeit Früchte der Buße zu fordern. Der Verstand und die Natur kommen sehr leicht in richtigen Einklang; und wenn Mittel unbedeutend scheinen, wenn sie es wirklich sind – wer wird Mittel nach eigener und nicht vielmehr nach der Größe des dadurch zu erreichenden Zweckes schätzen? Eine Eiche von einem nicht kleinen Alter kann noch sehr jung heißen, wenn ein gleichzeitiges Gesträuch und eine zu seinen Füßen blühende Blume an der Grenze ihres Lebens sind. – Nicht im einzelnen Falle, in allen Fällen, nicht im einzelnen Menschen, sondern im Geschlechte offenbaren sich die Ehre und der Zweck der Menschheit. – Woher jetzt der Unterschied in der Erziehung beider Geschlechter, der sich bei der Wiege anhebt und beim Leichenbrett endiget? Warum ein so wesentlicher Unterschied, als wären beide Geschlechter nicht *eines* Herkommens, nicht *eines* Stoffs und nicht zu einerlei Bestimmung geboren? – Die Scheidewand höre auf! Man erziehe Bürger für den Staat, ohne Rücksicht auf den Geschlechtsunterschied, und überlasse das, was Weiber als Mütter, als Hausfrauen wissen müssen, dem besondern Unterricht; und alles wird zur Ordnung der Natur zurückkehren. Noch lange ist Erziehung nicht das, was sie sein könnte und sollte. Nur sehr spät fiel man auf das, womit man hätte anfangen sollen: den Zweck der Erziehung zu bestimmen, das Ziel aufzusuchen und seinen Lauf darnach zu richten. Statt daß wir sonst wie irrende Schafe ohne Plan und Regel in das Weite liefen, sei es unsere erste Sorge, heimzukehren zu der Natur und nicht außer uns uns selbst zu suchen! – Was hülf' es dem Menschen, wenn er die ganze Welt gewönne und an sich selbst Schaden litte! – Ohne jenen Zweck der Erziehung zerreißt das Band, welches alle einzelnen Teile zusammenhält – und in Kindern liegt das Reich Gottes. –

Zwar hat man in unsern Tagen angefangen, dies wichtige Staatsbedürfnis zu beherzigen, aber auch kaum nur angefangen. Die Staaten und ihre Repräsentanten selbst, deren erstes und wichtiges Interesse die Erziehung ist, scheinen dieses Bedürfnis entweder noch nicht genug zu fühlen oder wohl gar sich für verpflichtet zu halten, den gemachten Versuchen, Bürger zu bilden, Hindernisse in den Weg zu legen. Wenn die Befehlshaber des Volkes bedächten, daß nichts als eine gute Erziehung sie auf immer in dem Besitz gesetzlich und auf Verträge sich gründender Vorzüge sichern kann, sie würden zu dieser ihrer Zeit bedenken, was zu ihrem Frieden dienet. Lange hat man Erziehung und Unterricht, die doch ihrem Wesen, ihrer Form und ihrem Endzwecke nach so sehr unterschieden sind, für eins gehalten. Lange mutete man Lehrern zu, die in der Regel selbst keine Erziehung hatten, sie sollten zugleich Erzieher sein; und man wußte nicht zu begreifen, wie man gelehrt sein und doch keine Sitten haben könnte. Fest glaubte man an das goldene Sprichwort, daß Künste und Sitten Schwestern und Brüder sind, und niemand dachte daran zu untersuchen, ob Künste und Sitten sich wie Ursache und Wirkung verhielten.

Rechnet man zu diesen Mängeln den Umstand, daß die Hälfte des menschlichen Geschlechtes entweder ohne alle Erziehung blieb oder verzogen ward, und daß gerade dieser Hälfte der wichtigste Teil der Erziehung überlassen war, so ist es fast noch Wunder, daß wir Menschen sind. Ohne allen Zweifel bestimmte die Natur das andere Geschlecht zu diesem großen Erziehungsgeschäfte und versah es mit den nötigen Anlagen und Fähigkeiten, mit den empfänglichsten Sinnen, mit den feinsten Empfindungen in der edelsten Sprache, selbst im Kleinen und Zufälligen das Wahre vom Falschen, das Echte vom Scheinbaren zu unterscheiden – um jene große Bestimmung zu erfüllen. – Die *Sokratik*, die *Sokrates* von seiner Mutter, eine Weisemutter *(sage femme)*, lernte, indem er auf Seelenentbindung ausging und ein weiser Mann *(homme sage)* ward, ist wahrlich dem andern Geschlecht eigen, welches nie, auch beim Heißhunger, den Magen der Wißbegierde der Kinder mit Kenntnissen überstopft, sondern jeden neuen Begriff ihnen einzeln zu denken gibt und ihn soviel wie möglich in Empfindung zu verwandeln sucht. Jedem geistigen Gedanken geben Weiber einen Körper, bekleiden ihn und verleihen ihm eine sinnliche Form. *Robinet* meint, die Natur habe den Weibern einen Hang zur Geschwätzigkeit gegeben, damit sie die für die Kinder zu starke Wörterkost ihnen desto leichter vorkauen könnten. – Heißt das nicht, einer herrlichen Naturgabe einen bösen Leumund machen? *Rousseau* sagte zu *Gretry*, der ihm eine Hand bot, um ihm über einen Haufen Steine zu helfen: *Laissez moi me servir de mes propres forces;* und wem ist jene Entwickelung der in den Kinderseelen liegenden Ideen natürlicher als dem andern Geschlechte? Es spinnt sie heraus, knüpft das Sinnliche an geistige Begriffe durch Bilder und Gleichnisse. – Wir sind für heroische Methoden; folgt indes nicht nach einer Bravourarie jederzeit eine Leere, da ein zu lebhafter Eindruck dem Effekte des Ganzen schadet? – Es kommt nicht darauf an, eine gute Empfindung zu erregen, sondern die Summe der Empfindungen zu ziehen und auf sie zu wirken. Wie richtig sind hier *wenn* und *wie*! Alle Wege des Wanderers zwecken ab, an einen Ort zu kommen; alle kleinen Flüsse gehen zum großen Meere. –

Wie ist es aber möglich, daß Weiber diesem Berufe genügen können, wenn jene Anlagen und Fähigkeiten so wenig entwickelt werden! Man vernachlässiget sie nicht bloß; man unterdrückt sie absichtlich. Das Kind ist geschlechtslos; warum sind wir der weisern Natur zuvorgeeilt? Warum haben wir früher die Geschlechter abzusondern angefangen, als die Natur uns dazu einen Wink gab? Das Kind ist gesellig, nicht weil es durch einen besondern Trieb dazu gereizt wird, sondern aus Bedürfnis und um tätig zu sein. Nicht das moralische Gefühl, welches den Menschen an seinesgleichen kettet, um sich ihnen mitzuteilen, um durch den Umgang mit andern das Eckige seines Charakters abzuschleifen und um sich durch andere zu vervollständigen – nicht dieses Gefühl macht das Kind gesellig. Was kennt es mehr als sein Bedürfnis? Es will genährt und vergnügt sein: darum ist es gesellig; es ist gesellig zum Zeitvertreib. – Wo es diese Absicht erreicht, befindet es sich wohl; Geschlechtsunterschiede stehen, so wie moralische und geistige Eigenschaften, mit seiner Gesellschaft in gar keiner Beziehung. –

Erst um das zwölfte Jahr fangen unter dem europäischen Himmel die Geschlechtskeime an, bei dem weiblichen Teile sich zu entwickeln und nie gewohnte Unruhe, eine vorher unbemerkte Ahndung und sanfte Sehnsucht zu erwecken. So lange sollte unter Kindern alles bis auf die Kleidung gleich bleiben, weil die Natur es so will. Erziehung, Unterricht, Zeitvertreib können für beide Geschlechter einerlei sein, weil in diesem Zeitraume die Bildung sich mit dem Menschen beschäftigen und für die Entwicklung jener Anlagen sorgen soll, ohne alle Rücksicht auf anderweitige Bestimmungen als auf die erste ehrwürdigste: einen Menschen nach der urkundlichen Deutung der Natur darzustellen.

Auf diesen einzigen Endzweck müssen es alle pädagogischen Bemühungen anlegen und, indem sie den jungen Kindern Hebammendienste leisten, den Spielraum für die ersten Versuche der erwachenden Kräfte erweitern und nur nach und nach mit großer Vorsicht es wagen, den üppigen Auswuchs zurückzuhalten und dergestalt mittelbar den Trieben der Natur die eigentliche Richtung zu geben. Der Unterricht bedarf in diesem Zeitraum ebensowenig besondere Rücksichten auf Geschlechtsunterschied als auf künftige bürgerliche Verhältnisse. Hat das Kind von diesem allen selbst nur Ahndungen, geschweige denn Begriffe? Und bleibt nicht aller Unterricht in dieser Rücksicht für dasselbe toter Buchstabe, bis nach dem Laufe der Natur Empfänglichkeit für diese Lehre sich entwickelt? Aller Unterricht muß sich in diesem Zeitraum auf das

einschränken, was der *Mensch* glauben, wissen und tun soll.
Warum der Unterschied zwischen weiblichem und männlichem Unterricht, da Mann und Weib noch nicht geboren sind? Sind Spiele für Kinder das, was sie sein könnten und sollten? Nur in unsern Tagen, als die Erziehungskunst einen neuen Schwung erhielt, fing man an, den großen Einfluß derselben zu bemerken; allein machte man nicht, wie gewöhnlich, einen schlechten Gebrauch davon, wenn man das Spiel zu einem allgemeinen Unterrichtsmittel erhob? Spiele müssen nie zur Methodik werden; wohl aber könnten sie Anlässe zur Bereicherung des Gedächtnisses und zur Übung des Verstandes sein. Wenn sie den Unterricht erleichtern, so ist und bleibt ihr Wert bloß subjektiv. Bei Spielen der Kinder muß jederzeit die Absicht zum Grunde liegen, sie auf eine ihrer Fähigkeit und ihrem Alter angemessene Art zu beschäftigen. Nur dürfen die Kinder diese Absicht nicht erraten; sonst ist das Spiel verloren. Früh indes müssen Kinder angewöhnt werden, Spiel und Geschäfte zu unterscheiden, um diese achten und lieb gewinnen, jene aber entbehren zu lernen, wenn sie anders nicht ewig Kinder bleiben sollen. Doch warum mehr Bemerkungen über einen Gegenstand, der jetzt das dritte Wort unserer Schriftsteller ist und auf allen Dächern gepredigt wird! Ich kehre mit dem Vorschlage zurück, daß so lange, bis das Kind zum Mädchen und zum Knaben heranreift, beide unter den Händen und der Aufsicht des weiblichen Geschlechtes bleiben sollten. Der Staat und das weibliche Geschlecht würden dabei gewinnen. Alle Kinderschulen sollten Weiber zu Aufseherinnen und Lehrerinnen haben, weil die Natur das weibliche Geschlecht dazu mit ausgezeichneter Fähigkeit hinreichend ausgestattet hat. Rein-

lichkeit, ein zur Erhaltung der Kinder so nötiges und wichtiges Erfordernis, Sanftmut, Geduld, Ausdauer bei anscheinend kleinlichen Beschäftigungen, Mitteilung, Redefertigkeit und andere zur Kindererziehung unentbehrliche Eigenschaften scheinen dem weiblichen Geschlechte von Natur eigen, bei dem männlichen dagegen bloß Kunstfertigkeiten zu sein. Wie sich Natur zur Kunst verhält, so würde sich auch eine Kindererziehung durch Weiber gegen die jetzige verhalten. Schon gegenwärtig ist ihr Anteil groß, was würden wir ohne ihren Beistand vermögen? Oh, was für eine Schule für Mütter mittleren Standes, wenn eine Hauskapelle weinender und heulender Kleinen ihre Geduld prüft und die Kinderfragen heranwachsender neugieriger, verschämter Mädchen und dreister Buben sie in Verlegenheit setzen! Ich begreife nicht, wie manches treffliche Weib so heterogene Angelegenheiten zu bestreiten vermag. – Dort windet sie dem kleinen Feldmarschall *Jakob* Gabel, Messer und Schere aus der Hand; hier reißt sie dem vielfräßigen Domherrn *Peter* schädliche Dinge aus dem Munde; bald verscheucht sie von der kleinen schlafenden *Jette* die Fliegen; und wie schwer ist der Wildfang *Karl* zu befriedigen, der von einem Zeitvertreibe zum andern abspringt! Wie viele Vigilien und wie viele Tageslasten sind ihr Teil und Erbe bei den ihr obliegenden Familiensorgen! – Ist nun gleich die Dame höheren Standes, die nach Landessitte und Brauch das strenge Recht für sich hat, ihre Kleinen wie Findelkinder zu behandeln, bei weitem so beschäftiget nicht: ist sie es indes nicht immer weit mehr, als ihr geschäftigter Müßiggänger von Gemahl, der mit großen Kleinigkeiten und vornehmen Gebrechen beladen, außer der Spinnstube seines hohen Collegiums noch soviel anderes anzuspinnen hat, was freilich fast immer darauf hinausläuft, schlichte Dinge zu verwickeln und den leichtesten Sachen einen Anstrich von Bedeutung zu geben! Des großen Staatsspinners! – »Doch wie, würden Weiber wegen ihrer Furchtsamkeit und aus Gefühl ihrer Schwäche die Kinder nicht noch mehr verzärteln und das menschliche Geschlecht nicht noch weichlicher machen, als es gegenwärtig schon ist?« Ein Einwurf, der nicht ohne Grund zu sein scheint; allein nichts mehr als ein Gespenst, welches unsere Einbildungskraft in Schrecken setzt, aber desto mehr verschwinden muß, je mehr die Weiber sich ihrem Ziele nähern. Zärtlichkeit oder eigentliche Schwächlichkeit des Körpers ist oft ein Erbteil der Geburt und ungleich seltener eine Folge der weichlichen Erziehung. Im letzten Falle kann die Geschicklichkeit des Erziehers im Knaben- und Jünglingsalter wieder herstellen, was übel verstandene Zärtlichkeit im Kindesalter verdarb; da aber, wo der Keim schon kränkelt, wird die pflegende Hand der Kunst anstatt eines Baumes immer nur ein Zwerggewächs erziehen. Völlig wird jene Furcht verschwinden, wenn die Ordnung der Natur, die wir umkehrten, wieder in den vorigen Stand gebracht wird und wir fürs erste uns entschließen, das andere Geschlecht bei diesem Geschäfte zu leiten. Schon hat man zum Teil aufgehört, das Kind in eine Puppe zu verwandeln, es in Federn zu ersticken und, wenn es sich des einzigen Mittels, seiner Lunge, bediente, um sich aus seiner peinlichen Lage zu befreien, es mit Theriak oder einer sanften Hirnerschütterung zu betäuben; und gewiß, man wird aufhören, Kinder der Luft und dem Wasser zu entziehen, sobald die Weiber sich selbst bei dem Einflusse dieser Elemente behaglicher fühlen werden. Schon hat man die bisherige Knabenkleidung verdächtig zu machen gesucht und dem Kinderanzuge überhaupt den Zwang vorgerückt, wodurch der Einfluß der Luft auf den ganzen Körper verlorengeht, die Ausdünstung gehemmt, die Brust verengt, das Herz unterdrückt, Saft und Kraft – wenngleich (was leider nur selten der Fall ist) alles unverdorben auf die Welt gebracht sein sollte – frühzeitig erschlafft und die Maschine übereilt wird. Die tyrannische Mode! Selbst unsere Maler und Bildhauer sind ihrethalben der traurigen Verlegenheit ausgesetzt, zu einem idealistischen Kostüme ihre Zuflucht zu nehmen, da die Ungereimtheiten der Mode nicht bei dem Altare des Geschmacks bestehen. – Eine feine Rache, welche die Natur an ihren Verächtern nimmt –! Bei Gelegenheit der bürgerlichen Weiberverbesserung wäre nichts leichter, als eine Kleiderordnung in physischer und moralischer Rücksicht in Gang zu bringen, sie wohlfeil, natürlich und einfach zu stellen und diese Sache gleich fern von Übertreibung und Montierungssucht in Erwägung zu nehmen. Nur aus unverzärtelten, festen, wackern *Kindern* werden unverzärtelte, feste, wackere *Leute!* – Lasset die Weiber erst sich selbst stark fühlen, und sie werden an Leib und Seele starke Kinder leiblich gebären und geistlich wiedergebären – sie zur Welt bringen und erziehen. Warum soll denn die Haut mit der Sonne in Feindschaft leben? Fehlgeschlagene Hoffnungen, Unterdrückungen, Kollisionen sind der Geschmeidigkeit des Charakters, den Grazien der Sitten ungünstiger als jenes unbiegsame Äußere. Vom Gefühl einer edlen Freiheit hangen Mut, Freimütigkeit und jene umfassende Heiterkeit ab, die auch durch die finsterste Stirn bricht und auf der rauhesten Oberfläche durchschimmert. – Und was gilt euch mehr: jene zweideutigen Aussprüche zu Delphi oder eine unbiegsame

Aufrichtigkeit? Aufrichtigkeit bahnt den Weg zur moralischen Allmacht – wogegen durch lebensartige Feinheit der Absicht ganz entgegengesetzte Wirkungen resultieren. – Je nachdem man auf diesen oder jenen Umstand Licht fallen läßt, je nachdem tut er Wirkung. – Hat die Furchtsamkeit ihren Grund nicht bloß in dem Gefühl des Mangels an körperlichen Kräften und in der Beschränktheit des Verstandes? Ein berühmter englischer General bemerkte, daß seine Truppen nie mehr Mut hatten, als wenn ihr Magen mit Pudding und Roastbeef angefüllt war. Hunger macht feige, Mangel blöde, Unterdrückung verzagt. –

Die Weiber zu *Sparta* kannten weder Weichlichkeit noch Furchtsamkeit. *Ich habe ihn für das Vaterland geboren*, war die heroische Antwort jener Spartanerin, als man ihr die Nachricht brachte, ihr einziger Sohn sei in der Schlacht gefallen.

Entwickelt sich der Unterschied der Geschlechter im Knaben und Mädchen, so muß der Bürger auf den Menschen gepfropft, der Stand des Bürgers an den der Natur geknüpft und die Vorbereitung zu mannigfaltigen untergeordneten Bestimmungen eröffnet werden; und nun ist es Zeit zu einem sichtbaren Merkzeichen der Absonderung der Geschlechter.

Diese Geschlechts-Einkleidung wird alle besorglichen Folgen, welche die Natur-Uniform etwa bei den Schwachen, die doch immer unter uns sind, erregen möchte, unausbleiblich vertilgen, Knaben und Mädchen, die als Kinder vertraut waren, in Fremde (wenngleich nicht in Wildfremde – und weshalb auch das?) umschaffen und alles bis auf die Rückerinnerung ihrer ehemaligen Bekanntschaft vertilgen. Würde nicht diese Geschlechts-Einkleidung auf einmal den einzigen Unterschied, den die Natur beabsichtigt hat, zwischen beiden Geschlechtern festsetzen, ohne dadurch einen bürgerlichen Unterschied herauszubringen oder zu erzwingen und ohne dadurch Sitten und Wohlstand im mindesten in Gefahr zu setzen? Dies wäre der Glockeschlag, welcher Erziehug und Unterricht der Geschlechter- und Bürgerbestimmung näher bringen würde. – War nicht schon bei den Römern eine ähnliche Einrichtung in Hinsicht auf das männliche Geschlecht? Und sagt nicht die Geschichte, daß der Jüngling Vaterlandsliebe und alle großen Eigenschaften eines Römers mit der *toga virili* (mit dem Mannskleide) anlegte? Es ist eine Schande, eine Stunde länger zu leben, als man hätte leben sollen; allein es bleibt eine ebenso große Schande, eine Stunde früher zu leben anzufangen, als man dazu fähig ist – und so wie das Ende das Werk krönt und der letzte Tag der Richter aller seiner Vorgänger ist, so sollte man gewisse Tage aussondern und sie zu Denkmälern machen. Jener Tag der Geschlechtsabsonderung, der bürgerlichen Einsetzung, würde zu diesen festlichen Tagen gehören. Ganz müßte das Erziehungsgeschäft in dieser neuen Epoche noch nicht den Händen der Weiber entzogen, noch weniger ein Unterschied in Erziehung und Unterricht zwischen beiden Geschlechtern veranstaltet werden, bis auf die Verpflichtungen, zu denen jedes von der Natur besonders berufen ward, welche, insofern sie für diesen Zeitraum gehören, bei jedem Geschlechte durch Personen des seinigen gelehrt werden müßten; wogegen alles Übrige ohne Rücksicht auf diesen Unterschied, so wie die Umstände es forderten oder erlaubten, von Personen beiderlei Geschlechts gelehrt werden könnte. Da Mann und Weib eigentlich nur ein Mensch sind, so kann auch selbst nach jener Geschlechtsabsonderung keine völlige Scheidung eintreten: Was Gott zusammenfügt, soll der Mensch nicht scheiden. – In der Epoche, welche bei Mädchen etwa bis zum 16. und bei Knaben bis zum 18. Jahre dauern könnte, müßten beide Geschlechter zu den bürgerlichen Bestimmungen vorbereitet und in allem, was darauf Beziehung hat, ohne daß man auf den Geschlechtsunterschied Rücksicht nähme, unterrichtet werden. Daß hierbei die völlige Entwicklung des Menschen nicht aufzugeben oder nur beiseite zu setzen ist, versteht sich von selbst. Würden bei dieser soliden Einrichtung nicht mit dem mannbaren Alter beide Teile ohne Unterschied unbedenklich da hingestellt werden können, wo sie, dem Staate nützlich zu sein, Anlage zeigten? Entwöhnt dem größten aller Übel, der Langeweile, die mehr als der Tod zu fürchten ist, müßten jetzt der Jüngling und das Mädchen Geschäfte angewiesen bekommen, wozu sie mit Neigung und Geschicklichkeit versehen sind. Ehre, Rechte und Belohnungen werden alsdann nicht ein Geschlechts-Prärogativ, sondern Folgen des persönlichen Verdienstes. Weiber, die bisher ein Etwas ohne Namen und Rechte waren, würden auf diese Weise Personen und Staatsbürger werden. – *Plato* wollte die Verteilung des Privatvermögens den Gesetzen in die Hände spielen. Soviel Gerechtigkeit auch in dieser Idee zu liegen scheint, zu so vielen Ungerechtigkeiten würde sie verleiten. – Das Vermögen der Weiber indes, wenn sie gleich ganz allein darüber zu verfügen glauben, *scheint* bloß ihrer Gewalt unterworfen zu sein; denn eigentlich sind Männer die Eigentümer desselben, die mit diesem Kreuz, das sie wohlbedächtig in Händen behalten, sich zu segnen nicht ermangeln. Wie viele Kassen-Defraudationen hier vorfallen, liegt am Tage. – Bloß der Entschluß der Weiber, sich dem Staate nicht entziehen zu wollen, setzt sie in das Eigentum ihres Vermögens, und sie werden nur sich selbst nötig haben, um zu denken und zu handeln. »Er beleidigte nicht mich, sondern den, für den er mich ansah«, sagte König *Archelaus*, als man ihn auf der Straße mit Wasser begossen hatte; – und so wird das andere Geschlecht sich oft erklären müssen und sich gern erklären, ehe jene Grundsätze, es ehren zu wollen, weil ihm Ehre gebührt, zur Gewohnheit geworden sind.

Die Physiokraten halten in ihrem System die produzierende Klasse der Staatsbürger für die nützlichste, und da für den Staat der Nutzen das einzige ist, was die Rangordnung der Bürger bestimmt, da dieser Nutzen die Bürger klassifiziert: wie wollen wir denn eine ganze Hälfte des menschlichen Geschlechtes, welche an der Hervorbringung und Fortpflanzung desselben den wesentlichsten Anteil hat, von der Bürgerehre ausschließen und, da wir sie schon ohne Urteil und Recht willkürlich aus angestammter Machtvollkommenheit ausgeschlossen haben, ihnen die Wiedereinsetzung in den Paradiesstand verweigern? Werden sie nicht, gehörig dazu vorbereitet, mit Ehren raten, helfen, fördern in allen Staatsnöten? Bis jener hingeworfene Umriß einer neuen Ordnung der Dinge in seinem ganzen Umfange in der bürgerlichen Gesellschaft eingeführt werden kann, öffnet, Männer, der jetzigen weiblichen Jugend je eher je lieber unsere Edukations- und Lehranstalten und erlaubt ihr, an der Erziehung und dem Unterrichte, so wie er hier gelehrt und gelernt wird, teilzunehmen, ohne euch von der Furcht vor nachteiligen Folgen abwendig machen zu lassen. Prüft jene hämischen Alltagszweifel: es wird Anstoß, Aufsehen, Ärgernis geben, es wird nachteilige Folgen haben; prüft, und ihr selbst werdet sie unentscheidend finden. Man kann sich vor der Furcht und auch vor der Hülfe fürchten. Soll eine verwerfliche Einrichtung der Dinge, und wenn sie tausendmal tausend Jahre gewährt hätte, auch bei dem unbehaglichen Gefühl des Nachteiligen, bei der gewissen Aussicht einer bessern Zukunft, darum noch ungestört fortdauern, weil ihre Abänderung mit Schwierigkeiten, vielleicht mit anscheinend bedenklichen Folgen verknüpft sein *kann?* Wäre je in der Welt etwas Großes unternommen worden, wenn wir das Für und Wider so ängstlich abgewogen hätten? Wäre der Mensch da, wo er gegenwärtig ist; hätte er je so merkliche Fortschritte getan, wenn er, nach der Weise des Elefanten, ehe er den Fuß weiter fortbewegt, ängstlich untersucht hätte, ob der Boden, den er betreten wolle, auch fest sei? – Anstoß! Wie man dies Wort von weitläuftigem Bedeutungsbezirk nimmt. Unsere symbolischen Vorfahren hätten gewiß den schrecklichsten Anstoß genommen, wenn in einem Erziehungshause Kinder mit und ohne Vorhaut zusammengekommen wären, um an allerlei Unterricht teilzunehmen. Welchen Nachteil für das Christentum würde man befürchtet haben, wenn ein Abkömmling des Stammes Juda mit dem Sohne eines General-Superintendenten aus dem blinden Heiden *Cicero* Menschen- und Bürgerpflichten gelernt hätte! Und wer kennet nicht Staaten, wo dies ohne das leiseste Geräusch der Eiferer bewirkt wird, und ohne daß die Grundfesten des Christentums auch nur die mindeste Erschütterung befürchten?

Die Sittlichkeit würde Gefahr laufen!

Wie denn das? Werden nicht schon jetzt Mädchen und Jünglinge von einem und demselben Geistlichen, zu einer und derselben Zeit, auf eine und dieselbe Art in der Religion unterrichtet? Die Anstalt ist schon da; sie darf nur ausgedehnt werden. Und was kann uns behindern, *die*, denen wir in der Kirche gleiche Rechte mit uns einräumen, in die Bürgergemeinschaft aufzunehmen? Werden Mädchen und Knaben durch gemeinschaftlichen Unterricht zu *Christen* vorbereitet, warum sollen wir sie nicht gemeinschaftlich zu *Bürgern* erziehen? Sollte denen, welchen die erforderliche Anlage zu Himmelsbürgern zugestanden wird, der Beruf zur Staatsbürgerschaft abgesprochen werden? Warum leiden in dieser Gemeinschule die Sitten nicht, obgleich der Religionsunterricht in Jahren erteilt wird, wo der Geschlechtstrieb äußerst reizbar ist? Sind die Schüler und Schülerinnen dort nicht ebenso wie hier unter Aufsicht? Wird ein kluger Lehrer und Erzieher den Veranlassungen zur Erweckung des Geschlechtstriebes nicht überall geschickt auszuweichen wissen und jede Belehrung über die künftige Bestimmung seiner Zöglinge so einzulenken verstehen, daß die Folgen nicht schädlich, sondern segensreich ausfallen?

Wird das andere Geschlecht unseren Erwartungen entsprechen? wird es unsere Bemühung lohnen?

Wir wollen also ernten, und uns der Mühe überheben zu pflanzen? Auf welche Art werden wir uns von der Tragbarkeit des Bodens versichern, wenn wir ihn nicht anbauen? Hat denn nicht bis jetzt jeder Boden dieser Art den auf ihn verwendeten Fleiß gelohnt? Und dürfen wir hier einen andern Erfolg befürchten, wenn wir es unserer Trägheit nur abgewinnen können, einen ernstlichen Versuch anzustellen? In alles, was die Natur hervorbrachte, legte sie Keime, die nur einer Veranlassung bedürfen, um entwickelt zu werden. Würden nicht die Weiber jedem bürgerlichen Stande, zu welchem man ihnen Zutritt vergönnte, Ehre machen? Und welches bürgerliche Geschäft könnte, solange sie durch ihre besondere Geschlechtsbestimmung nicht daran behindert würden, unter ihren wohlwollenden Händen sich schlechter befinden? Müßte das Ganze wegen des Wetteifers, der zwischen beiden Geschlechtern entstehen würde, nicht unendlich gewinnen? Nicht die Nymphe *Egeria*, welche *Numa* selbst, nicht *Pythia*, welche die Helden des Altertums um Rat fragten, wenn die *Aspasien* und *Phrynen*, zu denen ein *Perikles*, ein *Sokrates* in die Schule ging, um Weisheit und Regierungskunst zu lernen, sollen sich hier der Beispiellehrstühle bemächtigen. Jene hat die Fabel in ein ätherisches Gewand gehüllt und sie unserm Auge zu weit entrückt, als daß wir sie noch ferner dem Geschlechte zum Vorteil anrechnen könnten, ob sie gleich seinen Namen führen und keine Fabel ohne Wahrheits-Ingredienz anfängt und vorhanden ist. – So hieß der Großonkel eines von den weltberühmten Lügnern neuerer Zeit, *Josephs Balsamo*, der sich *Graf Cagliostro* nannte: *Cagliostro*. – Lauter Lügen halten so wenig zusammen, daß nie etwas Vernünftiges, etwas Ganzes herausgebracht werden kann. – Will man den poetischen Tugenden jener weiblichen Heldennamen keine Glorie und keinen Ehrenschein einräumen – immerhin, wir haben auch prosaische Beispiele, um außer Zweifel zu setzen, daß, ungeachtet das weibliche Geschlecht (wenngleich nicht durch ein förmliches Gesetz, so doch durch ein stillschweigendes Übereinkommen, welches oft noch grausamer und drückender ist) von der Stoa, der Akademie und dem Prytaneum entfernt gehalten wurde; ungeachtet man den Weibern die Schulen des Unterrichtes und der Weisheit verschloß, sie dennoch Gelehrte und Weise unter sich aufweisen können, die ihre Namen durch Taten und Schriften unsterblich gemacht haben. Es würde nicht schwerfallen, in vielen Fächern des weitläuftigen Gebiets menschlichen Wissens und menschlicher Kunst weibliche Namen aufzufinden, die sich einen Anspruch auf Achtung und Ruhm erwarben. Schon erwies ich einigen insoweit Gerechtigkeit, als sie sich durch große Eigenschaften auszeichneten. Wohlan, die Geschichte mag auftreten und uns bezeugen, welchen wichtigen Anteil das weibliche Geschlecht an der Ausbreitung der christlichen Religion nahm und wie groß in dieser Rücksicht sein Verdienst um Sittlichkeit und Aufklärung ist! Der Stifter dieser wohltätigen, die Rechte der Menschheit vertretenden und menschenfreundlichen Religion (die sich so himmelweit von jenen *heidnischen Kulten* unterscheidet, welche über die Götter die Menschen vergaßen, und ebenso von den *jüdischen*, die den Menschen durch äußeren Zwang allmählich zum Geiste der Tugend gewöhnen wollten, aber das Volk, bei der besten Absicht seines Heerführers *Moses*, in der Wüste der Heuchelei und der Äußerlichkeit ließen, ohne daß es je das moralische Kleinod erreichte, wozu diese Umwege es anlegten) unterrichtete die *Schwester seines Freundes Lazar*us und gab der *Maria* vor der bloß häuslichen *Martha* den Vorzug: *Maria hat das beste Teil erwählt, das nicht von ihr genommen werden soll.* Die Geschichte der Apostel gedenkt einer frommen *Tabea*, die sich nicht nur durch ihren Wandel unter den Neubekehrten auszeichnete, sondern auch tätigen Anteil an der Ausbreitung der Lehre nahm, die sie angenommen hatte. Nennet die Kirchengeschichte nicht eine Menge von Weibern, die mit Heldenmut ihren Glauben bekannten und sich weder durch Martern noch Verheißungen in ihrem Bekenntnisse wankend machen ließen? die bei dem Verzicht auf alle Hoheit, auf Ehre und Überfluß, unter Verachtung, Hohn, Mangel und Verfolgung ihrer Überzeugung mit unerschütterlicher Standhaftigkeit anhingen? Der Stifter der christlichen Religion bewundert so oft das gläubige Zutrauen des andern Geschlechtes zu seiner Lehre und hat dasselbe so wenig von der Teilnahme an den Vorzügen der vernünftigen lauteren Milch seines Unterrichtes ausgeschlossen, daß er es vielmehr mit auf die Erhebung desselben und auf Befreiung von den Ketten, die es trug, angelegt zu haben scheint. Und in der Tat, wenn diese Religion in ihrer reizenden kindlichen Gestalt erscheinen will – zeigt sie sich nicht in Kindern und ihren Pflegerinnen, den Weibern? Weibliche Herzen sind, wenn ich so reden darf, mit den Lehren dieser Religion gleichsam amalgamiert; denn in Wahrheit, die höchste Stufe der Menschheit ist nicht spekulierende Vernunft, nicht Philosophie allein, sondern ein gewisses Etwas, das, wenn es Regierungskunst heißt, eine Kunst ist, der die Natur selbst sich unbedenklich unterwirft. – Ein kühler Trunk kann Lebensgeister zu der Wohnung, die sie fast schon verlassen hatten, zurückrufen, kann aber auch ein Gift für den erhitzten Wanderer werden: Das Schwert, das uns beschützt, wird leicht unser Mordgewehr. Die gebildete Freiheit, die sich so sehr von der unregelmäßigen und von dem höchsten Grade derselben, der Zügellosigkeit, unterscheidet, könnte *christliche Freiheit* heißen. Und ihre Schule – ist die Schule der Weiber. – Wenn Männer mit Verzichtleistung auf ihre Stärke, die so leicht in Leidenschaft ausartet, eigentliche Christen werden und Selbstrache, Blutvergießen, alle Machtsprüche und Machtbeweise aufopfern sollen, so wähnen sie, daß sie bei diesen christlichen Tugenden ihr Geschlecht einbüßen. – Es ist schwer, Gutes zu wollen und zu tun, wenn das so leicht auszuführende Böse noch obendrein Ehre bringt. – Ich mag diesem Gegenstande wohlbedächtig nicht nähertreten. –

Überall, wo Genieflug und Kunstfleiß der Menschen hinreicht, treffen wir Weibernamen an, die um den Preis ringen. Es sind nicht Weiber, die auf einem ganz entgegengesetzten Wege ihre Eitelkeit zu befriedigen suchten, weil sie auf dem geschlechtsüblichen nicht fortkamen; sondern solche, die, von ihrem Geiste getrieben, jene Kräfte anlegten, welche die Natur ihrem Geschlechte so reichlich und täglich gespendet hat. Welch eine ehrenvolle Stelle nimmt *Anna Comnena* unter den byzantinischen Geschichtschreibern ein! Die *große Tochter Heinrichs des Achten*, die England nicht durch das Parlament regierte, sondern deren Wink für dieses Staatsgesetz war, vor der es die Knie beugte, die, wenn sie gleich nicht den stolzen *Philipp*, so doch seine unüberwindliche Flotte überwand, hat eine ihr würdige Geschichtschreiberin an der *Keraglio* gefunden. In den Jahrhunderten der Unwissenheit, wo tiefe Mitternacht die Völker Europens von einem Ende bis zum andern bedeckte, wo alle Sehnen des Geistes völlig abgespannt waren, versuchte es die Nonne *Roswitha*, das heilige Feuer der Gelehrsamkeit wieder anzuzünden. Die *Dacier* und die *Reiske* taten sich durch Sprachkenntnisse hervor; und wie viele machten sich nicht in England, Frankreich und Deutschland durch Schriftstellertalente berühmt! Wem sind die Namen einer *Macaulay*, einer *Genlis*, einer *Sevigné*, einer *la Roche* unbekannt?

Weiber entdeckten nichts, erfanden nichts. Es gab unter ihnen keinen Newton, keinen – – –

Und warum? War es nicht ein Ungefähr, das von Anbeginn unter Menschen Erfindungen zustande brachte? Schien nicht die Natur bei allen menschlichen Erfindungen sich den Hauptteil zu reservieren? Legte *sie* nicht dies beste Brot vor das Fenster? Wurden jene Entdeckungen und Erfindungen nicht den Erfindern und Entdeckern in die Hand gespielt? Lag es an Weibern oder an der ihnen verweigerten Gelegenheit, wenn sie hier zurückblieben? – Man räume ihnen Kanzeln und Lehrstühle ein, und es wird sich zeigen, ob sie (der schuldigen Achtung für *Paulus* unbeschadet, welcher nicht will, daß die Weiber in der Gemeine sich sollen hören lassen) nicht ebensogut unsere Überzeugung zu gewinnen wissen. Ohne allen Zweifel werden sie sich einen noch leichteren Zugang zu unserm Herzen bahnen. Schon sind uns hier die Quäker mit ihrem Beispiele vorgegangen. Die Predigten der Weiber würden sich zu den Predigten vieler unserer Seelenwächter sehr oft verhalten wie die von *Bourdaloue* zu denen von einem Stümper seiner Zeit: Wenn dieser predigte, ward *gestohlen;* wenn jener auftrat, ward *wiedergegeben.* So wie es bei Körpern eine Ansteckung gibt, so auch bei Gemütern und Seelen; und wenn es allgemein nicht unrichtig ist, daß schon in den *Augen* Tod und Leben liegt und daß gewisse Leute vermittelst derselben beides, töten und lebendig machen, können: so ist dies besonders der Vorzug der Weiber. – Die ganze Zauberei scheint sich aus den Augen herzuschreiben. – Auge und Atem sind die Seelenvokale der Liebe und des Hasses; und wer versteht die Augensprache besser als die Weiber? Sie können vermittelst derselben lange Reden im Zusammenhange halten; und wer ist, der von dieser Beredsamkeit nicht ein Zeugnis abzulegen imstande wäre? – Sind es aber bloß die Augen, die bei den Weibern reden? Das ganze Leben der Weiber bestehet mehr im Reden als im Handeln: ihre Reden sind gemeiniglich Handlungen; und wenn wir einen Mann verachten, dessen Leben eher ein Lexikon als eine Geschichte vorstellt, so ist dies nicht der Fall bei dem schönen Geschlechte, das gewaltig spricht. – Das Leben eines Weibes würde ein Konversations-Gemälde sein – wie bewunderungswert ist es, selbst in anscheinend unwichtigen oder sogenannten Nebenfällen! Was Weiber *sagen*, fließt oft weit mehr aus ihrem Herzen als das, was Männer *tun;* und so haben ihre Reden für den denkenden und empfindenden Menschen auch oft mehr Interesse als viele Handlungen der Männer. Durch Reden kann man, wenn ich mich so ausdrücken darf, seinem Gedankengemälde ein gewisses Kolorit mitteilen; und wie viele Nuancen gibt es hier, wenn man bloß bei seinem Herzen Unterricht nimmt! Man sollte fürchten, daß Weiber, an Toiletten gewöhnt, ihre Gedanken und Empfindungen an diesem Altar durch Putz verderben würden. Nein, diese Seelen-Toiletten überlassen sie gern unserm Geschlechte! – Selbst wenn viele unter ihnen von Amts und Geschlechts wegen Musterkarten des modischen Putzes und der gang' und geben Hofeitelkeit werden müssen, verändert ihr Ausdruck nicht seine Natur; Milch und Honig bleibt ihre Rede – Heißt Genie Weisheit? Wörterkram und Sophisterei Vernunft? Alles, was nicht auf gesunden Menschenverstand und moralische Religion berechnet werden kann, ist nicht wahre Weisheit und echte Vernunft. Falsche Perlen und Glanzgold, womit Weiber ihren Körper schmücken, überlassen sie in Hinsicht des Geistes den Männern. – Die tiefste Wahrheit kann in eine Volks-Idee gekleidet werden, und eine Wahrheit, die kein *Sokrates* in das gemeine Leben bringen kann, ist nicht viel mehr als Sophisterei, womit man seinen Kopf nicht verderben und sein Herz nicht verfälschen sollte. – Weiber sind geborne *Protestantinnen* und haben die Religion der Freiheit, die Anweisung, Gott im Geist und in der Wahrheit anzubeten. Bei dem systematischen Gerüste der Religionslehren finden sie kein Interesse, und schwerlich werden sie je durch Doktorhüte in der Gottesgelahrtheit gereizt werden. Sie legen es nicht darauf an, Gottes Existenz zu erweisen; vielmehr sind sie dem Neumonde von Philosophie anverwandt und zugetan, der den unerweislichen Gott für ein Postulatum der Vernunft erklärt, weil es zu unserer Glückseligkeit notwendig ist. »Wer gewisse Dinge erweisen will«, sagte *Frau v.* **, »zweifelt entweder selbst oder will den Zweifeln anderer mit Höflichkeit zuvorkommen.« Ein teures wahres Wort –! Das Minimum von Glauben, ein Glaubens-Senfkorn, und die Vorstellung von der Möglichkeit der Existenz Gottes ist hinreichend, um *alles* aus uns zu machen, was aus uns gemacht werden kann, und unsere Tugend menschenmöglichst untadelhaft und rein darzustellen in der Liebe. – Der Zweifel anderer, besonders in gutem Geruch stehender, kluger Männer verwickelt oft wider Denken und Vermuten (könnte man nicht sagen: wider Verstand und Willen?) in Zweifel. – Weiber haben Gott im *Herzen;* und da sie wohl wissen, daß wegen der zweckvollen Einrichtungen der Natur die Grundursache als verständig gedacht werden muß, so kümmert es sie nicht, wieviel oder wie wenig die spekulative Vernunft zu diesem Glauben beitrage. Der moralische Beweisgrund (er verdiene den Ehrennamen *Beweis* oder nicht) wirkt in ihnen einen lebendigen Glauben. Wie viele haben Gottes Existenz tapfer demonstriert und durch ihr Leben diese Demonstration noch tapferer widerlegt! – Seinen Willen tun, bleibt der beste Beweis, daß er sei. Das größte Problem ist, den Menschen den *Willen* beizulegen; an *Einsicht* fehlt es ihnen weniger. *Franklin*, ein Mann, desgleichen weder das griechische noch das römische Altertum aufzuweisen hat, sagte: »Gäbe es einen Gottesleugner, er würde sich beim Anblick von *Philadelphia*, einer so wohleingerichteten Stadt, bekehren«; und die Erde, *diese große Stadt Philadelphia*, sollte soviel nicht über den Gottesleugner vermögen, sobald er aufhört, alles nach seiner eigenen kleinen Elle zu messen? Nicht auf unsere Meinungen, sondern auf das kommt es am Ende an, was diese Meinungen aus uns machten. – Das Glück der Unschuld, die Würde der Natur, der Drang nach Freiheit, die Freude eines stillen Lebens, der hohe Wert der Kunst, sich in sein Schicksal zu finden, sind Hauptgegenstände der Weiber. Wie man aus dem Umgange den Menschen kennt, so bestimmen seine Lieblingsgegenstände seinen Verstand und seinen Willen. – Jene Verschiedenheiten des Ausdrucks, jenes Zurückhalten ist bei Weibern nicht wie bei uns Heuchelei; um alles würden sie gewisse Dinge nicht sagen, einer gewissen sittlichen Reinheit der Sprache nicht ungetreu werden und in plumpe Zweideutigkeiten und Zoten fallen, wenn auch diese Sittsamkeit und Enthaltung weniger Reize hätte. Die Keuschheit des Körpers ist mit der Keuschheit der Seele und der Sprache in genauer Verbindung. – Weiber kennen sowenig die Regeln als die Grenzen der Sprache, überschreiten die ersteren und erweitern die letzteren. – Wie manche glückliche Bereicherung hat die Sprache ihnen mittelbar zu danken! Das Mittelmäßige kann im Geschlechte gar nicht aufkommen; was sich unterscheidet, ist vorzüglich. – Sie reden zwar noch, wenn sie schweigen;

keiner ihrer Blicke ist sprachlos; ihre unartikulierten Ausdrücke der Leidenschaften, wodurch Menschen tief in das Herz der Menschen dringen, sind unüberwindlich –: allein, wer ist beredter als sie, wenn sie wirklich sprechen! Jene sprachlose Beredsamkeit kann weiter niemand als sie auf Worte bringen und übersetzen. Männer sagen oft nichts, wenn sie zuviel sagen, so wie man nichts beweiset, wenn man zuviel bewiesen hat. In den Worten der Weiber, auch wenn sie überfließen, liegt Absicht, Gewicht und Nachdruck. Auge und Sprache sind ein Herz und eine Seele, und Weiber haben nicht nur in ihrem Blick, in ihrem Auge und auf ihrer Zunge Hölle und Himmel, Leben und Tod, Wohl und Wehe; sondern selbst ihr Hören ist von der äußersten Bedeutung. – Sie hören anders als wir; und wer kann den Einfluß leugnen, den das Gehör auf unsere Rede behauptet? – Ich kenne einen schwer beamteten vornehmen Mann, der in dem Rufe steht, daß er alle Menschen höre; auch hört er wirklich alles, was sich in seinem Vorzimmer hören lassen will; und doch klagt alle Welt, daß er nicht höre – entweder ist er zerstreuet oder unfähig zu verstehen. Es gibt eine moralische Taubheit bei dem besten physischen Gehör. – Man kann gütig und gerecht, unfreundlich und zuvorkommend hören. – Der schüchterne bescheidene Jüngling zieht aus dem geneigten Gehör seines Beschützers Mut und Leben, und man kann abhören, anhören, aufhören, aushören und beim Hören in eine Art von Horchen fallen, welches durch das Ohrenspitzen in Verlegenheit, wo nicht gar in Verwirrung setzt. – Weiber sind Meisterinnen in der Kunst zu hören, Original-Hörerinnen, und ich weiß nicht, ob sie im Hören oder im Sprechen stärker sind. Es ist leichter, mit dem Publico als mit dem Zirkel fertig zu werden, worin man lebt, wenn dieser Zirkel aus witzigen Weibern besteht; und nicht der Männer, sondern der Weiber halben bleib' ich anonymisch, so sehr auch meine Schrift den Weibern das Wort zu reden scheint. –

Die Weiber sind viel zu sehr Kenner des menschlichen Herzens, als daß sie nicht wissen sollten, auch die verborgensten Falten desselben auszuspähen, Leidenschaften zu erregen oder dem Ausbruche derselben zuvorzukommen. Wer weiß mehr als sie, ihre Wut zu besänftigen, je nachdem es ihre Absichten erfordern! Und gewiß würde es ihnen auf dieser Bahn besser glücken als den berühmtesten Demagogen. *Rom* würde vielleicht bald nach seiner Entstehung wieder in sein voriges Nichts zurückgefallen sein, wenn die neuen Römerinnen sich nicht ihrer Räuber angenommen und die entrüsteten Sabiner beruhigt hätten. Was wär' aus *Coriolans* Vaterstadt geworden, wenn die Mutter den Sohn nicht besänftigte? Ohne den römischen Stolz und die edle Aufforderung eines Weibes *(Margarethe Herlobig)* wäre der Schweizerbund vielleicht nie zustande gekommen. – Die Überredungsgabe eines Weibes übertrifft alles, was Kunst je geleistet hat. Und ihre Lehrmethode? In Wahrheit, Weiber sind äußerst lehrreich: sie sind so große Lehrerinnen als Erzieherinnen. Wer Weiber bloß auf Gefühle und Empfindungen reduziert, kennt weder Gefühle, noch Empfindungen, noch die Weiber. Oder wie, lehrt das Herz etwa den Kopf? Verleihet das Gefühlsvermögen dem Erkenntnisvermögen evidente Gefühle zum Vergleichen und zum Entscheiden? Stammt das moralische Gefühl, wenn es anders ein wirkliches Etwas sein soll, nicht aus der Vernunft? Muß nicht der Kopf dem Herzen Grundsätze so eigen machen, daß es die Achtung für das Gesetz als Gewohnheit, als Gefühl ansieht? – Das Herz, unbelehrt von der Vernunft, kann wenig oder nichts ausrichten; es muß geistig gerichtet sein. Wenn der Philosoph, der Wortführer der Vernunft, nicht wäre, was würde der Dichter, der sich nach dem Haufen richten und selbst zu Volksunarten sich herablassen muß, Gutes stiften? Der Dichter muß seine Weihe im Tempel der Vernunft erhalten und die süßesten Gefühle an Grundsätze knüpfen, wenn er unsterblich sein will. Weiber verstehen jene Chemie, die man die höhere nennen könnte, Grundsätze in Gefühle aufzulösen und das, was der theoretische Hexenmeister der Philosophie in schweren Worten ausdrückt, zur Leichtigkeit einer Gewohnheit zu bringen. – Weiber haben Sitten, Männer Manieren: diese werden durch Erziehung erworben, durch Nachahmung erlernt, durch Umgang mitgeteilt; jene hangen von Herz und Vernunft ab. Man sagt, Weiber wären kärglicher in ihren Wohltaten und an sich und von Natur geizig. Nicht also; ihre Neigungen des Wohlwollens entstehen aus Grundsätzen, nicht aber aus dem vorübergehenden Rausche des Mitleidens, wie es sehr oft bei uns der Fall ist. Seht, wie schön wissen sie selbst bei angestammter Etikette, bei den patentierten Manieren noch zu modifizieren! Auch sogar bei der Liebe halten sie sich nicht an das Formular und an die Agende. – Wir haben unsern *Kubach*, und alles ist in *bekannter Melodie*. – Von Weibern könnte man sogar sagen: *sie lieben insgesamt, doch jede liebet anders*. – Zur Hoffnung haben sie eine außerordentliche Anlage; überall wollen sie Aussicht: ein Garten, der sie ihnen raubt, ist ihnen ein Gefängnis. – Die gnädige Frau ist in guter Hoffnung, heißt: sie wird bald Mutter werden. – Wir wollen alles fröhlich um uns haben, wenn *wir* es sind, und legen diese Fröhlichkeit un-

serm Zirkel so nahe, daß, er mag wollen oder nicht, er einstimmen muß. – Weiber machen alles fröhlich, wenn sie es sind. Alle ihre Feste sind Erntefeste, Laubhüttentage, welche die Natur geheiligt hat; bei den unsrigen werden Kanonen gelöst – sie können sich ohne Tafelmusik behelfen. (Der leibliche, geistliche und ewige Tod aller Unterhaltung.) An Gott denken, heißt ihnen Andacht; an sich denken, heißt ihnen sterben lernen, und philosophieren sich verlieben; und wer so denkt, der denkt wohl – wer so handelt, ist nicht auf unrichtiger Bahn. –
Sprachen sieht man nicht ohne Grund als den Schlüssel zu dem Magazin aller Kenntnisse und alles Wissens an, und eine jede Sprache, die wir erlernen, ist ein Schatz des Wissens, den wir fanden. Sprachen zu lehren, wird ein besonderes Talent erfordert, welches seltener das Teil und Erbe der Männer als der Weiber ist. Unsere seitherige Schulmethode, Sprachen zu lehren, ist gewiß nicht von Weibern erfunden; denn kaum würden diese mit der Grammatik den Anfang gemacht haben. Seht da den Lehrer, der es sich Lastträgermühe kosten läßt, Kindern begreiflich zu machen, warum der Römer die Wörter in seiner Sprache so und nicht anders aufeinander folgen ließ! Seht da den Schüler, der etwas begreifen soll, das schlechterdings unbegreiflich ist, solange er nicht weiß, wie die Römer ihre Sprache redeten oder schrieben. Bleibt die Kunst, eine Sprache sprechen zu lehren, nicht vorzüglich den Weibern eigen? Und sollte ihnen nicht der Sprachunterricht ausschließlich überlassen werden? Gedächtnis, Einbildungskraft und ein gewisser Geist für das Detail scheinen, wenigstens solange sie wie jetzt sind, vorzüglich ihr Eigentum zu sein. Gibt es viele Beispiele, daß man bei einem Sprachmeister die französische Sprache mit Fertigkeit

sprechen lernte? Wer nicht ihretwegen eine Reise nach Frankreich tat, lernte sie von Mutter oder Gouvernantin. Kaum hat der Mann angefangen, Materialien zu begreifen und anzufassen, so will er schon zusammensetzen, generalisieren, Kapitalien machen – allmählich zu sammeln, dauert ihm zu lange. –

Wer kann den Weibern ein gewisses Kunstgefühl absprechen? Und scheint nicht weniger der Mangel an Anlagen als ihre seitherige Lage schuld zu sein, daß sie so wenig Vorzügliches in den schönen Künsten und Wissenschaften leisteten? An dem reizenden Schauspiele ringender, wenngleich oft auch unterliegender, Kräfte ist uns zuweilen mehr als an der Entscheidung und an prahlenden Siegen gelegen; und schlummert nicht zuweilen auch selbst der große *Homer?* Werden nicht selbst sehr wache Augen vom Schlaf überwunden? Schläft nicht zuweilen *Brutus?* Schöne Künste und schöne Wissenschaften erfordern einen weiten Spielraum, leiden keinen drückenden Zwang und gedeihen nur da, wo der Geist, sich keiner Fesseln bewußt, das Gebiet der Einbildungskraft, jenes Reich der Unsichtbarkeit, durchkreuzen kann. Auch bei der größten Empfänglichkeit für schöne Formen und Gefühle, auch bei der glücklichsten Organisation wird, solange der jetzige Druck dauert, nichts Großes, nichts Vollendetes das Teil der Weiber sein; ebensowenig wie der Griechen, die bei den nämlichen Anlagen, bei dem nämlichen milden Himmel nie etwas den unerreichbaren Meisterstücken ihrer Vorfahren Ähnliches hervorbringen werden, solange ihr Nacken noch in das eiserne Joch der Türken eingezwängt bleibt. Wie wär' es möglich, daß das weibliche Geschlecht, solang' es im Käficht eingeschlossen ist und ein schnödes Vorurteil seine Flügel lähmt, sich in die höheren Regionen

aufschwingen sollte? Die Seele pflegt schwach zu sein, wenn der Leib es ist, und Sklaverei erlaubt ihren Gefesselten keinen Flug eine Spanne hoch über die Erde. Doch zeigten *einige*, daß sie eines Geistes Kinder mit Männern wären; und irre ich mich, oder ist es gewiß, daß sie weniger nach jedem Fünkchen eines fremden Lichtes haschten, um es aufzufangen, als wir? Mit geübterem Verstande, mit geschärfterer Empfindung, mit reicherer Phantasie, mit festerem Charakter werden sie reifere Früchte bringen und in dem Felde des Schönen, auf das sie ohnehin schon unleugbare Ansprüche haben, Taten tun – wert der Unsterblichkeit. Man klagt nicht ohne Grund, alle Oberideale wären mit dem Heidentume verlorengegangen; und da die ins Große gehende Kunst ohne Ideale nicht bestehen könne, so schiene es, als ob unsere Dichter und Künstler sich nicht über die gemeine und wirkliche Natur zu erheben imstande wären. – Vielleicht ist es dem schönen Geschlechte vorbehalten, sich hier neue Bahnen zu brechen und mit neuer, verjüngter Einbildungskraft zu schaffen, was verlorenging, ohne dem Segen der größeren und heilsameren Wahrheit der christlichen Religion, welche für alle jene Ideale durch ihren weisen und beglückenden Einfluß entschädiget, zu nahe treten zu dürfen.
Unser Geschlecht hat Gelegenheit, so viel von der Prosa der wirklichen Welt kennen zu lernen, und dünkt sich, die Wahrheit zu gestehen, in derselben so gewaltig viel, daß es nicht umhin kann, der wirklichen Welt, so *herrlich* und *schön* sie auch ist, keinen poetischen Stoff zuzutrauen. Unzufrieden mit Menschen, spricht es: »Laßt uns Götter schaffen, ein Bild, das uns gleich und doch Gott sei!« – Und da wird? Seht doch, seht! ein Himmel voll Ganz- und Halbgötter, alle zusammen nicht wert, einen einzigen

wackern Kerl abzugeben. An den himmlischen *Harem* mag ich gar nicht denken, der gewiß noch weit weniger ein einziges braves Weib aufwiegt. – Wozu der Götterunrat? – Märchen, sie mögen nun Volks- oder Helden- und Staatsmärchen sein, gehören, sagt man, für das Kinder- und Greisenalter; wer wird indes diesen Spielen der Einbildung nicht gern Gerechtigkeit erweisen, wenn sie zum Ernste der Wahrheit leiten und von der Vernunft die vollzähligen Weihen erhalten haben? wer die Imagination nicht ehren, wenn sie bei allen ihren Avantürier-Eigenschaften ein Sprößling der Vernunft ist? – Nur tut unser Geschlecht zu oft so äußerst notgedrungen, eine Abschweifung in das Reich der Möglichkeit machen zu müssen, obgleich von der lieben Wirklichkeit noch soviel in Rückstand ist; nur will es zuweilen höchst unzeitig die Einfälle aus dem Reiche der Einbildung zu Gesetzen in der Sinnenwelt, die vor uns liegt, tausendkünsteln; nur macht es sich kein Gewissen daraus, die hehre und mächtige Religion der Vernunft, welche sich bescheidene Flügel beilegt, mit aller Gewalt zu überflügeln und, ohne sich mit ihr und der Volksreligion zu berechnen, bloß auf Vergnügen auszugehen, wo sich doch die Vernunft ihren Aufsehersitz und ihre Stimme nicht nehmen läßt. Hier ist Stoff zum *neuen Himmel* und zur *neuen Erde.* Und sag' ich zuviel, wenn ich behaupte, daß dem andern Geschlechte hier noch ein Richtsteig vorbehalten ist und Palmen, die nicht etwa im dritten Himmel zu brechen sind, wo man zu unaussprechlichen Worten entzückt ist – sondern nicht fern von einem jeglichen unter uns? Genug, wenn seine Dichtkunst das Herz nicht verfehlt, wenn sie von Herzen kommt und wieder zu Herzen geht. Was soll ein wildes Feuer? Ein heiliges ist sein Ziel. Nie wird es sich erlauben, mehr anzulegen, und wär' es Zedernholz, als nötig ist, und um die Wette wird seine Dichtkunst mit der Kultur Leidenschaften zu lenken und zu zähmen sich bemühen – der edelste Beruf der Vernunft und der Dichtkunst! Grundsätze, welche die Vernunft im Allgemeinen lehrt, macht Dichtkunst durch treffende Beispiele anschaulich. Wovon die Vernunft innerlich überzeugt ist, das stellt die Dichtkunst in Lebensgröße unsern sittlichen Augen dar und bringt ein unaussprechliches Vergnügen zustande, das einzige, das wir durch kein Opfer erringen dürfen – und das immer mit in den Kauf geht! – Wie, dieser heilige Geist sollte nicht über das andere Geschlecht ausgegangen sein? Diese Gaben hätt' es nicht empfangen? Oh, ihr Kleingläubigen – als ob der Pegasus bloß für Männer wäre! Dies so überaus gute Tier, das sich soviel gefallen läßt, sollte keinen Quersattel vertragen? Sollte dieses Vorurteil nicht zu übersiebnen sein? Allerdings. Wie herrlich sind jene weiblichen Explosionen, die Lieder der Liebe der *Sappho*, die selbst auch in Deutschland mehr als neun Schwestern hatte, von denen eine der vorzüglichsten *(Karschin)*, nachdem ihr der Dichter *Friedrich II.* vier Gulden verehrt und *Friedrich Wilhelm II.*, der kein Poet ist, ein Haus hatte bauen lassen, unlängst zu ihrer älteren Schwester heimging. – Darf ich mehr als *Elisen* nennen, um *ihren Kopf* und *ihrem Herzen* den Rang beizulegen, der beiden gebührt – und der durch eine exemplarische Bescheidenheit noch mehr gewinnt? – *Angelika Kaufmann*, die Schöpferin schöner Formen, und mehr ihresgleichen waren und sind Malerinnen. Der Vorwurf, den man der *Angelika* macht, daß sie männliche Gesichter zu weibisch male, ist nicht ohne Grund, vielleicht nimmt sie hierdurch an unserm Geschlecht eine heimliche Rache. Man sagt:

Weiber würden nie Meisterinnen im Porträtieren. Daß ich nicht wüßte; *ra** trifft zum Sprechen – zum Hören. Wär' es in der Regel der Fall, so würd' ich es mir aus dem Umstande erklären, daß sie immer Züge aus ihrer trefflichen Seele hineinzeichnen, so wie Maler der *Venus* Züge von ihren Weibern und Töchtern verehren. – Malerinnen würden in dem Grade die Seelen der Männer in ihren Porträten verschönern oder verklären, wie Maler die Gesichter des andern Geschlechts schminken. – Ist es, weil die Männer von der Natur entfremdeter sind als die Weiber; oder hat die Natur wirklich zu dem andern Geschlechte mehr Vorliebe und Zutrauen; oder macht es die Seltenheit, daß die Männer, weil sie zu wenig in die Heiligtümer der Natur kommen, nicht recht wissen, wie sie mit ihr daran sind? Ich weiß es nicht. Wer kann indes unter den Männern, er sei Dichter oder Maler, im Wonnegefühl der Natur, in der Fülle ihres Genusses darstellen, was er empfindet? – Wer erliegt nicht unter der Gewalt alles Erhabenen und Schönen, das ihm zuströmt und ihn entweder in einen Schlummer einwiegt oder ihn so angreift, daß er den zu großen Eindruck nicht umfassen und entwickeln kann. Der Schlummer ist ein Beweis der Schwäche; und auch aus zu großer Spannung wird man ohnmächtig. Diese Lagen (sowohl die Schlummer- als die Spannungslage) darzustellen, ist manchem unter den Männern so vortrefflich geglückt, daß, da alle geneigten Leser sich getroffen fanden, diese Darstellungen als Meisterstücke bewundert wurden. Man erstaunte, daß die Kraft der Kunst in dieser Schwachheit so mächtig war! Hat sich das Feuer des Eindrucks gelegt, ist man aus einem entzückenden Schlafe erwacht, so malen wir aus dem Spiegel der Zurückerinnerung, und die Natur hat nicht Ursache, diese Kopien für viel weniger als Originale zu halten. – Es sieht wie aus der ersten Hand aus, ob es gleich eigentlich aus der zweiten ist. Weiber können im vollen Genusse der Natur diesen Genuß beschreiben; auf das innigste in sie verwebt, verlieren sie den Ausdruck nie; sie scheinen ein Herz und eine Seele mit der Natur zu sein, und da sie weder zu hoch gespannt sind, noch in süßen Schlummer versinken, so gebricht es ihnen bloß an Dreistigkeit, um ihren Naturgenuß auch andere durch Darstellung genießen zu lassen. – Sie können im ersten Feuer arbeiten, wenn wir uns zuvor abkühlen müssen. Gewiß hätten wir manche weibliche *Ossiane*, wenn wir es wollten; und was wäre unsere *Karschin* geworden, wenn man ihr nicht die Flügel der Morgenröte durch den Unterricht in der Mythologie beschnitten hätte! Die Originalität gedeihet nur im Schoße der Freiheit; und kann wohl die Natur durch Weiber vernehmbar sein, ehe Männer aufhören, die Weiber (diese Gefäße zu Ehren) zu bevormündern, und ehe Geist, Herz und Zunge dem andern Geschlechte gelöset werden? – Wozu dies alles führen soll? Männer wo nicht aus Pflicht, so doch aus Kunstneugierde zu reizen, daß sie den Schoßkindern der Natur die Geistesfreiheit nicht länger vorenthalten, ihre Kräfte nicht weiter unterdrücken und ihre Vernunft durch unzeitige Blödigkeit nicht vor wie nach zurückhalten. Die Dichter, die Helden, die Weisen der Vorzeit sahen keine andere Sonne, erblickten keine andere Natur als wir. Jene göttlichen Natureingebungen, welche die Uralten hatten, können wir noch neutestamentlich aus Hand und Mund der Weiber mit Danksagung empfahen.

»Musik?« So unbestritten die weiblichen Talente für die Musik sind, so wird ihnen doch der Vorwurf gemacht, daß

sie noch keine Obermeisterin in der Komposition aufweisen können. Es fehlt ihnen ohne Zweifel auch hier an Mut, um zu dieser Obermeisterschaft zu gelangen; schon befriedigt, wenn sie Kompositionen der Großmeister unseres Geschlechtes mit Empfindung ausdrücken, begnügen sie sich mit dem zweiten Range. Das Lied indes kann wörtlich so im Dichter stehen; die Noten können genau getroffen sein: und doch wird oft weder Dichter noch Komponist sein Werk wieder kennen, wenn es ein Weib singt oder spielt – dies haucht ihm eine lebendige Seele ein. *Schaffen* ist gut; *erhalten* nicht minder. – Möchten Weiber immer beim zweiten Range bleiben, wenn nur nicht ein neuerer Reisebeschreiber auch von Kastraten bemerkt hätte, daß nie jemand unter ihnen ein großer Komponist gewesen sei. Sollte diese Bemerkung Kastraten und Weiber mit Recht treffen, so ist die Ursache bei beiden unendlich verschieden. Kastraten können nichts schaffen; Weiber dagegen sind die eigentlichen Erhalter und Mitschöpfer. – Bei dem gegenwärtigen Druck, worin die Weiber sich befinden, legen sie es bloß darauf an, alles, was sie verstehen, faßlich und begreiflich zu machen, und das, was wir schwer ausdrückten, zu erleichtern und in Umlauf zu bringen. Sie ebenen die Wege, verstehen den Strahl der schwersten Ideen zu reflektieren und zu vervielfachen, das Abstrakteste verständlich und deutlich darzustellen und dem Verachteten aufzuhelfen, so daß sie allen Wissenschaften einen unleugbaren Vorteil gebracht haben könnten, wenn man sie zum Meister- und Bürgerrecht ohne männliche Geburtsbriefe zugelassen hätte. Die Behauptung, daß es keine Synonyme in der Sprache gebe, beweisen sie meisterlich, wenngleich das Buchstabieren (eine wirklich männliche Sache) sie wenig bekümmert. Das negative *Un* wird von ihnen, so wie die Null im Rechnen, oft so geschickt zum Verstärken des Ausdruckes gebraucht, daß man über ihre Feinheit und Geschicklichkeit, womit sie bei Ohr und Verstand alles ins Reine bringen, erstaunen muß! Von Weibern muß man reden, von Männern schreiben lernen. – Sind Weiber schon jetzt, da sie bloß geduldet werden und vermittelst Konzessionen und Begünstigungen arbeiten, von dieser Seite so schätzbar: was könnten sie leisten, wenn sie nicht länger so unwürdig von dem edlen Wettkampfe ausgeschlossen würden! Es ist eine nicht unrichtige Bemerkung, daß verdorbene Beredsamkeit verdorbene Sitten verrät. Da man aber in dem schönen Geschlechte tausend Lippen findet, die vom Honigseim einer überzeugenden Beredsamkeit überfließen, so kann es mit Recht von ihnen heißen: wessen das Herz voll ist, geht der Mund über. Der Unterricht legt es nicht geradezu darauf an und kann es nicht darauf anlegen, aus allen Schülern Meister zu bilden. Auch bedarf es in der Erziehungsfabrik nicht lauter Meister. Sie bildet Gefäße zu Ehren und zum Haus- und Kammergebrauch; sie beschäftiget Meister, auch die es *secundum quid* sind, an der Drehscheibe. So ist der Lehrer schon geschickt, wenn er das Mechanische der Kunst und die Methode weiß, jenes dem Lehrlinge beizubringen. Hat man nicht Meister gehabt, denen es nie gelang, geschickte Schüler ihrer Kunst zu ziehen? Fehlt es nicht vielen an der Gabe der Deutlichkeit und, um ein Kunstwort anzubringen, an der Lehrgabe? Und ohne Zweifel noch mehreren an der unentbehrlichen Lehrtugend, der *Geduld*, die das männliche Geschlecht zwar in seiner Tugendliste rühmlichst mit aufzuführen nicht unterläßt, die indes unserem Geschlechte nur sehr selten eigen ist. Wir zeigen, daß in unserer Garderobe auch unmodische Anzüge sind, nicht um sie zu gebrauchen, sondern um sie zu haben; statt daß bei dem weiblichen Geschlechte Geduld das schönste Hauskleid ist, das ihm am besten steht. – Ist die Weibergeduld nicht imstande, auch aus dem unfruchtbarsten Boden Keime herauszulocken? Kann der beharrliche Fleiß der Weiber nicht selbst dem Verkrüppelten wo nicht eine schöne, so doch eine erträgliche Form geben und wenn nicht Künstler, so doch Kunstverwandte bilden? Der Vorwurf, den man den Weibern macht, daß sie Neuheit und Wechsel lieben, ist nicht ungerecht; aber nicht im Geschlechte, sondern im Druck, den wir veranlassen, liegt die Ursache davon. Das Ausdauern und Beharren ist gewiß weniger unsere als ihre Sache, wenn der Gegenstand es verdient. Wer kann Weibern jetzt ihre Flüchtigkeit übel deuten, wer ihrem Leben es verdenken, wenn es von ihm heißt, sie leben, als flögen sie davon –? Wer? – In der Tat, es wären der moralischen Karikaturen weit weniger, wenn wir uns entschließen könnten, dem weiblichen Geschlechte einen größeren Anteil an dem Unterricht und an der Erziehung einzuräumen. Und wie, haben Weiber bloß den Grazien, ihren Freundinnen, geopfert oder sind sie wirklich auch zum Allerheiligsten der Wissenschaften eingedrungen? In der Tat, sie wußten sich auch hier Eingänge zu eröffnen, Ehrenstellen zu erringen und sie mit Würde zu behaupten, ungeachtet aller Hindernisse, welche Vorurteile, Herkommen und niedere Mißgunst ihren Talenten und ihrem Eifer in den Weg legten. Es wird nicht viele Wissenschaften geben, die unter ihren Eingeweihten nicht einige Namen von Weibern zählen, welche sich mit ihnen beschäftigten, und zwar nicht bloß solche, die von der Oberfläche schöpften und zum Zeitvertreibe; nein solche, die ins Innere derselben mit Eifer und Anstrengung eindrangen, die von dieser Ambrosia der Wissenschaften nicht bloß kosteten, sondern mit dieser Seelenspeise sich sättigten bis zum Wohlgefallen. Freilich können Weiber jener *innern Freiheit des Geistes* genießen, nach welcher sie ihren *Kopf* eigenbeliebig anzuwenden imstande sind. – Wir haben ihn indes dem andern Geschlechte abgesprochen und statuieren nur sein Herz, auf das wir Rechnung machen – als ob eins ohne das andere etwas gelte! Und wenn Weiber sich auch über unser Kriminalurteil wegsetzen wollten und könnten, ist ihre selbstgewählte ruhige Geistestätigkeit vermögend, reifere und schmackhaftere Früchte zu bringen, da wir die Barbarei haben, uns an ihren Blüten zu vergreifen? – Was die Geistesfreiheit, die keine Geschäftsstörung verdirbt, bei den Weibern ausrichten könnte, wird durch den Schwall von Kunstwörtern und Kunstregeln erstickt, womit man von Männer-Seite sich wohlbedächtige Mühe gibt, die Weiber zu verwirren und verzagt zu machen, so daß sie ohne Not ermatten und sich aufgeben. – Jammer und Schade! Doch gab es einige, die den Faden nicht abrissen, die mit Standhaftigkeit sich entschlossen, zu beharren bis ans Ende; und unter diesen, welche die letzten Gelübde ablegten, fanden sich sogar solche, die sich zu Vorstehern und Lehrern im Tempel der Musen weihen ließen. – In dem bekannten Institut von Bologna lehret *Laura Bassi* die Physik und hält ihre Vorlesungen in lateinischer Sprache; und wie lange ist es, daß *Signora Agnes von Mailand* hier die Mathematik mit Beifall lehrte? Eben hier bilden *Lilli* und seine geschickte *Gattin* die Muskeln und Blutgefäße des Körpers der Natur mit soviel täuschender Wahrheit nach. Italien, dieses Land, das wechselweise soviel Licht und Finsternis über die Völker der Erde verbreitet, trägt kein Bedenken, Frauenzimmern Lehrstühle zu öffnen. Unlängst ward in Deutschland ein weiblicher Doktor kreiert *(der Doktor Schlözerin);* und würden wir wohl so zuverlässige und beträchtliche Neuigkeiten vom Firmament erhalten, wenn der unsterbliche *Herschel* von seiner ihm ähnlichen *Schwester* nicht so unermüdet in seinen Beobachtungen und Arbeiten unterstützt würde? Ärzte werden ebenso krank wie Nichtärzte, und die größten Philosophen sind nicht nur oft unweise, sondern verlieren sich zuweilen auch so in Spekulationen, daß sie nicht aus noch ein wissen. – Weiber sind sehr für innere Wahrheit; und wenn sie gleich jenes berühmte Ministerphlegma nicht besitzen, so wissen sie doch mit Kälte zu unterscheiden, was bloß trockne und was brauchbare Kenntnis ist. Wenn Salz und Laune fehlen, sind ihnen die reichstbesetzten Tische ein Greuel, und auf die Schauessen der Philosophen nehmen sie keine Einladung an. – Freund *Montaigne* geht indes zu weit, wenn ihn gelüstet zu behaupten: er habe zu seiner Zeit hundert Bauern gesehen, die vernünftiger und glücklicher gelebt (auch gedacht?) hätten als mancher Rektor auf einer Universität (Rektor – als wenn dieser das *non plus ultra* der Gelehrsamkeit wäre! *Kästner*, *Kant* und andere unserer ersten Köpfe sind Rektores, weil die Reihe sie trifft), und habe lieber *jenem* als *diesem* ähnlich sein wollen. (Immerhin, verliert die Gelehrsamkeit dadurch, wenn einige ihrer Meister nicht Weisheitsbeflissene sind?) Hat der Rektor der großen Römischen Universität, *Cicero*, so ganz Unrecht, wenn er dem Studieren den Preis über alles zuerkennt, was sonst beschäftigen kann und mag? Wie kann man mit größerem und bleibenderem Gewinne seine Zeit benutzen? Der Handarbeiter, sagt man, wendet sie an;

der Gelehrte vertreibt sie. Ei, Lieber, müssen denn nicht Feldherren sein, wo es Krieger gibt? Müssen nicht Offiziere überlegen, was gemeine Soldaten ausführen? – Durch tiefes Denken gewöhnen wir unsere Seele zu einer Art von Existenz außerhalb des Körpers; sie bereitet sich durch eine kleine Reise nach *Rekahn* zu einer *Cookschen* vor, durch einen Weg über Feld zu einem andern – der uns allen bevorsteht. Wenn *Cicero* es nicht ungeneigt nehmen wollte, daß ich seinen guten Geist bei dieser Gelegenheit schon wieder zitiere, so sollt' es seinen Ausspruch gelten, daß das ganze Leben des denkenden Mannes eine Todesbetrachtung sei. – Darf bei diesen Umständen das schöne Geschlecht Bedenken tragen, mitunter gelehrt zu sein? – Ist es aber imstande, Wissenschaften sich eigen zu machen, sie leicht und mit sichtbarem Nutzen anderen beizubringen: wie könnt' es ihm denn wohl an den Talenten gebrechen, seine erworbenen Kenntnisse auf andere Weise dem Staate zum besten in Anwendung zu bringen, sobald der Staat geruhete, den Bann allergnädigst aufzuheben, mit welchem ein barbarisches Vorurteil es seit Jahrtausenden belegt hat! Hätten jene Ritter, die unter ihren Gelübden die Verpflichtung hatten, Damen zu schützen, ihre Grenzen weiter gesteckt, wie unendlich würdiger wär' ihr Beruf gewesen! Schade, daß diese trefflichen Männer, welche, mit Ausschluß der *irren* unter den *irrenden*, die edelsten und klügsten ihres Zeitalters waren, nicht, anstatt Weiber zu schützen, sie über diesen Schutz erhoben! – Ist der Schleichhandel zu verkennen, der, aller jener Verbote ungeachtet, vom andern Geschlechte getrieben wird? Oder ist nicht vielmehr der große Einfluß sichtbar, den das weibliche Geschlecht zu allen Zeiten auf alle bürgerlichen und Staatsangelegenheiten behauptet hat? Wenn es auf große Plane ankam, die ausgeführt oder rückgängig gemacht werden sollten, waren es Weiber, welche die Hauptrolle übernahmen. Bei Weisen und Toren, Regenten und Priestern, Staatsmännern und Mönchen waren sie wirklich geheime Räte: sie gehörten jederzeit zum geheimen Ausschusse des Staatsrates, dessen Dekrete das Plenum bloß mit Kurialien versah – und dem es Sekretariendienste erwies. – Und wem ist hier ein *dirigierendes Weib*, wär' es selbst eine Maitresse, nicht lieber als Leithämmel von Kammerdienern, Hofzwergen, Heiducken usw., die ohnehin nur Substituten ihrer Weiber oder ihrer Liebchen sind? Nicht bloß mit dem klingenden Spiel und den fliegenden Fahnen ihres Witzes, nicht bloß durch den vermittelst der Ideen-Assoziation verstärkten Vortrag wissen Weiber sich Eingang zu verschaffen; ihr zur Beurteilung geschmeidiger Verstand vermag alles. – Wie manchem Tyrannen von Minister, der mit den Tränen des Volkes sein Spiel und mit Glück und Unglück der Menschen Handel trieb, der alles drüber und drunter warf, wußten sie auf eine bessere Bahn zu lenken! Weiber halten den Faden, an dem die Kabinette geleitet werden; sie mischen die Karten, mit denen die Exzellenzen spielen; und so wie neue Hindernisse neue unberechnete Kräfte erzeugen, so gelangten sie oft vermittelst ihrer Schwachheit zum höheren Grade der Stärke. – Ein sanfter gemäßigter Charakter ist dem andern Geschlecht eigen. – Die Natur verlieh ihm dazu große unverkennbare Anlagen, und nur bei wenig mehr philosophischem Nachdenken und Ausweichung der Verführung würde das schöne Geschlecht uns eine gewisse edle unempfindliche Gleichgültigkeit gegen so manches lehren, was uns jetzt so leicht außer uns setzt; und diese Gleichgültigkeit ist ohne allen Zweifel die Krone des diesseitigen Lebens. Hat die Natur nicht oft den *Corregio* an der Schönheit und Sittsamkeit übertroffen, womit er seine Frauenzimmer ausstattete? Woher nehmen Maler ihre Engelgesichter? Und was ist der Sanftmut unmöglich – ob sie gleich sich zuweilen auch rückwärts zum Ziele zu kommen verbunden sieht? Welche scharfen Umrisse, welches lebendige Kolorit geben die Weiber ihren Vorstellungen und den Charakteren, die sie darin verflechten! Gleich ihr erster Blick trifft das Ungewöhnliche bei jeder Sache, und da dies Ähnlichkeit mit dem Wunderbaren hat, an welchem die meisten Menschen so gern hangen bleiben – ist es Wunder, wenn sie oft selbst auf das tägliche Brot ein solches Licht fallen lassen, daß es feierlich wird? ist es Wunder, wenn sie das ländliche Mahl zur Würde eines hohen Festes erheben? Höhere Deutlichkeit und stärkendes Licht mit mehr Vergrößerung zu vereinigen, ist das Ziel, das sie mit so wenig Mühe und Aufwand erreichen, ob es gleich so überschwenglich wirkt. – Das andere Geschlecht nimmt in der Regel *für*, das unsrige *wider* sich ein. Jenes ist gut, bis das Gegenteil bewiesen ist; von uns heißt es: wir sind böse, bis man unser Gutes außer Zweifel gesetzt hat. Weiber haben einen *Vor-*, wir einen *Nach-*Geschmack. – Jene Runzeln, die das Alter von der Weisheit oder die Weisheit von dem Alter hat, schrekken weder ihren Witz noch ihren Verstand ab. – Und nichts, weder Verstand, noch Schönheit, noch Vermögen, macht sie schüchtern. – Dem Verstande lauern sie sehr auf den Dienst und finden bald zu ihrem Troste etwas an Lehr' und Leben der Herren Philosophen auszusetzen, worüber schwerlich etwas einzuwenden ist; und da sie geborne *Naturalisten* (im natürlichen Sinne) sind – wie leicht wird es ihnen, von *Artisten* ein Federchen abzulesen! Weit eher als wir haben sie Anlage, zu dem von Vorurteilen und Aberglauben befreiten Gebrauche der Vernunft zu gelangen – auf ein Haar wissen sie den gelahrten Weizen von der gelahrten Spreu zu unterscheiden – und den Shakespearischen Ausdruck zu deuten: »er redet eine Menge Nichts – zwei Weizenkörnlein versteckt er in zwei Bündlein Spreu«. Weiber sind dazu gemacht, den Philosophen, wenn er sich in den Spinneweben des Systems verlor (wie ein bekannter Gelehrter sich in seinem eigenen Hause, das wohl gar ein Familienhaus und vom Großvater und Vater auf ihn gekommen war, verirrte), an Stell' und Ort zu bringen und zu orientieren; sie geben ihm, wie *Ariadne*, einen Faden in die Hand und rufen jedem zu, der Länge und Breite nicht unterscheidet, der das Ruder seiner selbst eingebüßt hat: *Vous êtes orfevre, Monsieur Josse!* – Der Geist jener Philosophie, die der Übermenschlichkeit nicht wohl will, hat schon lange auf ihnen geruhet. – Wer wußte es besser als sie, daß weder praktische noch theoretische Vernunft Überzeugungen vom Dasein intelligibler, unsinnlicher Gegenstände zu verschaffen imstande ist und daß wir uns in unvermeidliche Widersprüche verirren, wenn uns beide Vernunftarten unsinnliche Gegenstände feilhalten. Weiber fühlen das Halbwahre von allem jenem, was so gern im Allgemeinen gesagt wird, und bestehen durchaus darauf, daß dergleichen Behauptungen individueller gemacht werden. – Sie handeln nach naheliegenden Motiven. – Spieler, Schiffsleute und alle, die durch Glücksfälle regiert werden, die Avantüriers nicht ausgenommen, sind zum Aberglauben geneigt – ist es Wunder, daß die Weiber es weniger als wir sind? – Die Schönheit bei einer Mannsperson gilt ihnen durchaus nichts; und wenn man den reichen Mann in Ehren hält, weil er, wenn er wollte, helfen könnte, so wissen sie wohl, daß er es nie wollen wird. – Ihre unbefangene Seele findet überall Weg und Steg; und wer nur ein fleischern Herz hat – kann der ihrer Herzlichkeit widerstehen? Die Frau eines Lichthökers hatte kein Bedenken, an der armen Seele des *David Hume* ihr Heil zu versuchen. *Hume* konnte die Seelsorge, die sie für ihn hatte, nicht anders vom innern Lichte abbringen, als daß er ihr versprach, sein äußeres Licht von ihr kaufen zu wollen. – Vom Philosophen *Terraston* sagte *Madame de Lassay:* nur ein Mann von Witz könne ein solcher Tor sein; – und wär' es historisch richtig, daß *Karl XII.* an den Senat geschrieben hätte: »ich will euch meinen Stiefel schicken, dem ihr gehorchen sollt«, so würden die Weiber der Herren Senatoren laut gelacht haben. – Was doch kluge Weiber von dem weltberühmten Prozesse des Ehrenmannes *Hastings* denken mögen, der für die Papiermüller allein schon so viele Sporteln abwirft! Nie konnten sie sich des Lachens oder des Weinens über die jetzt sanft und selig entschlafende Pariser Polizei enthalten, welche weiland Farcen und unmenschliche Trauerspiele unter dem Scheine der Wachsamkeit und Obhut aufführte. – Wie war es möglich, in, mit und unter dieser elenden Polizei sich Ausnahmen von der Wahrscheinlichkeit der menschlichen Wachsamkeit zu denken! »Hier sind wir alle entweder Fürsten oder Dichter«, sagte *Voltaire*, als er sich bei einem Fürsten zu Tische setzte; und das ist der eigentliche Ton eines Weibes. – Sie sind nicht für Gemäldeausstellungen, wo denn doch auch gegen einen Kenner zehn Schuster sich einfinden, die über den Leisten gehen; sie wirken zwar im Stillen, doch wirken sie am liebsten ins Allgemeine, wie die Natur, ihre Schutzgöttin. – Oder kann man dies etwa nicht anders, als wenn man Kanzeln und Rednerstühle ersteigt? In der allgemeinen und sichtbaren Kirche gibt es Lehrerinnen so wie Lehrer, ohne daß beide examiniert und ordiniert sind. – Es ist dem andern Geschlecht eine schonende Gutmütigkeit im historischen Urteil eigen; doch verstehen es Weiber, ein Faktum so wie einen Menschen (immerhin so verwickelt als möglich) aufzulösen und zu konzentrieren. Auch können sie jenen Totaleindruck, den Faktum und Mensch auf sie machen, andern mitteilen, welches uns schwerer wird. – Glückseligkeit ist, so wie Wahrheit und Gottheit, eine Einheit; diese Einheit in allem herauszubringen, ist eine hohe Weisheit, und, wir wollen gerecht sein – sie ist den Weibern eigen. Bei uns wird oft eine Sache, die auch anders scheinen kann, die diesem oder jenem Sonderlinge wirklich anders vorkam, gleich zum Gegenstand eines gelehrten Streites. Da haben wir denn eine extrafeine Geschicklichkeit, die Zweifelsgründe bald zu verstecken, bald wieder sichtbar zu machen, ihrer Größe eine Elle zuzugeben oder abzunehmen, und die Entscheidungsgründe mit denselben so abzuwägen, daß, wenngleich, besonders bei dem Faktum, die beiderseitigen Wahrscheinlichkeiten einander ziemlich gleich sind, doch die Schale, je nachdem wir wollen, steigen oder sinken muß. – Das andere Geschlecht liebt keine Spielgefechte mit einer langen Linie aufgestellter und überwundener Argumente. – Eins ist ihm not. Nie wird es das Publikum mit Sophismen äffen: es verliebt sich bei weitem so leicht nicht wie wir in eine Idee, die im Grunde keinen Gegenstand hat; allein es fürchtet auch dergleichen Gespensterideen weniger als wir. – Gelehrte und witzige Leute (Gelehrte in dem Sinne der gelernten Gelehrsamkeit genommen), blind verliebt in den Gegenstand, dem sie nachjagen, verargen sich auf diesem Wege kleine Unrichtigkeiten nicht. – Alle Menschen sind Lügner, heißt es in der Schrift; Weiber sind hier wachsamer und peinlicher. – Man sagt: starke Wahrheiten wären nur für gute Köpfe (so wie starke Getränke nur für echt nervige Menschen sind), schwache würden schwindelig. – Man mache mit Weibern den Versuch, und wir werden finden, daß es keine Wahrheit gibt, die ihr Kopf nicht ertragen könnte; sie wollen so weit wie möglich. – Wir glauben zu leicht, daß unser Plan regelmäßig organisiert sei; die Weiber sind leichtgläubiger bei der Ausführung. – Sie fürchten nichts Hohes, nichts Niedriges, nichts was Unwissenheit oder Gelehrsamkeit, Witz und Unwitz, Verstand und Unverstand vermögen; wäre ihnen die ausübende Gewalt anvertrauet – sie würden sicher mehr leisten als wir und, wenn sie sänken, es wie der sterbende *Sokrates* machen, der, als er seine Füße durch Gift schon in Leichnam verwandelt fühlte, sie streichelte und mit lachender Stirne sagte: so nahe grenzen Vergnügen und Schmerz aneinander; – oder wie *Seneca*, der Wasser mit seinem Blute vermischt *Jupiter dem Befreier* weihete. Ach, wie oft, wenn mich so mancher Dienst-Nero bis aufs Blut verfolgte und die Wut blödsinniger Tyrannen mir zwar nicht die Ader öffnen ließ, wohl aber mir weit härter fiel, stärkte mich dieses Weihwasser, und das Elogium *Jupiter dem Befreier!* – Beweis von der Freudigkeit im Tode der Weiber? Beweis! Seht Männer und Weiber sterben. Ist philosophieren sich zum Tode vorbereiten, so sind die Weiber große Philosophen; und in Wahrheit, sie sind es unendlich praktischer als wir. Zwar sagt man, studieren sei sterben lernen, weil man seinen Geist dem Körper entzieht, ihn über den Körper erhebt; allein Weiber haben diese Kunstgriffe nicht nötig, um den Tod zu hintergehen und ihm das Schwert aus der Hand zu schlagen. – Warum Fechterkünste? Den Tod so ganz, wie er da ist, zu verachten, *ist* Weisheit; ihn durch Stratageme hintergehen, *scheint* Weisheit zu sein. Kein einziger zieht ein anderes Los; wir sind alle zum Tode verurteilt – nicht aber als Kriminalverbrecher, sondern als Menschen. – Käme es auf Weiber an, sie würden selten den Ärzten ihr Lebens- und Todesurteil anvertrauen und sich von ihnen das Leben absprechen lassen. – Mißtrauisch gegen die Kunst *Galens*, haben sie alle eine Neigung, sich, wenn ja noch etwas sein soll, einem Unzünftigen anzuvertrauen. Ich muß und ich will, ist ihnen fast einerlei; – und soll es auch nicht also sein? Jene Grundsätze einer bekannten Sekte: entweder Vernunft oder Strick – entweder sich ins Leben schicken oder es verlassen, sind den Weibern wie angeboren. Nur *der* kann frei leben, sagte ein Weiser des Altertums, der den Tod zu verachten weiß. Wie viele Freiheitsanlagen sind den Weibern bei ihrer Todesgleichgültigkeit eigen? Sollte man sie etwa eben dieser Anlagen halben so sorgfältig von der Freiheit entfernen? Nur der, welcher mehr auf sich selbst als auf die Freiheit hält, besitzt eine Sklavenseele und ist unwert der Freiheit. Sind die Weiber in diesem Falle? Wenn die Weisheit verdrießlich macht, wer wird Lust und Liebe zu ihr haben? Dies Leben ist ein Geschenk; laßt uns jeden Tag als eine Zugabe ansehen, auf die man nicht zu rechnen imstande war. – »Was heute geschehen kann, muß man nicht auf morgen aussetzen«; so denken Weiber; und allerdings tragen körperliche Schwächlichkeit, die Einschränkung ihrer Freiheit diesseits des Grabes und das Verhältnis, das ihnen nicht das Schicksal, sondern die Männer zumaßen, zu ihrer Lebensgleichgültigkeit bei.

Vorzüglich aber bewirken sie jene größeren Leiden, welche die Natur ihnen als Menschen auferlegte, wogegen die Mannspersonen, zu einiger Entschädigung, sich größere bürgerliche Lasten aufgebürdet zu haben scheinen. – »Viel Glück, *Diogenes!*« sagte der Philosoph *Speusippus*, der wassersüchtig war und sich tragen ließ. »Wenig Glück!« antwortete *Diogenes*, »da du das Leben in einem solchen Zustande ertragen kannst.« – So selten indes weibliche Tränen Murren und Unwillen anzeigen, und so oft sie ein leise gewagtes sanftes Sehnen nach mehr bürgerlicher Freiheit sind, so hilft allerdings auch der Überdruß eines Lebens, das kaum diesen Namen verdiente, ihren freudigen Weg zum Grabe ebnen. Daß es in der andern Welt gewiß nicht schlechter für sie sein könne, ist die Nativität, die sie sich bei ihrem Ausgange aus dieser Welt (wahrlich für sie einem Jammertale) mit vieler Gewißheit stellen. – Der Tod ist ihr Jupiter der Befreier. – Sie schaffen sich eine andere Welt, wo Gerechtigkeit wohnt – wo sie auf Rosen unter einem heitern Himmel wandeln – ein elysisches Idyllenleben! – Sanfte rührende Schwermut und leise Schwärmerei helfen ihnen die Welt und sich überwinden – und des Lebens und des Todes Bitterkeit verschmelzen. – Seht Weiber sterben: wie ruhig! Sie sterben in der Regel alle philosophisch. Wenn dieser Fall sich bei unserm Geschlecht ereignet, welch' ein Geschrei wird über diese Resignation erhoben! Der Natur, der die Weiber leben, sterben sie auch; sie scheint ihnen die Hand zu bieten, um ihnen überzuhelfen. – Die Weiber wollen nicht täglich sterben, sie wollen nicht Augenzeugen von den zu merklichen Verlusten sein, die man, je länger man lebt, je mehr in Hinsicht des Lebens macht; haben sie ein hohes Alter erreicht, so kennen sie die Beschwerden des Lebens noch genauer, und der Tod hat keine Gelegenheit, ihnen hart zu fallen, wenn er auch wollte. *Sokrates* erwiderte denen, die ihm die Nachricht brachten, daß man ihn zum Tode verurteilt habe: die Natur hat dieses Urteil auch über meine Richter publiziert. – Das Leben gibt den Tod, der Tod gibt das Leben. – Nicht nur im Schweiße seines Angesichts, sondern auch wer im vollen Maße des Vergnügens seinen Lebenstag vollbracht hat, ist gern schläfrig. – Wäre der Schlaf nicht der ältere Bruder des Todes, es würde sich nicht so leicht sterben lassen; jetzt aber schlafen wir nur auf länger ein als gewöhnlich. – Warum etwas fürchten, was allen bevorsteht, etwas, dem niemand entgeht, und nähm' er Flügel der Morgenröte, um an das äußerste Ende der Erde und des Meeres zu fliehen! – Wenn Männer die Kunst zu sterben lernen, so lernen Weiber die Natur des Todes: ihr Herz erschrickt nicht und fürchtet sich nicht. – Will man mit dem Tode zu seinem Troste bekannt werden, so muß man Weiber und nicht Männer im Sterben beobachten. – Gewiß stirbt man im Kriege leichter als auf einem gewöhnlichen Lager; allein der Tod in der Schlacht hat bei weitem nicht so viel Lehrreiches wie der Tod einer Wöchnerin in dem Feldzuge, den die Natur ihr anwies. – Wie schön ist hier der Tod, der Tod fürs Vaterland! Ich muß abbrechen, sonst würde ich zu sehr verraten, daß ich in Hinsicht des Todes nur ein Mann bin. Zwei Freundinnen, mit denen mich die Natur so nahe verband, starben diesen Muttertod. – »Es kommt auf die Kleider an, die man dem Tode anzieht«, sagte***. – Du hattest Recht, Liebe. Dein Tod war leicht, froh, mutig angezogen. – – – So sterben Weiber; und wie *leben* sie? Männer tun, was sie tun, mehr aus Temperament als aus Grundsätzen: von Umständen hangen sie ab und lassen sich von ihnen wie Schiffe, die Mast und Ruder verloren, vom Winde hin und her treiben. – Aus Not, aus Trägheit, aus Bedürfnis handeln sie. Sie sind im Grunde weit furchtsamer als die Weiber – es scheint nur anders. Immer verbinden sie sich mit andern Männern und nennen oft (oh, der Entheiligung des Namens!) *Freundschaft*, was *Furchtsamkeit* heißen sollte. Freundschaft: wo ist eine reine? Wie selten gewinnt man, ohne daß ein anderer verliert! Handlungen leiden keine Freundschaft, und nur mit Worten scheint sie sich behelfen zu sollen. – Durch Mißwachs gewinnt der Landmann; durch Verschwendung und Üppigkeit der Kaufmann; durch Zank, Hader und Streit der Richter; durch Neid und Haß der Geistliche. – »Ein jeder Mensch hat seinen Preis, für den er sich weggibt«, ist die Behauptung eines Engländers, eines Mannes aus einem Volke, das noch einen Wert auf sich zu legen versteht. – Und wenn es wahr ist, was einer der Alten behauptet, »daß ein Arzt es ungern sieht, wenn seine Freunde gesund sind, und ein Soldat, wenn sein Vaterland Frieden hat«; wenn der Untergang des einen Dinges die Schöpfung des andern ist: wo wird reine Freundschaft sein? Freundschaft, die allen Graden der Versuchung gewachsen, die auch gegen eine Welt nicht feil ist! – Von einem Freunde muß es, wie von *Voltaire'n*, heißen: Sein Geist ist überall, sein Herz ist hier (im Hause des *Herrn von Vilette*, dessen Gemahlin *Voltaires* Pflegetochter war), Freundschaft ist ein geschliffener Stahl, dem schon ein feuchter Hauch den Rost zuzieht. – Nie kann ich auf die großen Worte *Tod* und *Freundschaft* stoßen, ohne daß mein Herz sich ausschüttet – und sollte mir diese Wiederholungen nicht jedes in meiner Lesewelt verzeihen, das auch ein Herz für Freundschaft hat, und das –

sterblich ist? Freundschaft ist Leben, denn ohne sie hat die menschliche Existenz keinen Wert. Ich habe meine Schrift überhaupt durch die Bemerkung vorgeleitet, daß, da ich für die Freiheit schreibe, ich mich nicht selbst binden werde. Lehre und Leben müssen sich in die Hand arbeiten; und darf ich wohl im Münzverstande meine Schrift legieren? Genug, wenn ich mich geleitlich halte – und darüber wird hoffentlich kein geierlicher Zoll- und Akzisebedienter, kein Freund und Feind mit Grunde Rechtens Beschwerde erheben können. – Freundschaft war die Losung, und dieses herrliche Wort verdient, daß wir Platz nehmen. Die Frage: wie leben Weiber? kann bei dieser Abschweifung nichts verlieren. Laßt Könige lizitieren: die Freundschaft ist nicht verkäuflich; und eine solche Freundschaft, die, wenn sie gleich nicht zu den sieben Wunderwerken, so doch zu den Seltenheiten der moralischen Welt gehört, würde sich häufiger ereignen, wenn auch das andere Geschlecht bei ihren Altären zu Ablegung der Gelübde zugelassen würde, die gemeiniglich mit der Grundregel anfangen, seinen Freund so behutsam zu behandeln, daß er, uns unbeschadet, auch unser Feind werden kann. Jene Einschränkung des Zutrauens und der wechselseitigen Herzensergießung, jene Mäßigung in Entdeckung unserer geheimen Beschwerden hebt das, was Freundschaft ist, auf und macht dagegen einen gewissen Schein gang und gebe, der immer als Weltklugheitsmaxime Dienste leisten mag, der aber den Altar der Freundschaft entheiligt. Unsere gegenwärtigen Freundschaften sind gemeiniglich nichts mehr und nichts weniger als gemeinschaftlich geschlossene Konnivenz, wo beide Teile im Gewinn sind; und so wie die Bescheidenheit das Verlangen ist, feiner gelobt werden zu wollen, so ist die Freundschaft ein Bund, desto reiner zu gewinnen. Heißt nicht schon *der* unser Freund, welcher nicht unser erklärter *Feind* ist? Die Kaufleute nennen *die* Freunde, mit denen sie in Handlungsverkehr stehen, wo es also Provision zu berechnen gibt; und so wie *der* schon für gut gilt, der ein böser Mensch von der allgemeinen Art ist, so gilt *der* schon für unsern Freund, der ein Menschenfreund, ein Mensch von keinem schlechten Herzen ist, der uns nicht verrät und verkauft, oder der uns zu verraten oder zu verkaufen keine Gelegenheit gefunden hat. Unser Geschlecht ist zu glücklich, als daß wir echte Freunde der Weiber sein sollten; und zu unserer Freundschaft gegeneinander, auf die wir so stolz tun, haben die Weiber nicht das mindeste Zutrauen. – Könnten wir (wie kann es nach der Weiberlogik füglich anders lauten?) wohl mit Freundschaften aus der Tasche spielen und mit Aufopferungen prahlen, da wir uns nicht einmal herabzulassen vermögen, den Weibern Gerechtigkeit zu erweisen? Überhaupt ist selbst unser Leben nur halb, da wir die Weiber nicht zu leben berechtigen; und *wie leben sie denn?*

Ob sie gleich heutzutage noch sehr der Sinnlichkeit frönen, woran *sie* weniger schuld sind als unsere Härte; obgleich noch bei weitem nicht an ihnen erschienen ist, was sie sein können und sein werden, so zeigen sie doch bei vieler Gelegenheit eine Selbstbeständigkeit, eine Fassung, die uns so oft beschämt. – Ihre Ausschweifungen, die wir so schrecklich vergrößern, entstehen mehr aus Befriedigung der Eitelkeit als der Begierde. Sie haben keine andere Olympische Bahn, als Männer zu fahen; man öffne ihnen andere, und sie werden Wunder tun. Das Promemoria, welches jener Kaufmann in sein Denkbuch trug: »Ja nicht zu vergessen, mich in Hamburg zu verheiraten!«

ist ins Herz der Frauenzimmer verzeichnet. – Darum das Werben ihrer Augen. – Gemeiniglich haben sie hierbei keine Absicht; sie treiben das Mienenspiel der Mode halben, und weil keine kluge Mannsperson daraus etwas zu schließen wagt. *Montaigne* sagt: jungen Gelehrten geht es wie den Kornähren, solange sie leer sind, richten sie ihre Spitzen gerad' und keck empor; kommen aber ihre Körner zur Reife, so lassen sie ihr Haupt sinken. – Warum wollen wir die Weiber wegen ihrer Mienen so scharf richten und Eitelkeit, Koketterie und Wollust für einerlei halten? Man lacht über jene Dame, in deren Gegenwart man die schwarzen Augen ihrer Nachbarin lobte und die sehr schnell erwiderte: »jetzt trägt man keine schwarzen Augen mehr«; sind wir aber nicht die, welche das andere Geschlecht zu solchen Antworten verleiten? Befördern wir nicht unserer Eitelkeit halben die ihrige? Laßt die Weiber zu Kräften kommen, und ihr werdet sehen, daß sie im lauten Geheul der Stürme, wo Männer sich nur selten ein geneigtes Gehör zu verschaffen wissen, bei den schrecklichen Wogen des empörten Meeres sich finden und dem Meere und dem Winde *Silentium* gebieten werden. Wenn man zur Zeit der sanften Ruhe erlernt und überdenkt, was man zur Zeit der Schiffbruchsgefahr anwenden will, so bleibt es zwar nicht unrühmlich, in der Zeit zu sammeln, um in der Not zu haben; wenn aber Weiber selbst in diesem Ungewitter Entschlüsse zu fassen verständen; wenn sie kein Lexikon zusammengetragener Regeln aufschlagen dürften, die ohnehin nie ganz auf einen einzelnen Fall passen? – wenn –? Doch laßt uns erwägen, nicht was dieser Waalfisch des menschlichen Geschlechtes werden wird, wenn ihm nicht mehr Tönnchen zum Spielen zugeworfen werden, sondern was er selbst in seiner jetzigen so traurigen Lage war und ist! Als *Sokrates* von der Gottheit zum *Weisen* erhoben und ihm das Diplom hierüber wegen seines Wohlwollens erteilt ward, maß er sich mit vielen seiner Zeitgenossen und fand, daß andere diese Würde wo nicht mehr, so doch ebensogut verdienten wie seine Wohlweisheit. Endlich überzeugte er sich, daß diese Würde, bloß weil er sich nicht für weise hielte, ihm auf Allerhöchsten Göttlichen Spezial-Befehl wäre zuerkannt worden. – Kann der, welcher Aufsehen macht, weise sein? Hat *der* bei der rastlosen Bemühung, sein Ansehen zu schützen und den Neid zu entkräften, Zeit und Raum zur Weisheit? *Ob den Weibern wirklich die Bescheidenheit bei ihren Handlungen eigen ist?* Die Erfahrung überhebt mich der Antwort. Ob Weiber wirklich gehandelt haben? Oh, der beleidigenden Frage! –

Ohne eine *Isabelle* wäre Amerika vielleicht noch nicht entdeckt worden, vielleicht nicht durch *Kolumbus* oder doch erst spät und auf einem entgegengesetzten Wege. *Ferdinand* hatte nicht Mut und Entschlossenheit, einem so kühnen Unternehmen seinen Namen zu leihen und seinen Schatz zu öffnen. Würde *Cicero* ohne *Fulvia* die Verschwörung des *Catilina* entdeckt und den Namen eines *Erhalters des Römischen Staates* gewonnen haben? Karl V. verdankte es bloß dem Einflusse eines Weibes, daß seine Donquijoterien einen bessern Ausgang hatten, als sie verdienten. Und warum eine bessere, größere Aufzählung solcher Begebenheiten, an denen Weiber nicht bloß Anteil nahmen, sondern die durch sie entstanden, durch sie geleitet und ausgeführt wurden, wo sie nicht bloß untergeordnete Dienste leisteten, sondern der Geist waren, der über den Wassern schwebte, die Seele, die den Gang der Begebenheiten ordnete und lenkte! –

Frankreich ist seit zweihundert Jahren durch Weiber regiert worden; ob gut oder schlecht, ist ein Umstand, auf den es hier nicht ankommt. Daß es schlecht regiert ward, ist nicht die Schuld der Weiber überhaupt, sondern jener Weiber, die listig, verwegen und ehrsüchtig genug waren, die Zügel des Staates den schwachen Händen zu entwinden, denen das blinde Glück sie anvertrauet hatte, oder die in andern Rücksichten aufgestellt wurden und die dann, neben dem schwereren Geschäfte, die Langeweile von einem müßigen Monarchen zu verscheuchen, auf den Einfall kamen, das ungleich leichtere Geschäft der Staatsverwaltung zu übernehmen.
Seitdem *Semiramis* mit rascher entschlossener Hand das Zepter ergriff und es mit so vieler Würde als Weisheit führte, haben viele Weiber, und unter diesen mehrere, welche die Geburt nicht für ein Diadem bestimmte, den Herrschertitel mit Ehren getragen. Gibt es nicht Länder, die in ihren Regentenlisten ebenso viele berühmte Namen des einen als des andern Geschlechtes aufführen? Wenn das Kabinett außer der *Ritterin d'Eon* keinen weiblichen Geschäftsträger aufzuweisen hat, sollte dies wohl die Unfähigkeit des anderen Geschlechtes beweisen? Bei allem, was durch Vernunft erklügelt, durch Dreistigkeit errungen, durch Witz erhascht, durch Gutmütigkeit errungen werden kann, wird die schöne Welt nicht zurückbleiben: und wenn feile Seelen allen Triebfedern dienstbar sind, werden Weiber nie vergessen, was anständig ist – welches da, wo der Anstand sich das Ansehen gibt, am höchsten getrieben zu sein, oft schnöde vergessen wird. *Lord Chesterfield* soll bei einer Assemblee auf *Voltaires* Frage: *halten Sie die englischen oder die französischen Damen für schöner?* geantwortet haben: *ich verstehe mich nicht*

auf Gemälde; und doch wüßt' ich keinen Hofmann, der sich so zu schminken verstanden hätte wie dieser Mann, der unter den Lords den Gelehrten und unter den Gelehrten den Lord machte. Wer *le fin du fin* in dem diplomatischen Fache kennt und übt, richtet auf diesem Wege oft am wenigsten aus. – Adler fangen nicht Fliegen, und der Prätor setzt sich über kleinfügige Subtilitäten hinweg. – Der weibliche Vortrag ist gemeiniglich mit dem, was vorgetragen wird, aus einem Hause; diese zwei sind eins, und nie oder selten findet hier eine *Mésalliance* statt, welches aber zwischen dem männlichen Vortrage und der vorzutragenden Sache sehr oft der Fall ist. – Wüßten wir, was in Kabinetten durch Weiber geschehen ist, wir würden über die interessantesten aller Spiele, die Täuschung der Imagination, erstaunen, wodurch Weiber zu ihrem Zwecke kamen; wir würden die Kunst bewundern, mit welcher ein Weib oft den Faden einer Begebenheit anspann, den sie durch alle Schleichwege der Intrige glücklich bis zum Ziel hinausführte. Eigentlich scheinen sie jener Künste, worauf die Politik heutzutage stolz tut, sich bloß darum zu bedienen, daß die Weiber mit gleicher Münze bezahlen können; im Grunde sind sie von Natur aus weniger als wir mit jenen Schlangenwindungen der Zweideutigkeit, mit jener politischen Falschheit ausgerüstet, die nach den Regeln der jetzigen Kunst im Finstern schleicht; und es ist von ihrem Verstande und von ihrem Herzen zu erwarten, daß sie die Politik säubern und ihr zum Besten der Menschheit mehr Natur und Wahrheit beiordnen werden. Mit dem Talent, die heimlichsten Gedanken eines andern auszuspähen und sie in den verborgensten Winkeln zu ertappen, werden sie den schlauesten Diplomatiker überlisten, ohne daß es Sr. Exzellenz gelingt, ihnen ihr Geheimnis zu entwenden; und obgleich der Wille der Prinzipal-Exzellenz, wie ein Taglöhner, oft dem liederlichsten Weibe verkauft wird: so wird doch auch der Feinste von den Feinen vergebens sie verleiten, ihren Fuß an einen Stein zu stoßen. – Nicht bloß die verliebte Schäferin, sondern auch der Hofmann verbirgt sich ins Gesträuch; alle beide lassen sich *zuvor* sehen. – Die Kunst vermehrt oft die Schmerzen des Kranken, und es gibt eine verkünstelte Kunst, die ins Abderitische fällt, wodurch unser Geschlecht in der Diplomatik Glück machen will. – Wir verfehlen nicht, dem Erzengel *Michael* und dem *Drachen* eine Kerze zu widmen. – Warum doch so viele Künste! – Werden Weiber aber bei diesem Geschäfte den ihnen eigenen Edelmut aufgeben? jene aus Menschenliebe abstammende Bereitwilligkeit zur Selbstverleugnung? Werden sie je bei der ihnen eigenen Kunst, Menschen zu vernehmen und zu erforschen, aufhören großmütig zu sein und sich selbst zu besiegen? Nimmermehr! Schwache Männer pflegen gern boshaften Menschen ihr Zutrauen zu schenken, schwache Weiber dagegen sich edlen Menschen zu überlassen: Weiber hassen Verräterei und den Verräter; wir nur, wenn's köstlich ist, den Verräter: wir sehen es gern, wenn dergleichen Leute viel bringen, und geben uns nur Mühe, daß sie wenig oder nichts mitnehmen. – Weiber, weit hinweg über jene politischen Tiraden, über jene politischen Metaphern und jenen politischen *Salto mortale*, wählen die Natur zu ihrer Lehrerin und richten mehr aus als alle Exzellenzen durch abgenutzte, verratene und verkaufte *Kniffe*, die den beschrieenen *Namen* Künste bei weitem noch nicht einmal verdienen! – Können Weiber nicht zeigen und verbergen, was sie wollen? Haben sie nicht eine Offenheit, durch die sie mehr als durch Zurückhaltung ausrichten? eine unvergleichliche Biegsamkeit der Gedanken, eine Helle im Ausdruck, eine Geschmeidigkeit im Urteil? – Ihr Mienenspiel, ihr Glück und ihr Verdienst, mit geringen Hülfsmitteln die größten Wirkungen zu bewerkstelligen; ihre Kunst, jedem einen Spiegel vorzuhalten, worin *er* sieht, was *sie* wollen; ihre gelenkige Zunge, wodurch sie ihren Ideen eine Macht beilegen, die alles überwindet: dies sind Eigenschaften, wodurch sie alles ausrichten. Man nimmt nur die Wirkung an sich wahr und sieht sich vergebens nach den Ursachen um, welche die Weiber sehr künstlich zu verstecken wissen. Schon im gemeinen Leben verwickeln sie mit ihrem Witze alle Charaktere der Gesellschaft auf eine so angenehme Art, daß man diese ihre Leichtigkeit bewundern muß. Indem sie der Ausdruck zu verlassen scheint, indem sie ihn aufgeben, finden sie eine überschwengliche Sprache: sie belauschen kleine Ideen, die der, den sie gewinnen wollen, fallen läßt; – sie wissen auf ein Haar seine Leibgerichte, seine Neigungen, seine Stärke, seine Schwäche und besitzen die große Gabe, von Glück und Unglück Gebrauch zu machen – wie bewunderungswürdig! – Unser Geschlecht verstehet es selten, aus dem Glück, und fast nie, aus dem Unglück Vorteil zu ziehen und glücklich durch Unglück zu sein. –

Der *Mangel der Verschwiegenheit*, den man dem andern Geschlechte so oft zur Last legt, ist nur eine Unart des *weiblichen Pöbels;* und der *männliche* Pöbel macht in dieser Hinsicht so wenig eine Ausnahme, daß er für schwatzhafter zu sein scheinet. Weil die Weiber soviel reden, hat man sie der Unverschwiegenheit beschuldiget; allein unser Geschlecht verdient diesen Vorwurf unendlich mehr – wenn es voll süßen Weins oder verliebt ist, fast immer, und auch oft dann, wenn es sich weder durch Liebe noch durch Wein erhitzt hat. – Nichts kann manchen zurückhalten, sogar seine selbsteigene Schande zu entdecken. – Kein Soldat kann so begeistert von seinen Siegen erzählen wie ein Zierling *(Elégant)* von den seinigen. Hat man nicht *Mirabeau*, dem goldenen Munde neuester Zeit, den Vorwurf gemacht, daß er nichts verschweigen könne? Jene Weigerung guter Menschen, alles hören zu wollen, nur keine Geheimnisse, beweiset, daß wenige Menschen zu solchen Depositis sich Treue genug zutrauen. Viele unseres Geschlechtes haben soviel selbsteigene Geheimnisse zu bewahren, daß sie sich mit fremden Depositis nicht füglich befassen können; viele sind niedrig genug, Depositen-Gebühren auf eine unverschämte Weise zu verlangen. – Wer sich selbst nicht treu ist und seine eigenen Untaten unter die Leute zu bringen für unbedenklich hält, glaubt sich wo nicht rechtfertigen, so doch entschuldigen zu können, wenn er seinen Herrn oder seinen Freund verrät! – Männer sind so fein, sich zu überreden, daß sie zum Heil und Frommen eines besseren Menschen das Beichtsiegel brechen können, daß auf die Geständnisse eines minder guten schon gedrückt war! – Mancher Richter macht sich kein Gewissen, unter Versicherung des Nichtgebrauchs, Bekenntnisse herauszulocken. »Hat denn«, fragt er, »der Staat nicht mehr Recht auf mich als meine Verbindlichkeit?« Du irrest, Verräter! Der Tugend stehet das größte Recht zu. Die Pflichten gegen das Vaterland heben bei weitem nicht alle anderen Pflichten auf, und ein Bürger muß nie aufhören, ein Mensch zu bleiben. Im Kriege selbst darf man den Vorzug nicht aufgeben, ein Freund seines Freundes zu sein! Auch haben die Männer ein verräterisches Schweigen, ein Achselziehen im Gebrauch, die Weise, ein halbes Wort zu sagen, den ersten Buchstaben anzugeben. – Diese Judas-Verräterei durch einen Kuß, dieses plauderhafte Stillschweigen läßt das andere Geschlecht sich gar nicht zuschulden kommen. – Man rede nicht von der Unverschwiegenheit der Weiber! –

Noch weniger aber sollte den Weibern untersagt sein, an der *inneren Staatsverwaltung* und *Staatshaushaltung* teilzunehmen, da ihnen gegenwärtig schon im Ganzen die Verwaltung ihres eigenen Hauswesens anvertrauet ist und sie bei diesem ihnen zugefallenen Pflichtteile, selbst nach dem Zeugnisse der Männer, sich rühmlichst verhalten. Gewiß hätten wir alsdann weniger Tyrannen, die auf festem Grund und Boden Schiffbrüchige mit Lust arbeiten sehen oder die des Spaßes wegen solchen, die mit den Fluten ringen, unter Pauken- und Trompetenschall vermittelst einer heilsamen Verordnung Strohhalme zuwerfen; weniger Blutigel, die hier jeden Bissen finanzmäßig zuschneiden und dort den Schweiß und das Blut der Untertanen ohne Maß und Ziel verschwenden; – die sich Mühe geben, dem gemeinen Manne das Huhn aus dem Topfe herauszurechnen, welches *Heinrich IV.* ihm alle Sonntage in den Topf hineinzurechnen königliche Sorge trug; – die ihre Administration, wie elende Feldherren ihre Einnahmen, mit Plünderungen anfangen und, um sich aus dem Gerede über neue Plackerei zu bringen, Redouten und Bälle, Diners und Soupers geben und es wie weiland *Alcibiades* machen, der seinem schönen Hunde Ohren und Schwanz abschnitt. – Wir hätten alsdann weniger Großprahler und Meister, die gleich vom Himmel fallen, ob sie schon entweder Colporteurs von alten abgetragenen Meinungen sind, welche sie wie ein Bettelkleid mit einem

Flick von Sammet bereichern, oder aber (trotz jenem Ober-Chirurgus, der sich dienst- und kunsteifrig dahin ausließ: hinter die Krankheit muß ich kommen, wenn auch das ganze Regiment daraufginge!) eine neue verzweifelte Kur nach der andern probieren – und das alles, um reiche Arme und arme Reiche zu machen. – Oh, wie viele hochgepriesene Schwachköpfe gibt es, die einen Stand auf Rechnung des andern in verhältniswidrigen Kurs bringen, damit der eine durch Übermut und der andere durch Hungersnot verderbe! Wie viele, die nichts im Ganzen übersehen können, und denen es ein leichtes dünkt, aus Deutschen Franzosen und aus Polen Holländer zu *fabrizieren*! Wie viele Finanzblitzer, deren Aufblitz nur dazu dient, daß man das Schreckliche der Verderbensnacht mit Schauder erblicke! – Diese Herren sollten die Ermahnung jenes Weisen an einen Frevler beherzigen, der bei einem gefährlichen Ungewitter die Götter bestürmte: sich still zu halten, damit die Götter nicht wüßten, daß er hier wäre. – Nehmt das Triumvirat unserer außerordentlichen Minister, des *Grafen Struensee*, *Pombals*, *Neckers* – und das sollte kein Weib tun, was diese Exzellenzen taten?

Wer dem weiblichen Geschlechte die Fähigkeit abspricht, das Ganze zu übersehen, Anordnungen für Königreiche zu treffen, sie im Großen auszuführen, weit aussehende Plane zu umfassen und, kurz, ihre Begriffe bis zum Allgemeinen zu erheben, der verrät wenig Weltkenntnis und schließt von den Geschäften des Detail – denn größtenteils werden bloß diese den Weibern jetzt anvertrauet – auf ihre Fähigkeit. Und wie, soll es denn bei diesen Geschäften nicht auch subalterne Köpfe geben, da Arbeiten dieser Art bei unsern jetzigen Einrichtungen überall existieren?

Wo es Feste oder Erhöhungen gewisser Tage des gemeinen Lebens gibt, da müssen auch Werktage sein. – Nur alle sieben Tage ist ein Sonntag. – Weihungen gewisser Lebens-Momente zu einem vorzüglichen Lebensgenusse setzen auch gewöhnliche Tage voraus. Und sind wir denn lauter Sonntagskinder? – Bewunderungswürdig ist das Talent zu rechnen selbst bei gemeinen Weibern, ob sie gleich sich über unsere Rechnungsmethode wegsetzen und oft ihre eigene Arithmetik auch alsdann noch beibehalten, wenn sie nach der gewöhnlichen Schulmethode zu den Geheimnissen der Zahlen zugelassen worden sind. Ihre Kanzelei ist mir, bei aller ihrer Unregelmäßigkeit, schätzbar, wenngleich Keuschheits-Prokuratoren noch nicht einig sind, ob und inwieweit das Schreiben dem weiblichen Geschlechte nützlich oder schädlich sei. Gibt es nicht Männer genug, die ihre Töchter nicht anders zu bewachen wissen, als daß sie ihnen Tinte und Federn untersagen?
Storch, ein neuer Reisender, fand, nach seinen Bemerkungen über Frankreich, in der Schule des berühmten Tachygraphen *Coulon de Thévenot* zu *Paris* Mädchen, unter denen es einige in der Kunst, geschwind zu schreiben, zu einer erstaunenswürdigen Fertigkeit gebracht hatten. Heißt das nicht mehr als Orthographie und Kalligraphie?
Vieles in der *Stadt- und Landwirtschaft* hat man bis jetzt als unbedeutend behandelt; viele Haustiere sind lange nicht in dem gehörigen Maße genutzt und im Ertrage in Anschlag gekommen, und überhaupt ist das anzubauende Feld nicht klein, welches auf Weiberköpfe und -hände wartet, um urbar zu werden. – Fast möcht' ich sagen, die Ökonomie sei weiblichen Geschlechtes, und vorzüglich die, welche ins Große geht. – Wie wir doch alles so meister-

haft – wie soll ich sagen? – *um*zukehren oder zu *ver*kehren gewußt haben!
Und du, *heilige Justiz*, unübersteiglich dem, der dich, wie der Pilger die Alpen, ohne Alpenschuhe, Stab und Führer ersteigen will! Mystische Aristokratie, die du dich oft zwischen Fürsten und Volk stellest – angeblich um Mittler- oder Makler-Dienste zwischen beiden zu üben, eigentlich aber, um beide zu beherrschen –, darf ich es wagen, dich um Audienz zu bitten? Zwar weiß ich, wie edel dir deine Zeit ist, um dich nach einem dreistündigen Sessionsschlaf zu erholen und zu einer abermaligen Sessionsruhe neue Kräfte zu sammeln; doch will ich dich gewiß weniger aufhalten, als du alle deine Parteien aufhälst. – Die Beobachtung der Natur hat den größten Meistern in den schönen Künsten die Regel zugeführt, daß wenige und einfache Zeichen, wenn sie mit Weisheit gewählet werden, eine kräftigere Wirkung tun, als durch eine verschwenderische Häufung zwecklos gewählter Zeichen möglich ist. Darf ich so frei sein, diesen Umstand der gesetzgebenden und gesetzübenden Justiz zur Erwägung zu empfehlen? *Hume* ging von seinem Freunde *Jortin*, einem Geistlichen, mit dem er über natürliche und geoffenbarte Religion einen Wortwechsel gehabt hatte; und da der Philosoph nicht zugeben wollte, daß der Geistliche ihn begleitete, fiel er. Der Geistliche, der ihn fallen hörte, kam ihm mit seinem Lichte zu Hülfe und machte ihn mit den Worten verdrießlich: »Habe ich Ihnen nicht oft gesagt, lieber Freund, daß Sie sich nicht zuviel auf eigene Kräfte verlassen sollen und daß das natürliche Licht nicht hinreicht?« Die natürliche Religion verlor durch diesen Fall *Humes* nur eben so viel, wie die geoffenbarte durch das Licht *Jortins* gewann; allein die Justiz verliert durch den Umstand, daß auch die

ersten ihrer Offizianten sehr oft nicht wissen, wie sie mit ihr daran sind. – Sie fallen mit und ohne Licht, mit und ohne Begleitung; und ich weiß nicht, woran es liegt, daß niemand recht weiß, was Rechtens ist. Ihre Sentenzen, welche die Sache lösen wollen und sollen, sind gemeiniglich neue Rätsel, die sie aufgeben; und doch gehören viele Sächsische Fristen und viele doppelte Sächsische Fristen dazu, ehe man die *hochlöblichen Herren* zum *Stehen* bringt; und wie viele Fristen verlaufen nicht, ehe sie zum *Sitzen* kommen! Die Justiz war zu jeder Frist eine dürftige Krücke, an welcher der Staat hinkte, und noch obendrein von so *schadenfroher und bösartiger Natur*, daß sie auch selbst dem, der sich zutrauensvoll auf sie stützte, die Hand durchbohrte. Wie oft sind ihre Urteile vergiftete Hostien, die man bei großem Pomp des Hochamts empfängt. – In ihrer goldenen Zeit ist die Justiz ein Guckkasten, worin schöne Raritäten und schöne Spielwerke zu schauen sind. – Es gab von jeher unter den Juristen *Elegants*; und wer hat nicht von der *eleganten Jurisprudenz* reden gehört? Auch der einsichtsvollste Jurist wird in eigenen Angelegenheiten nicht wissen, was er zu tun und zu lassen habe, um etwas Rechtbeständiges zu unternehmen; und so scheint die gar zu große Kunst der Justiz dem Menschen, den Gott aufrichtig gemacht, völlig unangemessen zu sein.

Sollte sich einst die bürgerliche Verbesserung der Weiber bis auf die Rechtspflege erstrecken und das Recht aufhören, ein Monopol einer besondern besoldeten Männer-Klasse zu sein: nur alsdann wird man anfangen einzusehen, daß Rechtspflege nicht heißt, im Orakelton unverständliche Formeln hersagen, die nur wirksam sind, weil neben der Waagschale auch das Schwert liegt, son-

dern daß sie sich bemühen muß, die Parteien über Recht und Unrecht zu belehren und zu überzeugen, wenn sie einen Teil der Ehre verdienen will, die sie sich jetzt so grenzenlos und machtvollkommen beilegt. Man sagt: *Necker* sei tugendhaft, um damit prahlen zu können; *Lafayette* sei es, um es zu sein und nicht zu scheinen. Würde dies nicht der Fall mit Richtern aus der weiblichen und männlichen Klasse sein?
Schon fängt der Gedanke an, sich je länger je mehr zu regen, daß nur Gleiche zwischen Gleichen entscheiden können, wenn Recht nicht ein toter Buchstabe bleiben, sondern ein lebendiger werden soll. Würde es indes nicht schreiendes Unrecht sein, bis dahin, und ehe jener glühende Funke in der Asche zum Feuer ausschlägt, den Weibern die Richter- und Schöppenstühle zu verschließen? Man behauptet in England, unbesoldete, dem Beklagten gleiche, von ihm anerkannte, nur auf eine kurze Zeit zum Wohl der Mitmenschen und nicht schnöden Gewinnstes oder eitler Ehre halben berufene, einstimmige Richter oder Geschworne *(Juries)* wären eine Schutzwehr der bürgerlichen Freiheit und eine unüberwindliche Festung, wenngleich die Künstelei der politischen Maschine bisweilen zu gesucht sein sollte, wenngleich in ihrem Räderwerke zuviel oder zuwenig Zusammensetzung stattfände, wenngleich in der Verteilung der Gewalt, in der Repräsentation des Volkes und in der Abteilung der Stände Organisations-, Schwachheits- und Bosheitsfehler wären. – Jene Justizverwaltung allein würde schon, was schwächlich ist, beim Leben erhalten und nichts erschöpfen lassen, was zum Vorteile und zum Glanze der Nation einen Beitrag liefern kann. In der Tat, auch im monarchischen Staate könnte durch eine ähnliche Justizverwaltung alles

einen andern Schwung bekommen und so manches belebt werden, was jetzt gelähmt ist. Monarch und Volk würden gewinnen. Wie aber, wenn sogar das andere Geschlecht an dieser Rechtspflege Anteil nähme, wenn nicht bloß durch gute Männer *(arbitros)*, sondern auch durch gute Weiber Zank und Streit beigelegt oder entschieden würde? Müßte da die Justizverwaltung nicht noch vollkommener werden? Menschen, die bloß gesetzlich sind, haben keine Haltung; es sind im eigentlichen Sinne bloß unnütze Knechte, die zwar tun, was ihnen geboten ist, allein damit nichts Gutes stiften. – Die Gesetze und die Leidenschaften sind oft so verwandt, daß der, welcher der Vernunft und dem Gewissen (der praktischen Vernunft) nicht folgt, bei aller positiven Gesetzlichkeit nicht selten ein verdorbener Mensch ist. – Wer kann hierauf genauere Rücksicht nehmen als das andere Geschlecht? wer es mehr empfinden als Weiber, daß der Zwang, durch den andere ebenso frei werden, die Probe der wahren Freiheit sei? – Trockne und ungekünstelte Wahrheit gilt in der Geschichte und überall mehr als eine noch so glänzend scheinende Falschheit. Jener medizinische Pfuscher, der einen König von einem Quartanenfieber befreite, welchem alle kunstverständigen Ärzte, ihrer hohen und tiefen Gelehrsamkeit ungeachtet, nicht gewachsen waren, antwortete, als er *par ordre du Roi* den Doktor-Hut erhalten sollte und der Form halben examiniert ward, auf die Frage »was ist das Fieber?«: *eine Krankheit, die Sie, meine Herren, sehr geschickt zu definieren und nicht zu kurieren verstehen und die ich nicht definieren, wohl aber kurieren kann.* – Die evidente Vernunft ist eine Mitgift, welche die Natur allen Menschen in gleichem Maße bewilligt hat. Der allergemeinste Grundsatz des Naturrechtes, mit dessen Ausübung Zwang unwidersprechlich verbunden werden kann, ist das Gesetz:

Verhindere, daß die Vollkommenheit aller Menschen nicht gemindert werde

und liegt in dem höchsten Material-Gesetze der Sittlichkeit:

Vervollkommne alle Menschen.

Ist Vollkommenheit nicht die höchste Stufe der Ausbildung aller Kräfte zu einem Ganzen? Ich will es hier mit keiner Schule verderben; denn meine Absicht ist nicht, nach väterlicher Weise der Richter- und Philosophenstühle, durch Zank und Streit die edle Zeit des Handelns zu versäumen. Darf ich indes, um die Justiz zu überzeugen, daß sie mit sich selbst uneins ist, noch beiläufig bemerken, daß die Vollkommenheit aller Menschen mir der Zweck der sittlichen Gesetze zu sein scheint? Und was will man mehr als diese höchste Ausbildung? Sollten indes Gesetze nicht auf alle Menschen ausgedehnt werden? Kann man ein vernünftiges Wesen bloß als Mittel zu höheren Zwecken ansehen? Jener allgemeine materielle Grundsatz ist und bleibt ein Kennzeichen der Form aller Sittlichkeit, gemäß der allgemein geltenden Gesetzmäßigkeit und ihrem obersten Grundsatze: die Vorschriften, nach denen du handelst, müssen so beschaffen sein, daß sie allgemeine Gesetze werden können. Verschlag' ich zu weit, oder kann unsere neue Philosophie nicht ein Tribunalsausspruch meiner Vorschläge werden? Eine gute Gesetzgebung ist sicher das Mittelstück des menschlichen Geistes; und wer aus Kenntnis unserer Natur weiß, daß die Sitten der Nationen ihre Bildung größtenteils der Wirkung der Gesetze zuschreiben müssen, wird es mir nicht verdenken, daß ich unsere Juristen etwas weiter zurückführe, als diese Herren

vom gewöhnlichen Schlage zu gehen gewohnt sind. Schon da, wo die Weiber jetzt das Richteramt führen, in gewissen *causis privilegiatis*, zeigen sie sich als Meisterinnen in ihrer Art und beschämen ihre Männer, die gemeiniglich alles verderben, sobald sie es sich herausnehmen, Stellvertreter ihrer Weiber sein zu wollen. –
Man sagt, *Weiber wären hart;* allein, läßt sich die Justiz in Gefühle auflösen? – *sie wären zu peinlich bei ihrer Nachforschung;* allein, kann man es zu sehr sein, wenn es Schuld und Unschuld der Menschen gilt? Es fehlt den Weibern selbst nicht an Gedächtnis, um eine Legion Gesetze zu behalten, noch an Geduld, die ewigen Klagen und Schutzreden der Parteien anzuhören und in einem feinen guten Herzen zu bewahren; nicht an Beredsamkeit, um den Sturm der Parteien zu besänftigen und die Flut der Rede in ihr Ufer zurückzuweisen. – Wie geschickt würden sie zu Versuchen der Sühne sein! – Überraschung ist der natürliche Ersatz für alle unangenehme Verwirrung, ohne die sie nicht zu erhalten war; allein, ist dies der Fall bei unsern richterlichen Sentenzen? Sind sie nicht gemeiniglich ein neues verwickeltes Knäuel? Wechselt nicht Verwirrung, bis endlich die dritte Instanz, gemeiniglich durch einen Machtspruch (so sehr auch dies Wort bei den Herren Juristen gehaßt und verfolgt wird), aller Fehd' ein Ende macht? –
Bis jetzt hatten die Weiber kein anderes ernsthaftes Geschäft als Liebesangelegenheiten. Freilich, wenn sie auf einmal, wie vom Himmel gefallen, ohne Vorbereitung, ohne ihnen bewilligte bürgerliche Rechte, und ohne daß man ihnen auf politische Köpfe und Füße hilft, sich in Staatssachen werfen – ist es Wunder, wenn sie, nach einem französischen *Viso reperto*, zwar die *hysterischen*

Zufälle verlieren, indes in noch *ärgere* fallen? Ernsthafte Sachen sind ihnen zu *schön* und zu *erhaben*, als daß sie nicht alles dieser köstlichen Perle halben veräußern sollten. Zarte Fasern, die man pflegen und warten soll, muß der Gärtner nicht zerreißen; bei einer scheinbaren Ermattung oder bei einem zu starken Auswuchs kann er nicht, ohne ein Mietling zu sein, jene sich hervordrängenden Zweige abschneiden, die so leicht zu besseren Zwecken zu leiten gewesen wären. Er läßt sie in die Höhe schießen oder zur beschützenden Krone gedeihen. – Man mäßige bei dem andern Geschlechte die zu starke Neuheit; man bringe Weiber mit *mehr* ernsthaften Sachen, und zwar *allmählich*, in Verbindung: und hysterische und andere, angeblich ärgere Übel Leibes und der Seele, Gutes und Ehre, sind gehoben. Die Pfeifer und Geiger wurden auf der Stelle verabschiedet, als *Jairi Töchterlein* von den Toten erweckt werden sollte. – Selbst die Bevölkerung müßte hierbei zunehmen; »es verlohne zu leben«, würden die Weiber denken. Und wie ging es in aller Welt zu, daß man bis jetzt den Vorteil der Menschheit so sehr verkannte? daß man die Weiber als abgeschiedene Seelen in einem Psychodocheum hielt und sie nie zum wirklichen, sondern bloß zu einer Art von Leben berechtigte? – Zu einer Art von Ritterleben von trauriger Gestalt! – Viele Züge würden mehr gehoben, andere sanfter gemischt werden; man würde uns nicht so oft statt eines Nachtstückes die Nacht mit schwarzen Farben verkaufen; nicht so oft aus bloßer Angst und Furcht ein Held sein; nicht so viele Rechtsglücksgreifer und Marionettenspieler in den Gerichten finden, nicht so viele flache, mit groben Farben überladene Richter und Anwälte und wie die Herren weiter heißen – wenn Weiber an der Rechtsverwaltung teilhätten. Sind unsere praktischen Rechtsgelehrten nicht gemeiniglich Feinde des *Warum*? Ist das Verdienst des größten Teils von ihnen nicht, Urteile in Umlauf zu bringen, die man ein *Spielzeug des Gewissens* nennen könnte? – Urteile, die oft das gerade Gegenteil von jener inneren Gerechtigkeit sind, bei der jeder, wenn er auch gleich durch alle drei Instanzen verloren hätte, sicher sein kann, daß er nach Gefühl und Einsicht der gesitteten unparteiischen Welt gewinnen und das Feld behalten werde! – Sind die meisten Dikasteria nicht Säulenreihen, die nichts Wichtiges zu tragen haben und wo man unbedeutende Gegenstände mit Verzierungen überladen hat? Der *sichere* Ehrgeiz ist weit unausstehlicher als der, welcher sich vor List und Nachstellung *fürchten* muß. – Die Römer waren, als Staat genommen, keine sonderlichen Finanziers; und oft hat mich der sündliche Gedanke angewandelt, ob nicht mit darum Juristen und Finanziers einander so spinnenfeind wären, bis auf den heutigen Tag. Würden Weiber an der *Finanz-* und *Rechtsverwaltung* Anteil nehmen – ich wette, dieser Haß zwischen *Herodes* und *Pilatus* müßte aufhören und beide Teile mehr zu Gesinnungen der Menschheit kommen, da jetzt die Herren Finanziers oft ins Recht pfuschen und die Justiz es so wenig bedenklich findet, eine Art von Finanz-Operation zu werden, daß die Juristen oft genug die Furierschützen des Finanz-Departement sind. – *Themis*, weibliche Gottheit, öffne deine Heiligtümer deinem Geschlechte, und du wirst Wunder sehen, ohne daß du dich bemühen darfst, sie zu tun! –

Während daß wir unsere Hände nach allem ausstrecken, nicht zufrieden, über die Seelen der Weiber *à la Padischah* zu gebieten, sondern auch an ihren Körpern zu Helden zu werden, zwingen wir das andere Geschlecht, auch auf die

Heilkunde Verzicht zu tun, zu der es einen unwiderstehlichen Hang behauptet. Und warum ist die Heilkunde in ihrem weitesten Umfange nicht eine freie Kunst der Männer und Weiber? Fühlen die Weiber nicht so lebhaft, daß die Natur sie ganz eigentlich zu diesem Geschäfte berufen hat? Treiben sie nicht, trotz allen Anordnungen, aller Aufsicht und allen Strafen, dieses ihnen so strenge verbotene Handwerk? Und haben sie sich nicht – was noch sonderbarer ist – dabei sogar einen Namen zu erwerben Gelegenheit gehabt? Frau ** auf ** kuriert ihr Haus und ihre Untertanen, aller Rezepte von Scheltworten und Drohungen der kunsterfahrnen Fakultisten ungeachtet, und kann sich nicht mit der gestrengen Rechtsgläubigkeit dieser Herren einverstehen, wenngleich diese Eiferer für des Herrn Haus sich viele gelehrte Mühe geben, in Rücksicht anderer unbedeutender Ärztinnen, ihre Orthodoxie inquisitorisch zu beurkunden. – Hüten Sie sich, gnädige Frau, daß Sie nicht über Hals und Kopf in ähnliche Anfechtung fallen und wegen ihrer kunstlosen Arzeneien verantwortlich werden! – In einigen spanischen Provinzen barbieren die Weiber, und *Marquis de Langle* setzt hinzu: so sollt' es eigentlich und überall sein, denn ihre weichen, sanften und fleischigen Hände taugen weit besser als unsere, das Kinn einzuseifen und das Messer zu handhaben. – In den Entscheidungsgründen kann ich diesem Weiberschutzpatron nicht beistimmen; wohl aber in der Behauptung selbst. – Jene nicht ungerechte Befürchtung des Meuchelmordes würde wo nicht aufhören, so doch außerordentlich geschwächt werden, wenn das andere Geschlecht diese *gefährliche Kunst* triebe. Die Anlage des andern Geschlechtes zur Arzneikunst und Chirurgie beweiset unwiderlegbar seine vorzügliche Beobachtungsgabe. Nicht leicht entgehet seiner Aufmerksamkeit auch nur die kleinste, vorübergehendste Veränderung der Farbe, der Mienen, des Auges. Jede, auch die unbeträchtlichste, krampfhafte Bewegung der Muskeln weiß sein Blick zu erreichen. Sein Takt ist zarter und feiner, und auch da noch fühlt es Pulsschläge, wo der Arzt, wegen seines gröberen Gefühls, nichts mehr bemerkt. Der leiseste Hauch entgeht den Weibern nicht; sie vernehmen noch das Wort, das auf der Lippe zitterte und starb, und oft verstehen sie die Gedanken. – Am praktischen Urteil, von ihren gesammelten Beobachtungen Gebrauch zu machen, fehlt es ihnen sicher nicht. – Schon jetzt, bei dem kargen Vorrat von Kenntnissen und ohne allen Beistand der Kunst, übernehmen sie Kuren, die dem erfahrensten Arzte wo nicht lauten, so doch stillschweigenden Beifall abzwingen. Wieviel weiter würden sie sein, wenn ihnen der Zugang nachgelassen wäre, den ihnen ein neidischer Zunftgeist bis jetzt vorenthielt! Würden ihnen das Heiligtum des *Epidaurischen Gottes* und die unermeßlichen Schätze der Natur aufgetan und sie in die Geheimnisse der Kunst als Priesterinnen eingeweihet, wieviel wäre für das menschliche Geschlecht gewonnen! Da hingegen jetzt die große Angelegenheit, die Gesundheit des Menschen, sich immer in sehr mißlicher Lage befindet, indem viele von unseren Ärzten sich nicht begnügen, Diener der Natur zu sein, sondern sich zu gestrengen Herren derselben aufwerfen. Wo wir doch überall Herren sein wollen! Die Arzeneikunst aller der Natur nahe kommenden Menschen ist so einfach und so stark, daß sie mit wenigen Mitteln alle Krankheiten heilt, so wie Brot die tägliche Schüssel auf allen Eßtischen ist. Die Natur ist so gutmütig, daß sie uns durch Krankheiten gesund machen will. – Unpäßlichkeit ist ein Glockenschlag, wodurch

wir zum Bußtage aufgefordert werden. – Die Natur macht uns aufmerksam auf uns selbst – und will uns damit lokken, daß wir glauben sollen, sie sei unsere liebe gute, unsere rechte Mutter. Und ist sie das nicht? – Der Schmerz? Ach, dagegen ließe sich noch viel sagen. In der Tat, die Natur scheint mit dem Schmerz ihr Spiel zu treiben. Es gibt Fälle, wo der Schmerz mit der Gefahr in keinem Verhältnisse steht. Zahnschmerzvorfälle, in welchen das Leiden weit größer ist als die Gefahr; und so auch umgekehrt. – Vielleicht wollte die Natur uns lehren, uns aus dem Schmerze überhaupt nichts zu machen und ihn nie auf einen ernsten Fuß zu nehmen. Mache, was du willst, sagte ein Stoiker zum Schmerz (ob er sich gleich nicht entbrechen konnte, mit den Zähnen zu knirschen), ich werde doch nicht sagen, daß du ein Übel bist! Und man sage, was man will, es liegt in unserm Reden mehr als ein Linderungsmittel. Wenn wir dem Schmerze freundlich zureden, scheint er Mitleiden mit uns zu haben; und wenn wir ihm trotzen, scheint er sich zu fürchten. Wer den Schmerz in Schimpf oder Ernst übersieht und sein unverwandtes Seelenauge mit strenger Aufmerksamkeit auf einen andern Gegenstand heftet, spielt dem Schmerz einen Streich, daß er nicht weiß, wie er daran ist. In allen diesen Rücksichten ist vom andern Geschlechte mehr, unendlich mehr als vom unsrigen zu erwarten. – Ein gewisses Segensprechen, ein gewisses Hohnsprechen ist ihm eigen. Man seh' es leiden, man seh' es mitleiden und Beileid bezeigen – man hör' es Trost und Mut zureden. –
Wieviel eine vernünftige Lebensordnung zur Erhaltung der Gesundheit beiträgt und welch ein bedeutendes Hauptstück hier Speise und Trank ausmachen; wie vieles dabei auf wahre Zubereitung ankommt: das sind Umstände, von

denen jeder überzeugt ist; und doch wird dieser wichtigste und eigentlichste Teil der Arzneikunst ganz dem weiblichen Geschlecht überlassen, ohne ihm die geringste Kenntnis von dem zu lehren, was es zubereitet, noch wie es dasselbe zubereiten muß, wenn die tierische Maschine unterhalten und nicht zerstöret werden soll. – Vielleicht würde es durch Vermittelung der Weiber dahin kommen, daß Speise und Trank zu unserer Medizin würden, daß wir Medizin nicht mehr *einnehmen* dürften. – Wird nicht die Hälfte ihrer Wirkung durch den Ekel eingebüßt, den das Einnehmen veranlaßt? Kurz und gut, das zahllose Heer von Prozessen und Krankheiten würde vermindert werden, wenn Weiber Richter und Ärzte wären. Ist es nicht leichter, manchen Krankheiten *auszuweichen*, als sie zu *heilen*? Ist es nicht heilsamer für den Staat, wenn weniger seiner Bürger von Krankheiten heimgesucht werden, als wenn ihnen durch die Kunst der Ärzte die Gesundheit wiedergegeben wird? Ist das auch wirklich Gesundheit, was diese Herren den Kranken dafür verkaufen? Wahrlich, ebensowenig, wie das Gerechtigkeit ist, was wir in unsern Gerichtshöfen sehr teuer bezahlen. –

Väter des Staats, errichtet, statt klinischer Institute, Schulen für die Weiber, wo das, was zum Unterhalt und zur Nahrung des Menschen dienen soll, näher geprüft und untersucht wird; wo sie gelehrt werden, Speise und Trank auf eine unschädliche und schmackhafte Weise zu bereiten und das Leben und die Gesundheit der Staatsbürger zu sichern. Aber auch selbst in moralischer Rücksicht wäre es den Sitten und dem Staate, dem die Sitten seiner Bürger vorzüglich zu Herzen gehen müssen, vorteilhaft, wenn den Weibern gestattet würde, Arzneikunde zu üben.

Weibliche Ärzte müßten sich weit eher das Zutrauen bei

den Kranken ihres Geschlechtes erwerben. Diese würden ihre Gebrechen leichter und mit weniger Zwang entdecken und jene, aus Erfahrung mit der Natur und Beschaffenheit des weiblichen Körpers, mit seiner periodischen Ausleerung bekannt, sicherer dem Übel nachspüren, raten und helfen können. Dann würden weibliche Krankheiten nicht mehr die Schande der Ärzte sein und vielmehr eine Vollkommenheit in der Kunst erreichet werden, insofern Vollkommenheit zu erreichen ist. –

Schamhaftigkeit, diese Tugend, die das andere Geschlecht so herrlich kleidet, mit der, wenn sie verlorenginge, alle Grazien und Reize ihre Kraft verlieren würden; sie, die durch nichts ersetzt wird – ist sie nicht oft die Ursache, daß Mädchen Gebrechen so lange verheimlichen, bis dieselben nicht mehr zu heben sind? oder daß sie lieber mit Gefahr ihres Lebens auf die Hülfe der Kunst Verzicht tun? Wie manche hat eine Entzündung ins Grab gebracht, die, wenn sie weniger schamhaft gewesen wäre, im Augenblick hätte gerettet werden können! – Wie viele büßen nicht durch schwere Geburten ihr Leben ein, die es erhalten und dem Staate noch viele Bürger geschenkt haben würden, wenn Geburtshülfe eine weibliche Kunst wäre, wenn man den Hebammen nicht bloß das Mechanische dieser Kunst überließe, das Wissenschaftliche derselben aber sehr weislich den Männern vorbehalten hätte! Ist es bei diesen Umständen ein Wunder, daß in *London* und *Dublin* von Frauen, die sich durch Hebammen entbinden lassen, eine unter 70, und von denen, die sich der Aufsicht männlicher Geburtshelfer bedienen, nur eine unter 140 im Wochenbette stirbt? In der Tat, es bleibt unsittlich, daß ein Eheweib ihren Körper vor irgendeinem Manne, den ihrigen ausgenommen, entblößt! Verscheucht dergleichen Überwindung der Schamhaftigkeit nicht alles, was man Ehrbarkeit nennen kann? Wie viele Villacerfsche Fälle mögen, ohne daß sie verzeichnet sind, sich ereignet haben, wo ein Arzt im verliebten Taumel nicht wußte, was er tat! wo er, um ein Weib zu verführen oder ein Mädchen zu gewinnen, die Kur verlängert, sie anders lenkt und oft bloß in dieser Rücksicht einen langsamen oder schleunigen Tod, ohne daß er es dazu anlegte, befördert! Und wenn man weiß, was Eifersucht vermag, wer zittert nicht bei diesem Gedanken und bei der Einrichtung, nach welcher man dem Arzte soviel anvertrauet, ohne selbst nur den leidigen Trost zu haben, durch drei Instanzen seinen Prozeß zu verlieren!

Woher kommt es, daß der so wichtige und über alles gehende Widerstreit zwischen Wohlstand, Sitten und Bedürfnis bis jetzt übersehen worden ist? Hat man ihn aber nicht übersehen, warum ist denn *dieser* Mißstand, dem so leicht abzuhelfen war, unabgeholfen geblieben? Man kann sich bei dergleichen Umständen des zudringlichen Gedankens nicht erwehren, das moralische und physische Wohl der Bürger sei nicht das, womit die Staats-Piloten sich zu beschäftigen scheinen. In der Tat, Glück und Zufall sind es gemeiniglich, welche Bahn und Fahrt bestimmen; denn es gibt der hier einschlagenden Unschicklichkeiten noch weit mehr, von welchen der Staat keine Notiz nimmt, ungeachtet sie einer ernstlichen Rüge bedürfen und ungeachtet es federleicht sein würde, diese Quellen so mancher unmoralischen Folgen zu verstopfen. – Noch bedient man sich der *Tanz-* und *Singemeister*, um dem Frauenzimmer Tanz und Musik beizubringen, und scheint es entweder nicht zu wissen oder nicht wissen zu wollen, wie nahe die weibliche Tugend hier der Gefahr ist, wie

manche diesen Versuchungen nicht widerstanden und als Opfer fielen.
Man läßt es geschehen, daß *Männer Weiberköpfe* putzen, und ahndet nicht, was hier für Gedanken geweckt, was für Bilder aufgeregt und was für Begierden gereizt werden. Man vergißt, daß die Gattin und Tochter müßig sitzen, daß das Wühlen in den Haaren einen gewissen physischen Kitzel, wo nicht bei beiden, so doch bei *einem* Teile erregt; man übersieht gewisse Stellungen, die einen aufmerksamen Beobachter viel erraten lassen. Zwar hat man angefangen, diese Geschäfte weiblichen Händen zu übertragen; allein noch ist dies eine Seltenheit und eine ökonomische Veranstaltung. Ein kleinlicher Bewegungsgrund, wo es doch deren so viele und so wichtige gibt.
Auch die *weibliche Kleidung* sollte durch *Weiber* angemessen und gefertiget werden. Die Manipulation eines männlichen Schneiders und Schusters ist unschicklich. Wär' es dem Staate Ernst, die große und edle Hälfte seiner Bürger nützlich zu beschäftigen; fühlte er die große Verpflichtung, diejenigen, welche die Natur gleich machte, auch nach Gleich und Recht zu behandeln, ihnen ihre Rechte und mit diesen persönliche Freiheit und Unabhängigkeit, bürgerliches Verdienst und bürgerliche Ehre wiederzugeben; öffnete er den Weibern Kabinette, Dikasterien, Hörsäle, Comptoire und Werkstätten; ließ' er dem vermeintlich stärkeren Manne das Monopol des Schwertes, wenn der Staat sich nun einmal nicht ohne Menschenschlächter behelfen kann oder will; und machte er übrigens unter beiden Geschlechtern keinen Unterschied, so wie die Natur es wollte und wie die bürgerliche Gesellschaft es auch wollen sollte, wenn sie sich nicht etwa ihrer natürlichen Herkunft schämt: so würden Staatswohl und

Staatsglückseligkeit sich überall mehren, die Menschen wachsen wie die Weiden an den Wasserbächen und die Menschheit ihrer großen Bestimmung mit schnellen Schritten zueilen. –

Doch ich wollte nur Winke geben und verdiene vielleicht den Beinamen, den man *Burke* zu einer gewissen Zeit beilegte: *the dinnerbell*, die Eßglocke, weil die meisten Parlamentsglieder, wenn er zu perorieren anfing, das Haus verließen. Die Wahrheit bedarf keiner Schminke, und wer der Schönheit wegen schreibt, unterwirft sich dem Schicksal einiger Damen unserer verderbten Zeit, die sich weit lieber erkälten als dem Putze das mindeste von seinen modischen Rechten entziehen. Will man etwas in seinem ganzen Umfange, in seiner ganzen Stärke genießen, so entferne man alles Fremdartige und mache es wie große Esser, die, außer dem Geschmack, den übrigen Sinnen in ihrem Eßsaale den Zutritt nicht verstatten. Selbst weite Aussicht, Tafelmusik, unterhaltende Gespräche entkräften ihr Vergnügen. Still essen sie, und alles hat bei ihnen seine Zeit. – Alles, was kolossalisch ins Auge fällt, ist schwächlich. Wer Menschen vergöttert, macht weniger aus ihnen, als sie von Gottes und Natur wegen sein können. *Immerhin Gott, nur kein Mensch*, hieß es von höchstseligen Tyrannen. – Detail-Vorschläge geben sich von selbst, wenn nur der Total-Eindruck unauslöschlich ist. Der Text muß sich nicht in den Prediger, sondern der Prediger in den Text schicken; und was hilft Wissen und Wollen, wenn es nicht zum Tun kömmt! Wer nicht Nebenfolgen von eigentlichen und Nebenursachen von Hauptursachen zu unterscheiden weiß, hat seinen Plan nur schlecht angelegt – oder hat gar keinen. –

Wie aber, es erheben sich Einwendungen an allen *fünf*

Fingern der vorigen Kapitel? Immerhin, und wären sie auch nichts weiter als wiederholte Wiederholungen, an denen denn doch meine Wenigkeit nicht schuld ist, sondern (niemand übrigens zu Leide gesagt) meine gebetenen Gäste von Opponenten. – Jene *Chroniques scandaleuses* wider das schöne Geschlecht, von Misogynen und vielbeweibten Männern, von Kastraten und körperlichen Kraftgenies (die in der Voraussetzung, das sinnliche Bedürfnis sei das größte Band unter beiden Geschlechtern, des Dafürhaltens sind, die starken Männer wären auch die besten), von Toren und Weisen, von Heiligen und Liederlichen, von Sultanen und Keuschheitswächtern geschrieben und erzählt – werden sie vermögend sein, uns umzuschaffen oder der Natur Gewalt zu tun? – *Das Weib sei nur des Mannes wegen?* Wohl, so wie der Mann des Weibes halben. Hast du nie ein Weib gesehen, Freund, das bei liebenswürdiger Einfachheit eine erhabene Größe verrät? bei voller Publizität und Offenheit eine enthaltsame, strenge Zurückhaltung? bei edler Zutraulichkeit forschende Prüfung? – Es legt es nie auf Herzen an, und doch gewinnt es alle Herzen. Das edle Absichtslose, das die Poesie behauptet, ist seine Weise; und wieviel richtet es damit aus! Sein Blick, der durch die Kirchenschlösser der Herzen dringt und alles *Für* und *Wider* entdeckt; seine Kraft, die alles niederdrückt und hebt, was es will; gleich frei von Freude wie von Leid, von Furcht und Hoffnung unbefangen, für den heutigen Tag lebend ohne Sorgen für den andern Morgen – wie schnell und wie umfassend wirksam, zur Selbstherrscherin aller Herzen geboren, erhebt dies Weib zu seinen Freunden, die es durch die Hoheit seiner Würde zu seinen Untergebenen machte! *Koketterie* – sagst du? Nun, so ist Kosmopolitismus Stoizismus – und die erhabenste Menschentugend im Leben und im Tode Koketterie! Von Natur sollte das Weib nicht den *Cajus*, *Titus* und *Sempronius* lieben, sondern das Geschlecht; durch die Ehe wird es *eines* Mannes Weib; an jene Umfassung gewohnt, geht auch seine Denkart ins Allgemeine, ins Ganze, ins Große. – Macht ein großer Mann jene Rolle des großen Weibes, sage unverhohlen: fehlt ihr nicht oft Geist und Leben? – Du zürnest, Freund? Was denkest du Arges in deinem Herzen?

»*Alle Übel in der bürgerlichen Gesellschaft sind Werke der Weiber!*«

Der Weiber, die doch in den politischen Gesellschaften nur Nullen sind und ohne eine vorstehende männliche Zahl keine Bedeutung haben? Und warum ihr Werk? Weil sie Männer dazu verleiten? die Kurandinnen die wohlweisen Kuratoren? Wegen des Einflusses, den man den Weibern nicht versagen konnte, den auch Sklavinnen über ihre gestrengen Herren behaupteten. So sehet denn da die Rache, welche die Natur sich nicht versagen kann, wenn man ihre Majestät beleidigt! – Entzieht den Weibern keinen jener Anteile, wozu sie unleugbare Rechte haben, und ihr werdet jenen Schleichhandel von selbst heben, den jetzt die Weiber zum Nachteile ihrer Männer und des Staates treiben. Die Vernunft ist göttliches Ebenbild, und wo ihr sie findet, da ist es Pflicht, ihre Superiorität anzuerkennen. – Wo sie erscheint, ist Wert, Würde und Selbstbeständigkeit. Sie regiert im Kleinsten der Untertanen den Größten, den Herrn der Welt – und in dem Staate, wo sie unterdrückt wird, hören die Weisen die Stimme, welche sie auf ebene Bahn leitet: *Stehet auf und lasset uns von hinnen gehen!* Oder wie, ist etwa der Wert des anderen Geschlechtes nicht auf Vernunft, sondern auf Sinnlichkeit gegründet? Ei, Lieber, können wir uns, solange wir Kleider der Sterblichkeit tragen, über die Sinnlichkeit hinaussetzen? Nur ein Pedant kann die *Sinne* die Deutschen Klassen nennen; kommen wir nicht durch sie und durch die Empfindung der Vernunft zuvor? Gründen die Sinne nicht die Vernunft? Sind sie nicht – die höchsten Revisoren derselben; erheben sie die Vernunft nicht zu ihrer eigentlichen Würde? Ist die Vernunft nicht *generis foeminini?* Und der *Geschmack*, ist er nicht mit so schönen sittlichen Ideen ausgestattet, daß es eine Lust ist? Muß die Vernunft sich nicht vielmehr von Amts wegen versinnlichen, um über das Herz zu siegen, das ein trotziges und verzagtes Ding ist, wer kann es ergründen? – Würden wir nicht aufhören, Menschen zu sein, und übernatürlich werden, wenn wir auf das Wesen der Menschen Verzicht täten? Ist übernatürlich nicht auch unnatürlich? Das feinste Raffinement ist immer ein Verwandter der Simplizität. Das Los dieses Lebens ist eine Menschenrolle; ist sie so subaltern, wie sie scheint, und verdient *der* Beförderung, der im Geringeren ungetreu ist? Erst durch die Ehe wird das Weib in eben dem Grade durch den Mann vollendet wie der Mann durch das Weib. – Mann und Weib machen einen ganzen Menschen aus. – Die relativen Eigenschaften, die zwischen beiden aufeinander angelegt sind, setzen diese Behauptung außer Zweifel. Darf ich es noch einmal wiederholen, daß der Vorzug der physischen Größe und Stärke des Mannes in Hinsicht des Weibes sich auf keine moralische Überlegenheit unseres Geschlechtes bezieht? Kein Geschlecht hat den mindesten Wert ohne das andere; zusammengenommen machen sie die Menschheit aus. Wir spielen aus *einer* Kasse, und die Natur hat Mann und Weib so zusammengefügt, daß kein Mensch sie scheiden kann. – Ineinander verwebt, ist Eins um des Andern willen. Eifersucht auf Ansehen ist der Hebel, wodurch nur schwache Menschen gereizt und in Atem gesetzt werden können. Was kann sich ohne Weiber gruppieren? Gehe mit einem dir völlig gleichgültigen Weibe um, nur Langerweile halben – ehe du es merkst, wird deine Seele in die ihrige eingreifen; ihr werdet nicht voneinander lassen, ohne daß Lust oder Liebe hierbei den mindesten Einfluß hat. – Dieser Einklang ist Geschlechtstrieb, oder inniges geheimes Gefühl, Bestätigung der göttlichen Worte: Es ist nicht gut, daß der Mensch allein sei. – Ohne *Eva* ist *Adam* ein Tier, und *Eva* ohne *Adam* eine Klosterjungfer. Wer bemerkte nicht, daß fast alle Männergesellschaften mit dem Paradiese anfangen und mit dem jüngsten Gerichte enden! Man erstaunt über die Sprünge, welche Männergespräche nehmen. – Weiber knüpfen sie zusammen und bringen alles in das Verhältnis, wenngleich gesellschaftliche Unterhaltungen mit Recht die Art der Englischen Gärten behalten, die genau gebahnte Wege vermeiden. – Wäre größere körperliche Stärke mit einer größeren Seelenkraft verbunden, so würde diese Schrift sehr klein geworden sein, und es hätte nicht verlohnt, an eine bürgerliche Verbesserung der Weiber zu denken. Macht aber der Geist des Menschen sein eigentliches Wesen und Sein, so ist die Unfähigkeit des Weibes zu Staatsgeschäften, Künsten und Wissenschaften ein Vorwand, allein kein Einwand. – Selbst nicht immer sind die Weiber schwächer gebauet als die Männer. – »*In einzelnen Fällen? – in niederen Klassen?*« Nein, auch selbst im allgemeinen! In *Champagne*, wo die Einwohner ein gesunder Schlag Leute sind, sollen, nach der Bemerkung der Reisenden, die Weiber stärker sein als die Männer; und wie viele junge

Wüstlinge gibt es, die sich das Alter in der Jugend inokulieren ließen, um so wenig vor Alter wie an den Pocken zu sterben! – Ich will für meinen Einwender Gründe auslegen, die er mir hoffentlich zu seiner Zeit erstatten wird. Zugegeben, daß das Weib im allgemeinen und bei allen Nationen, sowie überhaupt in der ganzen tierischen Schöpfung, schwächer, feiner und zarter gebauet ist als der Mann; zugegeben, daß die weiblichen Nerven biegsamer, reizbarer und zärtlicher als die unsrigen sind: was folgt daraus? Etwa, daß der Körper der Weiber nicht zu langen Anstrengungen des Geistes angelegt sei? daß sie wegen ihrer lebhaften Imagination nicht lange bei einem Gegenstande verweilen können? daß Anstrengung des Kopfes, Sammlung des Geistes ihre Sache nicht sei? – Gibt es nicht wissenschaftliche Gegenstände, welche Biegsamkeit und Feinheit erfordern? Läßt denn körperliche Stärke auf geistige schließen? Und hat ein vierschrötiger Tagelöhner die beste Anlage zum Generalsuperintendenten? – Die vorzüglichsten Menschen hatten schon oft die schwächlichsten Körper. Eine große Seele hat selten einen handfesten Leib zu seinem Gefährten gewählt; Freund *Hume* und einige andere ausgenommen, waren große Geister in der Regel klein und schwächlich. – Was wohl leibet, heißt es in einem alten Sprach- und wahren Worte, seelet oft übel. Selbst *Alexander* und *Friedrich II.* waren klein von Körper, so wie Helden gewöhnlich nicht auf große Statur Anspruch hatten. Oder wie, haben Physiologen ausfindig gemacht, daß die ursprüngliche weibliche Organisation die Weiber zu subalternen Geschöpfen mache, ihnen den Weg zu allem Edlen und Großen vertrete und, wenn auch Jünglinge und Mädchen einerlei Unterricht empfingen, von einerlei Motiven zu ihrer Geistesbildung angetrieben würden, jene doch diese allemal überflügelten? Wären diese Beobachtungen wahr und richtig, so müßte man freilich glauben, auch wenn man das gerade Gegenteil sähe. – Ei Lieber, wo hat man den Erfahrungsschatz gefunden? Gesammelt hat man ihn doch nicht? Wo sind Versuche gemacht, absichtlich gemacht? Und müßte das nicht vorausgegangen sein, wenn man über Anlagen und Fähigkeiten so absprechen wollte? Es hat nie weder an Köpfen noch an Herzen unter den Weibern gefehlt, die den Männern den Rang abgewonnen! Ich beziehe mich auf den Anfang dieses Ohrfingers von Kapitel, welcher so spendivisch preiswürdige Namen genannt hat. – Und warum wollen wir miteinander streiten, da jeder Blick aus der Arche der Studierstube das Vorurteil der Weiberverachtung widerlegen kann und wird – falls ihm kein gefärbtes Glas die Macht benimmt. Es geht meinem Gegner wie vielen andern seiner Art: er bestreitet nicht die Sache selbst, sondern die unrichtigen Begriffe, die er sich von der Sache macht; nicht mich, sondern sich. –

Freilich – (ein erwünschter Anfang von einem Opponenten!) *Freilich wallfahrtete die Königin aus Arabien, um bei dem Professor Salomo einen philosophischen Kursus zu hören; und wir können nach der Liebe hoffen, daß er sie nicht ohne augenscheinlichen Segen seiner Schule entlassen haben wird.*

Der Schule der Weisheit doch wohl? Sonst müßt' ich dies *Freilich* mit Zinsen zurückgeben. Wo der liebe Gott eine Kirche hat, da bauet sich der leidige Feind eine Kapelle. – Jede Akademie der Weisheit hat ein Gymnasium der Torheit in der Nähe; in der größten Schönheit liegt der Stoff zur größten Häßlichkeit. – Je glücklicher die Vernunft den blauen Dunst zu verbreiten sucht, der unser Auge verfälscht, je heftiger wird die Begierde, sie durch Besuche aus jenen Gegenden zu widerlegen, wo abgeschiedene Seelen hausen. – Beweiset die königliche Wanderschaft (des *Freilichs* ungeachtet) nicht klärlich, wie begierig die schöne Welt – wohl zu merken – nach Weisheit ist? – In Ernst, was wissen wir denn? Sind Weiber gleich zuweilen des Dafürhaltens, einer Philosophie nicht zu bedürfen, nach welcher wir uns rühmlichst den Kopf zerbrechen, um grundgelehrt sagen zu können: wir wüßten nichts – können ihnen dagegen wohl Energie der Seele und tiefgeschärfte Bemerkungen abgesprochen werden? Und so wäre denn auch dieses Spiel für die Weiber gewonnen. – – Kinder reicher Leute sind gemeiniglich so baufällig wie die Hütten der Armen, und langer Nichtbrauch kann Kräfte schwächen; – allein auch heben?

Wer kann behaupten, *daß das Eigentümliche des Geschlechtes nichts Bestimmendes für die bürgerliche Gesellschaft habe?* Das Weib hat Selbstliebe und die damit korrespondierende Selbstbeständigkeit. – Ist bürgerliche Gesellschaft denn etwas anderes als eine vergrößerte häusliche? Oder sind etwa auch in der häuslichen Gesellschaft die Weiber nicht an Ort und Stelle? Wo sind Privatgesellschaften, die in die Länge ohne Weiber sich halten könnten? Ihren Hauptreiz verdanken sie den Weibern, deren munterer leichter Ton alles in's Geschick bringt und die schwersten Gegenstände schmackhaft, anmutig, gefällig und geläufig zu machen versteht. – Sie finden zu den Gedanken des Mannes die schicklichsten Ausdrücke; und oft hab' ich zu bemerken Gelegenheit gehabt, daß, umgekehrt, Männer die Gedanken des andern Geschlechtes durch wohlgewählte Worte zu beleben suchen. Bei jeder Regel haben sie zehn Fälle bei der Hand, die jene bestärken oder widerlegen; ihre vom richtigsten Geschmack gebildete Einbildungskraft bringt in die abstraktesten Dinge eine lebendige Seele! Wir wollen viel wissen, die Weiber viel verstehen; wir wollen viel gedacht haben, die Weiber viel sagen und in Umlauf bringen. Sie protegieren gemeiniglich nicht Gelehrte, sondern die Gelehrsamkeit; weniger eitel in dieser Hinsicht als wir, legen sie es darauf an, weniger gelehrt als weise zu sein, sie ehren den Witz und bedienen sich seiner als der ihnen von Natur beigelegten Waffen, sich in Achtung zu setzen und darin zu erhalten. Durch Witz beleben sie ihre gesellschaftlichen Zirkel und halten jede Ungezogenheit ab; ihre gefällige Laune tingiert alles mit Wohlgefallen. – Dem Pedanten schleifen sie den Rost ab, damit er erträglich werde; und wenn *Newton* ihren Finger nimmt, um seine Pfeife nachzustopfen, so wissen sie diese unverzeihliche Zerstreuung zu seinem Vorteile zu wenden; wenn er etwas über die Offenbarung Johannis schreibt, so tut es durch den Schutz, den sie ihm angedeihen lassen, ihm an dem Orte, wo er lebt, keinen Schaden. Ein großer Gewinn! Nichts wird so wenig vergeben als persönliches Verdienst, und nichts wird so gern von Damen in Schutz genommen als eben dieses. Empfindlichkeit ist innig mit Genie verbunden: in unserem Glücke liegt auch immer der Keim des Unglückes; und wieviel haben Damen zu tun, um hier alles zum Besten zu kehren, zu ebenen und ins Gleichgewicht zu bringen! Ruhe und Ruhm sind selten gute Freunde; Damen versuchen die Sühne unter ihnen und wissen sie zu vergleichen. Sie vertreiben jenen Rausch in den Schriften des schönen Geistes, der alles räucherig gemacht haben würde, wenn nicht in Zeiten frische Luft dazu gekommen wäre. Sie stellen bei kleinen Soupers witzige Turniere an und lenken das Gefecht. Sie widersprechen nicht wie mein Gegner, sondern oft nur, damit man einsehe, daß hier ihrer Zwei sind. – Wenn Gelehrte Gedanken überschlagen, so wie man Blätter überschlägt, so füllen sie die Lücken und setzen alles in Verbindung. – Ihre Aufmunterung erhält den verdienstvollen Schriftsteller aufrecht, wenn Knaben ihn einen Kahlkopf heißen; sie decken ihn mit ihrer Ägide vor den feurigen Pfeilen des Neiders und Spötters, so daß die besten Autoren an ihrer Hand die Stufe der verdienten Würde erstiegen, die sie ohne diese Engel der Stärkung gewiß nicht erreicht haben würden. – In der Blüte wären sie verwelkt, und noch ehe sie zu männlicher Stärke gelangten, würden sie, ohne weibliche Aufmunterung, autorlebenssatt dahingeschieden sein. – Die Prämien aller Akademien können nicht den aufgekitzelten Witz eines Spötters in unserm geselligen Kreise zügeln; – und Weiber, die so wohltätig in kleinen Gesellschaften sind, sollten es weniger in größern und im Staate sein? – Ein englischer Reisender macht die Anmerkung, daß die Französinnen in den Tagen der Fröhlichkeit und des Genusses glänzten, die Engländerinnen dagegen im Schatten des eingezogenen Lebens und in der häuslichen Ruhe. – Man lasse sie zu *Staatsgeschäften*, und wir werden finden, daß sie nicht bloß zum englischen Frühstück, zu einer französischen Assemblee, sondern auch in Geschäfte die nämliche Milde und Güte bringen werden, die sie überall, wo sie sind, verbreiten. – Sie sind das Salz der Erden, das allem Geschmack gibt, das Licht, das überall erleuchtet, es mag als Mond des Hauswesens oder als Sonne des Staates aufgehen. Nicht nur die angeborne Moral ihrer schönen Seelen; nicht nur ihre Herzenskunst, die feinsten Winkelzüge des menschlichen Empfindens zu erreichen; nicht nur ihr durchdringender Blick, der wie die Steine Davids Goliath tötet; sondern auch jene Eigenschaften, die uns die Kindheit so liebenswürdig machen, ihre edle Einfalt, ihre Güte des Herzens, ihre von aller Menschenfurcht entfernte Seele, ihr unbesorgtes Vertrauen auf den Vater im Himmel und auf eine gerechte, eine gute Sache, würden die Staatsgeschäfte wiedergebären, und wir einen neuen Himmel und eine neue Erde des Staates sehen, wo Gerechtigkeit und Milde wohnten, und in einem neuen heiligen Leben wandeln. – Es wäre eine unverzeihliche Spötterei, wenn man auf die Frage, warum die weiblichen monarchischen Regierungen besser als die männlichen sind, antworten wollte: weil alsdann Männer das Ruder in Händen haben; so wie, wenn Männer regieren, Weiber sich am Ruder befinden; allein auch selbst diese Spötterei, sowenig sie von der Geschichte gerechtfertigt wird, beweiset mindestens, daß Weiber guten Rat zu schätzen wissen: und ist dies nicht bei Männern nur selten der Fall? Doch berufen, Einwendungen zu lösen, wie komm' ich zur Apologie? –

»*Eine Hauptbestimmung des Weibes ist Kindererziehung. Um desto sicherer zu glänzen, versäumt es diese Pflicht, die Mietlingen überlassen werden muß; und wenn etwa eine Mutter noch mit geteiltem Kopf und Herzen die Erziehung ihrer Tochter übernähme – ist es Wunder, daß sie, durch Gesellschaft verdorben, anfänglich mit ihr paradiert und nicht lange nach diesen Tagen eifersüchtig auf sie wird?*«

Lieber, ist die Erziehung bloß Pflicht der Mütter, oder liegt sie nicht auch den Vätern ob? Gehören die Kinder nicht beiden? Und wenn der Vater, dieser Verpflichtung ungeachtet, nicht aufhört gesellig zu sein, warum soll es denn die Mutter? Wozu werden Kinder erzogen? Nicht zur Gesellschaft im Großen und Kleinen? Und diese kennenzulernen soll die Natur Verzicht tun? Sie soll erziehen, ohne die Erziehungskunst zu kennen? – Einer der ungerechtesten Vorwürfe ist es, die *große Weichlichkeit unseres Jahrhunderts auf die Rechnung der Weiber und des Tons, den sie in Gesellschaften angeben, zu setzen.* Sind wir wohl so weichlich wie die kultivierten Völker, die ihre Weiber einsperren? Selbst zu gymnastischen Übungen gibt das andere Geschlecht unsern Jünglingen Gelegenheit, die indes kaum noch Kraft zum Tanze haben, der ohne die Weiber völlig aufhören würde! – Die Weichlichkeit fing von jeher bei unserem Geschlechte an, und gewiß haben wir es den Weibern zum größten Teil zu verdanken, daß sie nicht noch größere Verwüstungen macht. Jene Eitelkeit, die jetzt den Weibern anklebt, wird von selbst aufhören, wenn wir ihnen den Zutritt zu Dingen verstatten, wo sie sich von einer vorteilhafteren Seite zeigen können. Bis jetzt schränkte sich ihre ganze Bestimmung auf die Kunst ein, uns zu gefallen, und ein Mädchen hat seinen Lauf vollendet, wenn es das Glück hat, einen Jüngling anzuwerben, der seiner würdig ist. Gebet den Weibern und Mädchen andere Beschäftigungen, und sie werden jene Kleinigkeiten, jene Puppen aufgeben und die äußerlichen Vorzüge weit unbeträchtlicher finden als ein großer Teil unserer Narzissen, die im Spiegel der Mädchen bloß ihr geziertes Selbst erblicken. Befriedigen wir überhaupt durch das, was wir dem anderen Geschlechte zugestehen, nicht weit mehr unsere Eitelkeit als die Forderung der Natur, als die Wünsche eines denkenden Weibes? Es ist nicht zu leugnen, daß jetzt auch eine tugendhafte, ihrem Manne getreue Frau eine gewisse Koketterie für keinen Fehler hält und Männern von Verdiensten so liebreich und zuvorkommen begegnet, daß diese nicht umhin können, ihr eine vorzügliche Dankbarkeit zu erweisen. – Doch sollen hierdurch Begierden nicht geweckt oder gereizt werden; nie denkt jene liebe Frau, sie zu befriedigen, und der Mann, der darauf Rechnung machen wollte, wäre ein Neuling oder ein Prahler oder –. Wenn der liebe Gott einen Menschen strafen will, so fängt er an, ihn inkonsequent reden oder handeln zu lassen. – – Es gibt stillschweigende Bedingungen, die, ob sie gleich nicht verabredet, sondern vorausgesetzt und angenommen sind, doch heiliger als schriftliche Kontrakte, mit Notariatssiegeln verunstaltet, erfüllt werden – sie sind eine Art von Spielschuld, die auch den Königlichen Allerhöchsten Kassen vorgeht. – Bei der jetzigen Lage der Dinge trägt diese Koketterie des gemeinen Lebens dazu bei, daß der Umgang anziehender wird – man macht, wenn ich so sagen darf, nicht dem Körper, sondern der Seele den Hof, und es gibt in der Tat *Seelen-Cicisbeos*, die unschuldigsten Geschöpfe unter der Sonne. – Eine gewisse Art von Gleichheit unter den Menschen, welche an die Unschuld der ersten Welt erinnert, wird hierdurch zustande gebracht; und solange Weiber an den Staatsgeschäften nicht teilnehmen und wir keine ernsthaften Dinge mit ihnen und in ihrer Gegenwart treiben können, ist diese Koketterie ein Notübel, ohne das unsere Gesellschaften das Schalste, Unreizendste und Langweiligste sein würden, was je in der Welt gewesen ist und sein kann.

Der Einwand meines Gegners, *daß Weiber zuviel Zeit auf ihren Leib verwenden*, spielt den Krieg in sein eignes Land. – Sind wir es nicht, die ihnen die Seele bestreiten, die sie auf den Körper einschränken? Ist denn etwa der Körper uns bloß Ballast, mit dem die arme Seele sich beschwert hat, um auf der Fahrt dieses Lebens fortzukommen? Oder ist er nicht vielmehr ein ehrwürdiger Teil des Menschen? – Wer die Seele den Genius des Menschen nannte – hatte der so ganz Unrecht? Man gradiere die Weiber im Staate, so wie man dem Golde eine höhere Farbe gibt, und sie werden über den Leib die Seele nicht versäumen. – Ist es Ernst, lieber Einwender, oder ist deine Behauptung, *daß die Weiber eine unüberwindliche Neigung zur Pracht besitzen, wodurch sie ihre Männer zur Verschwendung und zu betrügerischen Konkursen verleiten*, Scherz? – Ernst also! Lieber, wer brachte sie auf die Bahn zur Pracht? Nicht der Stand des Mannes? Müssen sie nicht diesem oft die glücklichsten Neigungen ihres Herzens aufopfern? Ist ihre natürliche Stimmung nicht für Einsamkeit und Landleben? – *Landleben?* – Allerdings! Nicht aber für jenes, das keine Wohnung der Weltentfernung, sondern eine Gelegenheitsmacherin zu neuen Üppigkeiten und zu einer ganz neuen Art der Übertreibung ist. – An der Hand des Weibes scheint die Natur sich mit uns vertraulicher einzulassen und recht Gelegenheiten aufzusuchen, ihre Milch und ihren Honig, den ganzen Reichtum ihrer Wollüste, uns schmecken und sehen zu lassen. Die edlen Ergüsse der Zärtlichkeit, wenn sie reizend ausgewechselt werden sollen, suchen das Land und entfernen sich von Hof und Stadt, wo sie Fremdlinge sind – sie leiden keine Zeugen und weit weniger Laurer und Faher. – Wie oft muß sich das Land mißbrauchen lassen, die verstimmten Sinne des Hofmanns nicht zur Tugend und zu sanften Sitten, sondern zu neuen Ausgelassenheiten aufzuheitern! – Man sucht reinere Luft, um sich zu einer neuen Art Ausschweifung aufzufrischen. – Weiber suchen das Land und warten nicht darauf, dahin verwiesen oder ausgestoßen zu werden. – Freund, Sie sollten die Gräfin **b* kennen! Sie darbt, wenn man an der Hand der Natur darben kann, um für ihren Schlemmer von Gemahl eine ungeheure Schuldenlast zu bezahlen, die nicht bloß Sünden der Jugend sind, sondern die er in einem Staatsposten, der seinen Mann nährt, noch immer vergrößert. – Weiber schaffen sich Welten, die sie besäen und bepflanzen, durch eine wohltätige Einbildungskraft, die ohne Mühe reich macht: in der wirklichen Welt – wie unbedeutend ist da ihre Rolle! Sie zogen Nieten aus jenem Glückstopfe; wir die Gewinner. – Man kann durch Gedanken sich erhitzen und zu einer Röte kommen, die man eine Seelenröte nennen könnte und die sich von allen jenen unterscheidet, welche durch körperliche Erhitzungen veranlaßt werden; und so eine Röte innerer Zufriedenheit, mit Zuziehung einer wohlerlaubten Einbildungskraft erregt – welch eine Zierde auf der Wange eines edlen Weibes! Hast du nie die Wonne eines Familienzimmers empfunden, wo man eigentlich zu Hause ist? Denn in den übrigen wohnen Gäste oder ein antisokratischer Dämon von Pracht und Stolz; und welches Zimmer ist dem andern Geschlechte das angemessenste? Das erste das beste. – Und wie, wenn es auch Weiber gibt, die zu meiner Beschreibung nicht passen, wurden sie nicht schon als Bräute zum unzeitigen Aufwande durch Geschenke verführt, die weit über das Vermögen des Bräutigams gingen? Schwingt sich das Weib zum Regiment, so wird es ihm schwer und unerträglich, sich herabzustimmen; – und wenn es sich wirklich herabstimmt, ist es verzeihlich, solche Blößen zu geben, solche Betrüge ungestraft zu begehen? Ist es nur anständig, als Bräutigam den *Pastor fido* zu spielen, um nachher als Ehemann den *Orlando furioso* zu machen? Sein Weib aus dem Himmel in die Hölle, aus Eldorado in eine Schenke zu werfen, wo man es durch ein Schattenspiel an der Wand entschädigen will? – So betete man weiland in Paris die Komödianten an, denen man im Tode ein ehrliches Begräbnis versagte. –

Weiber sind auffahrend; der Zorn aber (das Vorspiel der Raserei) tut nie, am wenigsten in Staatsgeschäften, was Recht ist.

Und woher dieser Zorn? Der Ohnmacht halben, und weil den Weibern keine rechtmäßige Macht zustehet. Was hilft es, mit sich selbst zu Rate zu gehen, wenn es an ausübender Gewalt fehlt, die weise genommenen Beschlüsse zur Vollziehung zu bringen! – »Kannst du regnen, so kann ich auf Holzschuhen gehen«, heißt es in einem alten deutschen Sprichworte; und wer leugnet es, daß man bei den Ausbrüchen des Zorns die eignen Gedanken der Seele nicht vernimmt, so wie man bei tobendem Gewitter sein eignes Wort nicht hören kann! – Als jener edle Mann des Altertums nach seiner Rückkehr sein Hauswesen in unverzeihlicher Unordnung fand, stellte er seinen *Vizdum*, den ungerechten Haushalter, bloß mit den weisen, bewunderungswürdigen Worten zur Rede: *Wie würd' ich dir begegnen, wenn ich nicht böse wäre!* – Mein guter Freund ** sah einem Diebe gelassen zu, der ihm sein Holz stahl, und nur als er zu befürchten anfing, der Holzdieb würde sich zu sehr belasten, bat er ihn dienstfreundlich, sein selbst zu schonen und sich, den Weg zweimal zu gehen, nicht verdrießen zu lassen. *Rechtsum*, schön! und *Linksum?* Welchem Herrn dient der Knecht lieber: dem, der ihn in der ersten Hitze seine Strafhand empfinden, oder dem, der eiskalt ihn blutig stäupen läßt? »Der Teufel verliert keinen Dreier dabei, wenn ich nicht fluche«, sagte ein Bauerknabe, als ihm das zweite Gebot eingebläuet ward. – So teuer bezahl' ich die Weisheit nicht. – Wie vielen kostete die Zornunterdrückung Gesundheit und Leben! – Gesetzt, Weiber verständen die Kunst nicht, ihren Zorn äußerlich zu zähmen und eine gewisse Ruhe zu schwarzkünsteln – sind nicht die unversteckten Fehler die leichtesten und gemeiniglich Schwachheitssünden, von denen sich auch fromme, gottgefällige Seelen nicht lossagen können? Die Heiligen sind in dieser Rücksicht nicht ohne Fehl vor Gott; – vor Menschen es zur Scheinheiligkeit zu bringen, kann nicht schwer fallen. Jene Fehler bleiben die gefährlichsten, die in Schafskleidern zu uns kommen, inwendig aber reißende Wölfe sind: an ihren Früchten sollt ihr sie erkennen. – Zürnet und sündiget nicht. – Ist nicht der Zorn eine Art von Waffen, womit wir oft Gutes erweisen können, ohne zu schaden? Was würden Weiber ohne dies Hausmittel bei der Kindererziehung ausrichten? Gibt es nicht Unbeschnittene an Herz und Ohren, denen man nachdrücklich und gewaltiglich andeuten muß, was zu ihrem Frieden dient? – »Verziere das Nützliche«, sagte die Weisheit; die Torheit, die alles umzukehren gewohnt ist, kehrte das Gebot um und machte das Hauptwerk zum Nebenwerke. Gibt der Zorn nicht oft der Sache einen gewissen Schwung? – Wer kennt und schätzt nicht den *Diensteifer*, der das dritte Wort ist, wenn wir dem Staate unsere Dienste anbieten, wenn wir wirklich seine Offizianten werden und wenn wir mit der Bitte einer Pension den Staatsdienst verlassen! –

Der unbilligste Einwand von allen ist, daß Weiber darum nicht zu Geschäften berufen sind, *weil sie zu keiner*

Freundschaft unter sich Verstand und Willen haben. (Man übersehe nur nicht, daß nicht ich, sondern mein Feind so freundschaftlich ist, an die Freundschaft zu denken.) Ich leugne nicht, daß ohne ein gewisses Band sogenannter Freundschaft, eigentlich Offenheit, gutmütiger Bekanntschaft, Staatsgeschäfte schwerlich bewirkt und die leider zu künstlich geratene Maschine des Staates vereinfacht werden kann, weil ohne dieses Band keine Einheit im Staate herauszubringen ist und alles in der Irre ohne Zusammenhang und Ordnung bleibt. – Wer ist aber imstande, den Weibern Überlegung hierzu, kalte Schätzung des Gegenstandes, Feinheit, zuvorkommendes Wohlwollen und Aufopferung abzusprechen? – Schon jetzt gibt es Freundschaften unter ihnen, die den unsrigen nicht weichen. – Nur das Vorurteil der Männer hat ihnen die Anlagen zur Freundschaft abgesprochen. Sind sie nicht zarter, treuer, unüberwindlicher, unbestechbarer als viele Männer, wo Neid und Rivalität von so vieler Art die Triebe des Herzens verfälschen und die Freundschaft zum Kontrakt *do ut des, facio ut facias*, nicht zum Herzens-, sondern zum Sachentausche machen? – *Damon*- und *Pythias*-Freundschaften sind Fälle, die zu den seltenen gehören und die bei dem Einerlei der Weiber, bei ihrem Alltagsleben um so weniger zu erwarten stehen, da Proben und Situationen zu dergleichen Freundschaften durchaus unentbehrlich nötig sind. – Und wie verschieden sind jene *Damon*- und *Pythias*-Freundschaften vom Dienstgleichgewichte, das durch ein gewisses Einverständnis bewirkt wird. Weiber müssen jetzt von Geschlechts wegen wo nicht interessieren, so doch Herzen gewinnen, wo nicht angebetet, so doch geliebt werden wollen; setzt sie über die Sinnlichkeit hinaus, und ihre Eitelkeit, ihre Neugierde, ihr jetziger Hang zum Vergnügen werden sich veredeln: sie werden nicht aufhören, Weiber zu sein – wie unglücklich wären wir, wenn sie das könnten! –, nur werden sie aufhören, *die* Weiber zu sein, die sie jetzt sind. – Diese Verwandlung wird uns heben, statt daß man uns jetzt, wie jenen Elefantenleiter, fragen könnte: *Bist du darum so trotzig, weil du Tiere kommandierst?* An uns ist der erste Schritt, und nur von unserem bußfertigen Entschlusse hängt es ab, diese Revolution zu bewirken. Werdet andere Männer, und alles, vorzüglich die Weiber, ist anders als jetzt. Mit dem Maße, mit dem wir sie messen, werden sie uns wieder messen. *Dienstfreundschaft!* Ist sie denn unserm Geschlechte eigen? Nicht nur die Kraft, auch den Schein verleugnen wir. Führen die Staatsdiener nicht unter sich den dreißigjährigen Krieg? Der Finanzier ist wider den Justizmann und der Justizmann wider den Finanzier; das diplomatische Corps wider das Kriegs-Departement und dieses gegen jenes. – Einer will den andern übermeistern, ohne daß er seiner selbst Meister ist: Einer will dem andern die Grenze verrücken, einer stellt dem andern ein Bein. – Doch leider ist es immer der Staat, der bei dieser Gelegenheit in die Grube fällt. – Oft gibt sich sogar *Richterkomplott* und *Höllenbund wider den Unterdrückten* für Dienstfreundschaft aus; und da ist das letzte Übel ärger als das erste; da ist guter Tag und guter Weg ein Himmel gegen jene Mörder-Bande. –

Der sittliche Zustand der Weiber gründet sich sehr natürlich auf ihren gesetzlichen. – Da das Mädchen sich ihren Gefährten des Lebens nicht laut und deutlich wählen kann, so sieht es sich genötigt, dieses Geschäft zutrauensvoll seinem Auge zu übertragen, das, an diese Einladung gewöhnt, nie ganz diese Weise aufgeben kann. – Man scheint dieser Manier eine Art von Dankbarkeit erweisen zu wollen, die jetzt, da alle dies Blicksspiel treiben, das Unanständige nicht hat, das es sonst haben würde. Diese Blicke, wodurch sie eine besondere Art von Beherrschung, die man Augenherrschaft nennen könnte, und eine gewisse gefällige Freundschaft üben, haben ihren besondern *Contrat social* und so bestimmte Gesetze, daß man auf ein Haar weiß, wann die erlaubte Grenze *überblickt* wird. – Dem Reinen ist alles rein. – Wer findet nicht einen sicheren Weg zur Wonne in dem schönsten der Spiele, einer verstohlnen Liebe? Die Genüsse der Verstohlenheit steigen zu einer geistigen Würde, zu einer hinreißenden Delikatesse. – Durch jenes *Glück*, das die Mädchen sich *erblickten*, durch jene anziehende Kraft, wodurch sie auf die Jünglinge wirkten, hat ihre Verlegenheit auch bei weitem noch nicht ihr Ende erreicht, wenn sie die Ehre haben, in die Gewalt der Männer zu kommen. Sie sinnen unaufhörlich darauf, diese Gewalt durch alle Künste einzuschränken, so daß am Ende nicht viel davon übrig zu bleiben pflegt. – Da sehen sich denn Weiber zuweilen – ist es ihnen zu verargen? – notgedrungen, vermittelst der Augen mit getreuen Nachbarn und desgleichen Allianzen zu ihrer Deckung einzugehen; und so unschuldig dieser Freundschaftsanfang gemeiniglich ist, so schuldig können oft Schutzverträge dieser Art werden. Von Personen ihres Geschlechtes können sie keine Beihülfe erwarten, und ihre Freundschaften unter sich sind von anderer und originaler Weise. Gibt es aber nicht ebensoviele wahre *Freundinnen*, als es wahre *Freunde* gibt? – Von der bürgerlichen Verbesserung der Weiber wird es abhangen, daß ihre Freundschaftsanlagen berichtiget und verbessert werden. – Wie unbillig sind wir, von Weibern – denen wir die Würde,

Personen zu sein, versagen – mehr zu fordern, als ihnen zu leisten möglich ist! – Fast könnte man behaupten, daß die Gesetze, die für ihr Vermögen, wie das Vermögen eines Unmündigen, sorgen, ihre Personen darüber vernachlässigen oder sie wenigstens vergessen zu haben scheinen. Frauenzimmer, welche Mütter werden können, sind keine Kinder mehr. – Der bittere, nicht unverdiente Vorwurf, den man unserem Geschlechte macht, »*daß es heutzutage keine Kinder mehr gebe*« – stehet er nicht mit unserer Grausamkeit, die Weiber als große Kinder zu behandeln, in engerer Verbindung, als man denken sollte? –

Es gibt Regenten, die sich den landesväterlichen Wunsch des *Caligula* aus Geiz eigen machen: ach, wenn doch alle ihre Provinzen nur *einen* Hals hätten! Nicht um ihn zu brechen, sondern nur eine einzige Röhre zum Essen und Trinken in ihrer Monarchie zu haben. So tyrannisch bin ich nicht in Hinsicht meiner guten Freunde von Opponenten, die es indes nicht viel besser als die Virtuosen machen, welche oft beschwerlich sind, wenn sie niemand hören will, dagegen stumm und eigensinnig, wenn sie sich hören lassen sollen.

Die Unbeständigkeit soll ein so charakteristischer Zug des weiblichen Verstandes sein, daß Weiber bei keinem Gegenstande der Untersuchung und des ernsten Nachdenkens mit gleicher Anstrengung lange zu verweilen imstande wären.

Der größte Teil des andern Geschlechtes, der Mittelstand, hat nur eine einzige Art von Beschäftigung, kommt nie aus dem Takt und weiß nur vom Hörensagen, was Langeweile ist. Diese entsteht aus einer Art von Luxus der Beschäftigungen und gehört in der Regel zu den Eigenschaften der Männer, obgleich auch Damen höherer Region an diesem Übel teilnehmen und an demselben schwach und krank danieder liegen, wenn das Vergnügen länger dauert, als sie es auszuhalten gewohnt sind. Die Frau Gräfin hatte Langeweile in der Komödie, weil heute noch Redoute ist; allein auch auf der Redoute wird ihr die Zeit lang werden, weil sie keine Partie findet; und auch wenn sie diese gefunden hat, würde die Zeit von ihrem Blei kein Gran verlieren, da ihr Cicisbeo bei dem fürstlichen Souper Langeweile hat und sie mit ihrem Verehrer nicht *minnespielen* kann. Bei *einem einzigen* Spiel findet die schöne Welt zu wenig Beschäftigung. Konnte doch *Julius Cäsar* lesen, schreiben und sieben Kabinettssekretarien sieben besondere Briefe diktieren! – Und lebt die schöne Welt wirklich? – Nein doch, sie spielt das Leben. – Unbeständig überhaupt find' ich das andere Geschlecht nicht mehr, nicht weniger als das unsrige; vielmehr ist ihm eine gewisse Weltüberwindung eigen. Es versteht sich darauf, ins Dunkle zu werfen, und glänzt eben darum desto besser. – Stilles Verdienst ist sein Eigentum; und sind dies *Anzeichen* des Unbestandes? – Zeitiger und fester nimmt es seine Partie als wir. – Zwanzig exemplarische alte Jungfern gehen auf einen Hagestolzen gleicher Art.

Die große Lebhaftigkeit weiblicher Empfindungen und Einbildungskraft, das zu reizbare Nervensystem soll indes schuld an der Unbeständigkeit und dem bloß flüchtigen Feuer bei Gegenständen des Nachdenkens in Hinsicht der Weiber sein; auch sollen sie für große Gegenstände des menschlichens Wissens nur selten ein wahres Interesse fühlen.

Und gibt es denn in unserm Geschlechte viele, bei denen jene Ausdauer ist, die ein dem ersten neuen und frappanten Eindruck gleiches Feuer bei szientifischen Gegenständen behaupten, die dem Spiele schnell aufeinander folgender angenehmer Empfindungen widerstehen und einem Gegenstande getreu bleiben bis in den Tod? Hat nicht fast jeder außer seinem Haupt- noch einen Neben-Beruf, den er Erholung nennt und an dem er weit mehr hängt als an seiner Hauptsache? Die eigentliche Strebsamkeit ist dieser Nebensache gewidmet: und hierbei pflegt man es auch, durch Gottes Segen, in kurzer Zeit weiter zu bringen als bei der eigentlichen Hauptsache. Friedensschlüsse verbinden jeden, nur nicht die, welche sie schlossen; und angewiesene Offizianten haben überall Kraft und Macht und Glauben in ihrem Amtsbezirk, wenn sie gleich – (während sie eine Aktenrelation fertigen, ein paar über nichts und wiedernichts uneins gewordene Nachbarn ausgleichen, dem jungen Greise von Vormunde, bei dem sein Mündel das erloschene Feuer anfachen soll, dies unschuldige Geschöpf entreißen, ein Domänen-Stück taxieren, den verfallenen Nahrungsstand eines Fleckens untersuchen, die Klagen von hundert unterdrückten Bauern hören und einer Witwe zu dem ihr verteuerten Rechte verhelfen und ihre Rechtssache verkürzen sollen) – ein Lied auf den Frühling zusammenstümpern, einer Wildschweinsjagd beiwohnen, ein Picknick abwarten, eine Strohkranzrede halten oder in Liebelei versinken. – Haben doch Könige und Fürsten Kühe gemolken, Netze gestrickt, Knöpfe gedrechselt, gemalt usw. *Leibniz* war so wenig *Professor Philosophiae* als *Wieland Professor Poëseos;* und was gibt es denn für große Gegenstände des menschlichen Wissens, für die nicht jemand aus dem andern Geschlechte eine Neigung gezeigt hätte? Die Geduld, das Ausdauern der Weiber ist zum Bewundern; und legen sie nicht täglich davon ein Zeugnis ab, indem sie die Formen nicht zerbrechen, in welche Gewalt und List sie goß? indem sie Kinder erziehen und ins Geleise bringen, die ihre Väter oft durch blinde Liebe und ebenso oft durch blinde Strenge verderben? indem sie mit ihren Männern (leider nur zu oft alten Kindern) gelinde umgehen wie mit jedem Übel, das nicht zu ändern ist, und sie heben und tragen und leiten, um sie nur wenigstens leidlich zu erhalten? – *Aristoteles* ging spazieren, wenn er lehrte und lernte, und hieß der *Spazierer* (Peripatetiker). – Oder ist es nötig, daß alles im ersten Feuer gearbeitet wird? daß die Phantasie uns alles mit Flammen malt? und daß alles, was wir denken und sagen, ein immerwährendes Feuerwerk ist? – Außer dem Feuer gibt es noch andere wohltätige Elemente. – Ungezügelte Bilder, funkelnde Sprüche, tiefgeschöpfte, schwer herausgezogene Sätze mögen immer bleiben, was sie sind; es gibt Gedanken, die ihren stillen Wert haben – die gerechtfertigt werden durch Tat! – Wenn den gelehrten Arbeiten der Weiber eine gewisse Furchtsamkeit anklebt – ist es Wunder, da sie sich in die gelehrte Republik bloß hineinstehlen müssen? Von Natur sind sie dreister als wir; das Gefühl des Unvermögens, den Vorzügen anderer gemäß zu reden und zu handeln, das allem eine gewisse Ängstlichkeit gibt, ist ihre Sache nicht. – Die Gabe ihrer leichten ungezwungenen Unterhaltung wird ihren Vortrag nie mit üblen Angewohnheiten und Einschiebseln verunstalten, die sich nicht viel besser ausnehmen, als wenn verlegene, mit der Welt noch unbekannte Jünglinge von ihren Händen und Füßen geärgert werden – oder wenn Fliegen in ein reizendes Gericht fallen. Müßige Phrasen ins Gespräch einschalten, heißt ihnen: die Zeit töten; und durch schöne Redensarten einnehmen: das Vergnügen als Zweck des Lebens behandeln. Seht Prinzen – und seht regierende Herren selbst, wie furchtsam sie sind! – Das Hof-Zeremoniell scheint nur erfunden zu sein, ihrer Blödigkeit auszuhelfen. Auch gibt es eine edle Freiheit, welche die Folge eines guten Gewissens ist, – so wie es ein Wohlbefinden gibt, ein Gut- und Übelaussehen, das vom Gewissen kommt; und dies ist dem andern Geschlecht eigen. – Warum sollten Weiber denn wohl als Schriftstellerinnen furchtsam und verlegen tun und sein, da die aufgehaltene Sprache sich durchbrechender Empfindungen eine Gewalt und Stärke besitzt, gegen die schwerlich sonst etwas zu wirken vermag als unser kritischer Übermut, der die Weiber durchaus nicht aufkommen lassen will? Weiber wissen Wahrnehmungen zu Beobachtungen zu erhöhen; und da Männer Sätze zu Grundsätzen zu erheben wissen (die, wohl zu merken, der Philosoph sogar dem Mathematiker vorschreibt) und mit ihnen Tausend schlagen: so schlügen Weiber mit ihrem Witz gewiß Zehntausend, wenn Männer ihn nicht durch eine Art von Gründlichkeit (die genau genommen wenig oder nichts bedeutet) zu lähmen und in Verlegenheit zu setzen suchten. Weiber besitzen die Geschicklichkeit, alle Seelenkräfte auf Witz zurückzubringen. – Gelingt ihnen nicht Umfassung der Sache auf eine bewunderungswürdige Weise? Wissen sie nicht das ewige Einerlei, wenn sie verurteilt sind, unübertrefflich schön zu modifizieren und *Aufmerksamkeit in hohem Grade* oder *Scharfsinn* zu zeigen? Wie können sie aber einem Schwalle von Kunstwörtern widerstehen, womit wir Sturm laufen! wie eine schwerfällige Gelehrsamkeit widerlegen, wodurch wir sie aus dem Tempel der Wissenschaften hinauskritteln, dessen Allerheiligstes doch so leicht und einfach ist! – Warum soll es ihnen an Gedankenfülle, großen erhabenen Darstellungen von Charakteren, an hohem Schwunge gebrechen, oder an Schöpfungskraft und hohem Grad des Enthusiasmus, da sie von dem allen ungesuchte und anspruchlose Proben im gemeinen Leben äußern? – Feine originelle und der Natur abgelauschte Züge sind ihnen eigener als uns; was ihnen am scharfen Umriß bei ihren Charakteren (richtig ist er fast immer) abgeht, ersetzen sie durch ihr lebendiges Kolorit. – So wie sie ihren Körper zu kleiden verstehen, so kleiden sie auch ihre Gedanken. – Die Angemessenheit ihrer Worte und die große Einfachheit in der Wortfügung geben ihrem Stil eine Deutlichkeit, die nichts übertrifft. Die besten Denkzettel, die ein Autor seiner Schrift anhängen kann, sind, wenn er durch seine Darstellungen uns an uns selbst erinnert; wenn seine Schrift dem Menschen durch das Herz geht; wenn die Leser sich einbilden: es fehle wenig oder gar nichts, so hätten sie diese Schrift selbst stellen können; sie wären imstande gewesen, sie dem Autor in die Feder zu sagen; aus ihrem Herzen hätt' er es genommen und ihnen verkündiget. – Solch ein Widerschein erleuchtet und frommt! – Wir lassen uns von *Ideen*, wie *Sokrates* von seinem *Dämon*, verfolgen; wir versetzen uns, wie *Plato*, in eine Republik; und so wie der, welcher ein unverwandtes Auge auf *einen* Punkt heftet, zuletzt sieht, was er sehen will: so sehen auch wir mit dem Auge der Seele Windmühlen für Riesen, Wirtshäuser für Schlösser, Teiche für Weltmeere, eine Abderitische Posse für einen wohlüberdachten Finanz-Kniff oder Operation an. – Nicht genug; auch Worte spielen den Meister nur zu oft über uns. Wir veruntreuen ihre Bedeutung, werfen eine willkürliche Markscheidung derselben auf und fallen wie Leute, die reich werden wollen, in Versuchung und mancherlei Stricke, wenn wir nach der leichtesten Art, reich zu werden, *zu sparen*, oder nach der schwersten, *zu spekulieren*, suchen. – Wir arbeiten alles zum Druck aus, in der bestimmten Absicht, es dem gelehrten Publico zu überantworten oder es in einem privilegierten oder unprivilegierten Zirkel vorlesen zu lassen. – Und ob es gleich freilich korrekter ausfällt, wenn der Inhalt lehrreicher ist, oder so aussieht wie ein hingeworfener weiblicher Aufsatz: so wird die Arbeit des anderen Geschlechtes doch mehr Individualität zeigen und eine Intuition behaupten, die wir, im Namen und von wegen unserer stupenden Gelehrsamkeit, fast keinem unserer Werke in gleichem Grade verleihen können. Leichter und flüchtiger sind weibliche Arbeiten; allein darum oft treffender, richtiger, eindrücklicher. Weiber lieben schon nicht lange Worte, weil hier eine Hauptsilbe sich die anderen unterordnet und sich die Herrschaft über diese anmaßt. – Lange Perioden sind ihnen nicht angenehm, weil sie die Alten nicht genug kennen, weil dieselben schwerer zu lesen und zu fassen sind und weil der Witz ein Todfeind dieser Potsdamer ist – von denen ein plumper Holländer behauptete, daß nur ein kleines Herz in einer dergleichen gewaltig großen Maschine gefunden werde. – Selten lassen Weiber einen üppigen Sprößling des Ausdruckes aufschießen – und ereignet sich der Fall, so ist es eine Feldblume, die sich nicht aus den Grenzen der Bescheidenheit wagt. – Bei uns gewinnt Nachdenken, bei Weibern Empfindung die Oberhand. – Die Oberhand, sag' ich, denn auch Nachdenken leistet der weiblichen Empfindung hülfliche Hand: und sind in ihren Aufsätzen nicht alle Ungleichheiten geebnet, so bleibt ihnen dagegen mehr Eigentümliches. – Man rücke das Ziel ihres geschäftigen Lebens über die Küche und Stricknadel hinaus; man führe sie nur an, und sie werden uns sehr bald an Scharf- und Tiefsinn übertreffen, ohne sich kraft ihres gesunden Menschenverstandes zu versteigen. Ach, wer kann sich entbrechen, wenn vom Vorzuge unseres Geschlechtes die Rede ist, mit *Daniel* auszurufen: Seht, das sind eure Götzen!

Weiber können nicht allein sein –

Nicht allein? Lieber, wenn die Einsamkeit gemalt werden soll, muß ein Weib sitzen, oder sie ist nicht getroffen.

Oder nichts allein überlegen.

Und doch ziehen Männer sie alle Augenblicke zu Rat; und wohl ihnen und dem Collegio und dem Staate, wenn Männer es tun! Oh, wie gern wälzen die Männer ihre Bürde von ihrem Herzen auf ihre Weiber, denen sie ihre Geheimnisse anvertrauen! Und wieviel haben Weiber zu tragen, oh, wieviel! Von Weibern dagegen ist fast keine einzige, die nicht etwas hätte, was nur Gott und sie weiß, was kein Beichtvater erfährt und womit sie der Zeit und Ewigkeit unerschrocken entgegengeht. – Unsere Geheimnisse verfliegen oft, gleich einem flüchtigen Geiste; die ihrigen sind ihnen in Herz und Seele geätzt. – Wenn Gedanken ihren Schöpfern entkommen, die sich bei aller oft widerlichen Anstrengung nicht zurückbringen lassen – ihren Schöpfern, die nur selten Gedankenerhalter sind –, so verstatten Weiber ihren Gedanken nicht soviel Ausgelassenheit. – *Was ich doch sagen wollte*, wird man selten oder gar nicht von Weibern hören. Ihr Gedächtnis ist getreuer als das unsrige; und schwerlich wird ein Weib so zerstreuet sein wie *Terrasson* und so sehr sein Gedächtnis verlieren wie er. Weiber halten Zerstreuungen für Affektation und können sich nicht des Lachens enthalten, wenn sie von *Terrasson* hören, daß er kurz vor seinem Ende im Gedächtniskonkurs alles an seinen Verwalter *Luquet* assignierte, so daß er, als sein Beichtvater ihn bei der letzten Beichte nach seiner Sündenmenge fragte, demselben auch diese Assignation gab: Fragen Sie nur *Luquet.* –

Weiber wären nicht selbständig und allein fähig? Eine Einwendung, die, so leimgestärkt sie auch scheint, sich nicht halten kann. Wenn wir zwischen Furcht und Hoffnung schwanken, nehmen sie gleiche Partie und sind entschlossen an Leib und Seele. – Ihre Entbindungen machen sie so dreist. Bei minder wichtigen Dingen halten sie es nicht wert, es noch auf Entschlüsse auszusetzen: Es gehe, wie es gehe. – In politischen Angelegenheiten schlagen sie, wenn wir kannengießern, sich zu keiner Partei und wählen das beste Teil. Was wir leisten, macht unsern Lehrern Ehre; was sie leisten, ihnen selbst. – Sie mischen die Karten und teilen sie so aus, daß Spieler und Zuschauer zufrieden sind, wenn dagegen eine Menge staatskluger Köpfe beisammen sitzen und noch immer in gerechter Befürchtung, nicht Kopfs genug zu besitzen, auf Verstärkung ihrer Beisitzer denken. Vor lauter Räderwerk wird nichts zustande gebracht, vor lauter Reden kommt es zu keiner Tat, vor lauter Stimmenzählung zu keinem Schlusse. Wer von uns hat sich über das Stimmen der Instrumente nicht geärgert, ehe es zur Sinfonie kommt? – Hohe Deutlichkeit und stärkeres Licht mit mehr Vergrößerung zu vereinigen – das ist das Ziel der Ausrüstung, um Augenreisen in die Ferne zu tun. Wie oft zerschlagen unverständige Kinder und bärtige Kollegia einen stattlichen Spiegel, um eine Fliege zu töten! Und noch öfter wird das Kind mit dem Bade ausgegossen. Des Bocksbeutels und der verkünstelten Kunst halben kommen Dekrete zum Vorschein, mit denen am wenigsten in allen Fällen, und höchstens nur provisorisch, auszulangen ist; Dekrete, die höchstens Palliative sind, um sich eine angenehme Ruhe für die nächste Nacht zu machen.

Warum soll man den Jesuitenorden von den Toten erwekken und die heimlichen Jesuiten, Jesuiten en tapinois (das schöne Geschlecht) privilegieren?

Warum? Weil die heimlichen schädlicher sind als die öffentlichen, weil die öffentlichen (wenn nämlich nichts heimlich bei ihnen bleibt) aufhören, Jesuiten zu sein, und weil geheime Krankheiten die gefährlichsten sind. – Wie kommt aber das andere Geschlecht zur Ordensehre?

Maitressen von guter Abkunft haben bei weitem das Böse nicht gestiftet, was die Maitressen niederer Abkunft, eine Pompadour, eine du Barry, sich zu Schulden kommen lassen.

Allerdings! Und also nehme man nicht Maitressen, sondern Weiber.

Nein, also lasse man die Weiber in ihrer Dunkelheit!

Getroffen, wenn sie Maitressen werden sollen. – Wenn sie aber ihren göttlichen Ruf, Weiber zu sein, befolgen, so hebe man sie nicht durch Flittergold, sondern durch Echtheit. – Sind die türkischen Bassen und Veziere, die Beys in Ägypten darum menschlicher, weil sie in ihren früheren Jahren das Elend des Volkes aus erster Hand kennen lernten?

Welche Widerlegungen!

Sind etwa die Einwendungen besser?

Es läßt sich alles verteidigen –

und wider alles einwenden.

Ich wollte um Vieles, um Alles in der Welt kein Weib sein –

ich auch nicht –

und doch –

und eben darum.

Wer hat nun Recht?
Wer die Wahrheit sagte.
Und wer sagte die Wahrheit? Nichtwahr: wer Recht hatte?
Wer die Sache der Unterdrückten führte, und wer der Menschheit sich annahm.
Der Menschheit?
Sind etwa Weiber nicht Menschen?
Der Unterdrückten?
Sind wir nicht ihre Tyrannen?
Heil den irrenden Rittern!
Heil und fröhliche Gestalt, wenn ihr Ritt auf Menschenwohl ausgeht –
und wenn sie keine Dulcineen haben,
als die Reinheit der Absicht, die Dulcinea unserer Philosophen. –
Dies Buch wäre nicht eines Weibes halben geschrieben?
Nicht eines Weibes, sondern der Weiber halben. – Keines weiß, daß ich es geschrieben habe, keines wird es, so Gott will, wissen.
Und warum denn nicht jener schmale Weg, der das Zuviel und Zuwenig vermeidet und durch beides sich durchschlängelt?
Weil wenige sind, die darauf wandeln.
Besser als Viele!
Nicht immer, wenn von bürgerlicher Tugend und Untugend die Rede ist.
Der Mittelstand zwischen Skeptizismus und Leichtgläubigkeit –
ist ein unseliges Mittelding. – So oder nicht so, ist mein Wahlspruch; nicht aber: so oder anders, oder halb so. Ja-Ja ist bei mir ein halbes Nein; und Nein-Nein ein halbes Ja. Ja, Nein, was drüber und drunter ist, ist vom Übel. –

Und die Gesetze – wird dies Buch es mit ihnen ausmachen?
Mein kleinster Kummer! Mögen es die Gesetze mit den Gesetzen ausmachen! Mögen die Toten die Toten begraben! – Freilich tun die Gesetze zuweilen so, als ob es Kräfte in der Menschheit gäbe, die außerhalb der Menschheit lägen.
Was will das sagen?
Es gibt Gesetze, welche die einzelne Kraft des Menschen unterdrücken, damit die Summe aller Kräfte desto stärker sei; und doch ist natürlich die Gesamtkraft desto größer, je größer die Summe der Kräfte einzelner Menschen ist. – Unsere Herren Staatsrechenmeister verrechnen sich gewaltig, da sie die Zahl der Weiber auswerfen. –
Wenn sie indes auf den Zweck der bürgerlichen Gesellschaft sehen –
Oh, dann verrechnen sich die Oberrechnungs-Kameralisten noch mehr. Gibt es einen andern Zweck, als die individuelle Freiheit zu schützen und die Eingriffe eines jeden in die Freiheit eines andern zu behindern?
Das sollte auch auf Geschlechter Anwendung finden?
Sind die etwa nicht moralische Personen?
Und die Billigkeit?
ist ganz auf meiner Seite. Was im Lande gilt, ist recht; was in der Welt gilt, ist billig. – Was nach der Meinung der mehresten Menschen Recht ist, ist billig –
und billig ist der, der so handelt, daß es die mehresten Menschen für Recht halten. – Ein billiger Autor ist der, der so schreibt, daß –
Wahr!
Wenn wir zählen wollten –
würd' ich gewinnen, falls nur *die* stimmten, die man nicht

fragen darf: »verstehest du auch, was du sagest? – weißt du auch, was du tust?« –

Immerhin Verbesserung; warum bürgerliche?

Weil man sich an Zweige, und wohl gar Blätter, nicht halten muß, wenn der Stamm anzugreifen ist. –

Und der Ausdruck dieses Buches!

Nachdem die Materie, in der man arbeitet, nachdem die Bruchstücke und Späne, welche fallen. –

Mögen doch meine Leser und Leserinnen, denen der obige längliche Streit und Widerstreit beschwerlich gefallen ist, an dieser runden Manier sich erholen und Luft schöpfen, oder mögen sie es nicht, wie es ihnen beliebt. – –

VI. *Nutzanwendung*

Wenn es wahr ist, daß von der Theorie des Drucks die ganze Operation eines glücklichen Finanzsystems und einer weisen Staatsregierung abhängt, so haben die Männer wenigstens nicht die rechte Art des Druckes erwählt; denn in Wahrheit, wir verlieren durch die Art, wie wir das andere Geschlecht behandeln, mehr als es selbst. Man sagt, dies sei auch der Fall, wenn man im Untertan die Tugenden des Fleißes, der Industrie und des Gehorsams durch siebenmal sieben Plagen erzwingen will. Zwar bei dem Magnetismus erregen Druck, Reiben und Streicheln ein übermenschliches Vermögen; allein der politische Druck hat noch nicht die Divinationsgabe erregt, den Hunger, ohne zu essen, und den Durst, ohne zu trinken, zu stillen. Es ist höchst jämmerlich, kein anderes Gesetz zu haben als den souveränen Willen; und wo wandelbare Launen des Despoten, seine Indigestionen, seine Galle, seine Blähungen die Stelle der *Numas* und *Solone* vertreten – wer mag da unter Anordnungen stehen? Es ist schon unerträglich, auch dem besten Menschen untergeben zu sein, wenn er väterlich über Menschen regieren will, die längst die Kinderschuhe auszogen! – Seht, in dieser traurigen Lage befindet sich das andere Geschlecht. Jene Zeit ist nicht mehr, wo ewige Fehden alles in beständiger Unruhe und Furcht erhielten, wo das Rauben eine Heldentat schien und wo man durch Raufen zu Ehren kommen wollte. Was ist aber ärger, seines Schicksals gewiß sein oder unter dem Beistande des Rechtes leiden? einem ganzen Geschlecht unter der scheinheiligen Vorgabe des gemeinen Besten seine Rechte und Privilegien rauben, oft tun, als stände man unter dem Befehle seiner Sklavin, und noch öfter wirklich schon ihre Winke befolgen und doch im Ganzen ihr Tyrann sein und bleiben? Scheint nicht fast die Liebe aufzuhören, sich in eine Herrschbegierde zu verwandeln und diesen Greuel der Verwüstung an heiliger Stätte schon frühzeitig und in den Flitterwochen der Liebhaberei durch Eifersucht zu verraten? Jetzt schmachtet und liebkoset der schüchterne Jüngling, um über ein Kleines als Mann kalt und trotzig zu gebieten. – Im *Theater* wird wahre Welt zum Vorschein kommen müssen, wenn sie noch sichtbar werden soll; denn in der *wirklichen Welt* wird Komödie gespielt. Wo gibt es Abderiten-Fälle, welche denen gleichen, die das Verhältnis beider Geschlechter täglich an den Tag legen! – Wenn ein vernünftiges Wesen eines anderen Planeten Zeit übrig hätte, eine Wanderschaft auf diesen Erdenkloß zu unternehmen und das Verhältnis beider Geschlechter zu beherzigen: würde nicht, wenn das vernünftige Wesen nach seiner Heimkunft eine Reisebeschreibung herausgäbe, die Reise dieses *Nikolaus Klimm* eine der ernsthaftesten Dogmatiken (das Ehrbarste, das ich kenne) scheinen? An einem Verleger wird es dem Wanderer dort hoffentlich nicht fehlen. – Die allgemeine Vernunft ist über den Kodex, nicht aber der Kodex, der doch sein eigener Beweis nicht sein und sein eigenes Kriterium nicht aus sich selbst nehmen kann, eine Prozeß-Ordnung für die allgemeine Vernunft. Wie lange will man unsererseits der Vernunft widerstehen! Die Menschen schieben gern alles auf andere; und wenn sie keinen finden, der seinen Rücken zu dieser Belastung darbietet, so muß die Natur sich diese Denunziation gefallen lassen – und so fehlt es auch unserem teuren werten Geschlechte nicht an Behelfen, die auf die Rechnung der schönen Welt gesetzt werden. – Eine Schande für uns, daß wir nicht nur ungerecht sind, sondern auch die Schuld dieser Ungerechtigkeit von uns entfernen und sie dem anderen Geschlechte zuschieben! Das Weib, das du mir zugesellt hast, sagte schon der alte *Adam*, hat mich verführt; – und wir sind bis jetzt noch so treue Adamiten, daß wir nicht ermangeln, uns von der Schuld des subalternen Ranges, den wir dem anderen Geschlechte zueignen, in bester Form Rechtens loszusagen. Die armen Weiber, die, wenn sie sich mit uns auf die kalte Negotiation einlassen wollten, kein Gehör finden, können es noch weit weniger gegen uns auf ernsthaftere Schritte aussetzen. – Sie haben keinen *Leonidas*, keinen *Franklin*, keinen *Washington;* sie sind keine *Spartaner*, keine *Schweizer*, keine *amerikanischen Kolonisten:* können sie aber nicht dies alles haben? können sie nicht dies alles sein? *Maria Antonia* und *Lafayette* sind zwei gleich große Charaktere, die in der französischen Revolutions-Geschichte glänzen werden. Eitelkeit und Furcht vor Schande sind gemeiniglich die Basis von dem ganzen Mute der Männer; Temperament ist es bei den Weibern. Eine Reihe von Jahrhunderten hatte Europa nur eine Gestalt. Despotismus und Sklaverei, Unwissenheit und Barbarei herrschten überall; und warum sollten die Weiber nach einer, wenngleich langen, Unterdrückung nicht zu jenem Range erhoben werden können, der ihnen als Menschen gebührt? Ein großer Teil unter ihnen scheint der Ketten, die ihnen das Gesetz so vorteilhaft schildert, müde und fühlt einen unüberwindlichen Hang, sie eher zu zerbrechen, als mit ihnen, wie mit Kinderklappern, zu spielen. Man trauet den Damen zu wenig zu, wenn man sich Mühe gibt, ihnen alles in einem Säftchen beizubringen, wenn man ihnen alles bezuckert und in Nähebeutelformat behändiget, als ob sie so schwach und hinfällig wären, nichts Größeres als ein Duodez-Bändchen halten zu können. Die Frage: verstehest du auch, was du liesest? wird in der Regel das Duodez-Männchen von Stutzer weit eher als ein edles Weib treffen. Wenngleich die Geistes-Arbeiten der Weiber, sobald sie ins Größere gehen, fürs erste *bas-relief* sind – sie werden weiter kommen; denn nur wir halten ihren Geist am Gängelbande, um sie nicht allein gehen zu lassen. Ein großer Kinderlehrer ließ in ** die Buchstaben in Pfefferkuchen backen, damit die Kinder das A B C in den Kopf bekommen möchten; allein die liebe Jugend bekam das A B C in den Magen und ward krank zu derselben Stunde. Diese Pfefferkuchen-Methode ist der gewöhnliche Fehler, den man bei der Erziehung des anderen Geschlechtes begeht. Man will weder seinen Verstand noch seinen Willen zur Reife kommen lassen. Die Weiber sind *en biscuit;* und wir, sind wir ausgebrannt? Und wären wir es – was ist denn am Porzellan? – *Böttcher* wollte Gold machen und brachte Porzellan heraus. Was ist der Mensch? »*Der halbe Weg vom Nichts zur Gottheit*«, sagt *Young;* und unser frommer *Haller*, der den Namen *Gottes* nicht unnützlich führen wollte: *unselig Mittelding vom Engel und vom Vieh* – daß sich Gott erbarm! *Friederike Baldinger* versichert in ihrer Lebensbeschreibung, mit einer Vorrede ausgestattet von *Sophie de Laroche:* »Als Frau war ich erträglich; wie klein würd' ich als Mann sein!« Um Vergebung, sollte dies nicht auch ein jeder Mann umgekehrt von sich sagen müssen – solange *ein Mann sein* nicht mehr heißt als *ein Mensch sein?* – Enthält jene Beschaffenheit der *Friederike Baldinger* nicht zugleich einen

Vorwurf für unser Geschlecht in Beziehung unserer Selbsterhöhung? – Unser *Herschel*, der wegen *Miß Carolinen*, seiner Schwester, und *in puncto* der Astronomie mehr als einmal in dieser Schrift von Amts und Rechts wegen genannt zu werden verdient, nimmt an: die Zentralkräfte wären nicht nur die erhaltenden, sondern auch die bildenden und erneuenden Kräfte der Weltsysteme; und nach seiner Meinung können auch mehrere Gattungen von anziehenden und zurückstoßenden Zentralkräften in dem Baue des Himmels wirksam sein. Könnten, wenn männliche und weibliche Zentralkräfte in der Menschenwelt anzögen und zurückstießen, nicht Dinge bewirkt werden, von denen man bis jetzt nicht träumt? – Löset *Herschel* die dem bloßen Auge sichtbaren Nebelflecke vermittelst seines Teleskops in Sterne auf – wie leicht würden die *Flamsteads* und *Mayers* ihre Verzeichnisse von Sternen am Weiber- oder besser am Menschenhimmel erweitern können, wenn beide Geschlechter ein Herz und eine Seele wären! –

Geh' ich zu weit, wenn ich behaupte, daß die Unterdrükkung der Weiber Unterdrückung überhaupt in der Welt veranlasset habe? Wahrlich, die Tapferkeit ist keine Entscheidung des Schicksals, wen sie zum Regenten bestimmt hat. Durch Großmut, nicht durch List, muß man den Feind überwinden, und es ist und bleibt unanständig, sich des andern Unerfahrenheit zunutze zu machen. Ist es besser, sich des Sieges schämen zu müssen, oder sich über das Glück zu beklagen? Die Erhaltung eines einzigen Bürgers – ist sie nicht besser als die Niederlage von hundert Feinden? Das, was nach der Meinung der meisten Menschen Recht ist, das ist verdolmetschet: so ist, wie es sein muß, ist recht in einem erhabenen Verstande. Dies *rechte Recht* gründet sich in der Natur der Sache und hat sich von den Schlacken der Willkür und des türkischen Despotismus gereinigt. – Wollte man, nach dieser allgemeinen Meinung von den Verhältnissen des fräulichen Geschlechtes, glauben (glauben muß man in einem besonderen Sinne *wollen*), daß das vielfach tausendjährige Reich der Sklaverei der Weiber in diesem rechten Rechte oder in der Billigkeit sich gründe? Ich will nicht glauben. Nicht alles, was wir ungestört leiden, hat die Ehre unsers inwendigen Menschen vor sich. Sehet euch um, ihr werdet finden, daß das meiste Unrecht in der Welt in dem Bestreben besteht, so zu handeln, daß es die mehresten für Recht halten! Wer kann wohl, ohne eine Gewalttätigkeit zu begehen, behaupten: die Weiber müßten einen gewissen Standpunkt auch bei dem höheren Grade neuerer Kultur und Sittenverbesserung behalten, und sie könnten, wegen ihrer angebornen Bestimmung, als Mitglieder der Sozietät und als Weiber bis an den lieben jüngsten Tag nur so weit und nicht weiter kommen? Unsere Grenzen der Ausbildung sollten nicht abgesteckt sein? Nur die ihrigen wären behügelt? Oh, du liebe Zeit! Die relativen Bestimmungen des Weibes in der Gesellschaft, insoweit es Weib ist – wer fragt nach diesen? Diese sind so ewig wie die Bestimmungen des Mannes als Mann. Allein, soll das Weib an Verstand und Willen stehen bleiben, wenn der Mann Fortschritte macht, so muß es mit der Aufklärung ins Gedränge kommen, und sie muß Kinderspott werden. – Man könnte Männer mit der Speise, Weiber mit dem Trank vergleichen; und nur Speise und Trank in Gemeinschaft halten Leib und Seele zusammen. Das Gefühl der Bedürfnisse bildet den Menschen aus, und der Schöpfer scheint es ihm nachgelassen zu haben, Bedürfnisse zu erfinden, um sie im

Schweiße des Angesichts befriedigen zu lernen, durch Sprachunterricht zu Realkenntnissen hinauf zu reifen. – Selbstliebe, Neigung zum Wohlbefinden, Abneigung gegen den Schmerz sind Triebfedern, den Menschen immer weiter und weiter zu bringen; und das andere Geschlecht fühlt sie wo nicht in weit größerem Maße, so doch gewiß nicht minder. – Haben etwa Verabredungen, die aus jenen Bedürfnissen und jenen Trieben entstehen, gemeinschaftlich Menschen sein zu wollen, um desto leichter zum Zweck zu kommen – haben etwa Verabredungen, in den Stand der Gesellschaft zu treten, den Weibern ihre Stelle angewiesen? – Nicht also! Die Punktation zum Stande der Gesellschaft machte *Eva;* und hat sie es sich wohl je vorstellen können, daß auch hier die Ersten die Letzten werden sollten? Setzte unser Geschlecht mit Vorwissen und Vorwillen des andern auf dasselbe das Motto der Hölle: *Hier ist die Hoffnung ausgeschlossen;* oder ist vielmehr durch den Stand der Gesellschaft der Stand der Natur geheiligt? Sollen nicht in jenem wie in diesem alle Menschen gleich bleiben? Völker sind sich ebenso gleich wie einzelne Menschen und Geschlechter so wie Völker. Ist nicht durch Unterdrückung des Schwächeren das innere Verderben der Staaten entstanden, woraus denn gerades Weges Unterdrückung und Zerstörung von außen sich nach und nach ergab? Kommt es bei diesen Dingen mehr auf spielenden Witz, schalkhaften Vortrag, übermütige Phantasie-Einfälle oder auf Wahrheit und Recht an? Und können wir in der Gesellschaft auf Gerechtigkeit Anspruch machen, wenn wir keine erweisen?

Können wir, die wir uns so rühmlich zu Herren des weiblichen Geschlechtes aufgeworfen haben, es leugnen, daß wir diese Herrschaft von jeher nur sehr schlecht verstanden und in dieser Wissenschaft, wie es am Tage ist, bis jetzt nicht weitergekommen sind? Können wir es vor unserm Gewissen verhehlen, daß wir die Urheber und Veranlasser aller weiblichen Fehler sind und daß das meiste Gute, welches wir an uns haben, auf Rechnung des andern Geschlechtes gehört? Furchtsame Männer werden allerdings den Stab über mich brechen, weil ich angeblich die Eitelkeit der Weiber gereizt und ihre von Natur schon übermütigen Begriffe von ihrem Werte genährt habe; allein, lieben Leute, durch eure Feuer rufende Befürchtung, ich möchte die weibliche Bestimmung zu weit hinausgerückt haben, beweiset ihr, daß ihr, anstatt stark zu sein, schwach seid, und daß ihr durch diese Schwäche eure angebliche Ordnung der Dinge umkehrt – und daß euch die Geisteskraft und Denkfähigkeit mangeln, die ihr aus bloßem Neide dem andern Geschlechte absprechen wollt. – In der Tat, ihr solltet der Natur für das Hausmittel danken, durch das andere Geschlecht angespornt und aufgemuntert zu werden, immer weiter zu kommen, aber nicht Feigenblätter suchen, eure stolze Faulheit zu decken. Sobald Weiber Menschen sind und Vernunft haben, sind ihre Geistesanlagen nicht zu beschränken; am wenigsten können *wir* hier psychologisch Richter sein, da wir so sehr Partei sind, und da wir weit besser gelernt haben, unsere Sache zu führen und Schildknappen der Autorität zu sein, als das der Natur weit treuer gebliebene andere Geschlecht. Wo es nicht an innerer Kraft fehlt, da ist nur Gelegenheit nötig, um sie zu äußern; und nur dann, wenn man sich den Vernunftgebrauch untersagt, kann man sich zur Ableugnung jener Wahrheit bringen, daß nicht alles *menschlich gleich sei*, was *menschlich vernünftig* ist. Nur dann, wenn bodenloser Stolz an der Bestimmung des Menschen künstelt, entkommen wir der eigentlichen Ausbildung der Anlagen unserer Natur, und sie entkommt uns. Schade! –

Was für einen Einfluß Erziehung, Klima und andere äußere Umstände auf Menschen (Männer nicht ausgeschlossen) behaupten, lehrt die Erfahrung. Der Weinbauer bleibt auch in ergiebigern Ländern ein Beispiel von Indolenz und einer daraus entspringenden Verderbtheit des moralischen Charakters. – Weiber verstehen nur natürliche Waffen zu führen; wir würzen unsere Schutzschriften mit gelehrten Gründen, treffen provisorische Einrichtungen und wissen Bescheid, unsere Schwächen so zu verhängen, daß sie nicht in die Augen fallen – und eben darum behaupten wir geradehin, daß Weiber nur aus Neugier, nicht aus Wißbegierde, nicht aus eigenem freien Triebe, sondern weil sie dazu aufgemuntert werden, und nur aus Eitelkeit sich hier und da mit Wissenschaften abgegeben hätten, ohne sich doch je darin auszuzeichnen. – Aber außerdem, daß die Reinheit des männlichen Verstandes und des männlichen Willens keine Lobrede verdient und daß Selbstsucht mit ihrer ganzen Sippschaft von Eitelkeit, Stolz, Geldhunger und Schmeichelei die Männer gar übel plagt; außerdem, daß auch der Gelehrteste, wenn er sich irgend kurz fassen kann, kaum drei Wochen gebrauchen würde, um alles zu beichten, was er wirklich *weiß*, und selbst, was er wirklich *glaubt*, so daß Wissen und sein Weissagen doch immer nur Stückwerk ist; außerdem, daß zwischen Zuckerbrot der Lektüre und dem herben Wein der Erfahrung ein großer Unterschied bleibt: so ist das Ende vom Liede aller Wissenschaften und alles gelehrten Dichtens und Trachtens (wenn es nicht bloß Lückenfüller und Langeweiltröster sein soll), *moralisch besser zu werden.* Sind wir das? Oh, alsdann tret' ich beschämt zurück, widerrufe alles, was in meiner Schrift nur nach Apologie aussieht, und bleibe bloß bei der demütigsten Bitte, dem andern Geschlechte durch eine bürgerliche Verbesserung Zeit und Raum zur moralischen Buße zu gönnen und es zur Verpflichtung gegen die Gesetze des Staates, zu jener bestimmten und äußerlich vollkommenen Verpflichtung zuzulassen, die doch jeder Staatsteilnehmer oder Bürger haben sollte. –

Und nun der Schluß? Der Mensch läuft spornstreichs, um zum Ende zu kommen, und wenn er sein Ende sieht, muß er sich ganz zusammennehmen, um sich zu fassen. *Machiavell* schrieb seinen *Principe,* um die Despoten-Republik zur Sprache zu bringen; und ich wollte nichts mehr. – Wenn ich Dinge einander nahe lege, die sich für gewöhnliche Augen sehr entfernt berühren, so lasse man mir und jedem doch seine Weise; denn wenn alle Bücher eine und dieselbe Melodie hätten – würden sich wohl noch so viele Leser finden? An Täter des Wortes ist so nicht zu denken! Eine Schrift kann nie ein mächtiges, um sich greifendes Feuer anzünden; und wenn man behauptet: *Rousseau, Voltaire* und *Montesquieu* hätten die Französische Revolution zustande gebracht, so vergißt man *Nordamerika;* und es gehört zu den Zeichen dieser Zeit, wenn man mit Büchern bekannter als mit Menschen ist, um zu regieren; wenn man die äußere Form des Systems viel zu lieb hat, um sie gegen das Gründliche und Konsequente der Lebens-Philosophie aufzuopfern, wenn man nur auf Mittel für einen Tag sorget, um seinen Zweck durchzusetzen; wenn man seinem Ehrgeize nur ein anderes Kleid anzieht, das weit weniger als der vorige Anzug Achtung für die Leidenschaft erregen kann; wenn man nicht die Weisheit anschauender, anziehender und wirksamer zu machen sich bemühet, sondern bloß seinem teuren *Ich* Ehre zudenkt und, wohl zu merken, ein solcher Schwelger und Schlemmer im Ehrgeize ist, daß man nicht an den andern Morgen denkt und sich befriedigt, vierundzwanzig Stunden im Saus und Braus eines hohen *Vivat* zu glänzen und Plane auf die Zukunft gegen das schnöde Linsengericht eines stündigen Zujauchzens zu verprassen. – – Teilnehmende Achtung für den Schwächeren hat etwas Göttliches; und wenn Stände zum Kontrollieren der Staatsoffizianten ein herrliches, in Geduld fruchtbringendes Ding für den Regenten und das Volk sind, warum will man diese Kontrolle des menschlichen Geschlechtes den Weibern nicht anvertrauen? ihnen, die nie gewohnt sind, etwas Imaginäres, sondern immer etwas Wirkliches zum Grunde zu legen, wenn wir uns gleich die schnödeste Mühe geben, sie zu Romanen zu gewöhnen, um sie, kraft der Reminiszenzen dieser Lektüre, aus der wirklichen Welt hinauszubringen. – Weiber haben mehr Geist als Wissenschaft; Männer mehr Wissenschaft als Lebens-Philosophie, und leicht vergißt unser Geschlecht, daß man nach Tugend und Rechtschaffenheit am ersten trachten muß, wenn uns alles andere zufallen soll. Bettelmönche haben oft größere Gewalt als Eminenzen; diese haben nicht Zeit, nicht Lust, es auf das Seelen-Regiment anzulegen, da hingegen jene wirkliche Seelen-Despoten sind, ob sie gleich (etwas bescheidener) sich bloß Seelsorger nennen. Ich schrieb keine Grammatik, wo man die Ausnahme gleich hinter der Regel verzeichnet: das Zeichnen sollte den kalligraphischen Übungen vorgehen und die Geschichte, nach dem Vorschlage geprüfter Pädagogen, rückwärts vorgetragen werden. – Ich werde mich für hinreichend befriedigt halten, wenn man mir im Ganzen beifällt, obgleich noch nähere Bestimmungen gütlich oder rechtlich nötig gefunden werden. Ein Buch, das Gedanken erweckt, ist oft besser als eins, das alles erschöpft und die Leser wie Unmündige behandelt. Winke fruchten mehr als lange Belehrungen; und wenn ein Schriftsteller das große Amt verkennt, das ihm von der Natur anvertraut war, Menschen gegen offenbare Ungerechtigkeiten zu schützen, so verdient er selbst unterdrückt zu werden. Wer es über sein Gewissen bringen kann, ein Geschlecht zum geborenen Despoten des andern zu erheben, wird vielleicht nicht ohne Fertigkeit sein, volksübliche Sitten nachzuäffen und höhern Volksklassen nachzulallen; allein auf rechtskräftiges Urteil wolle er in Zeiten Verzicht tun und seinen Schlaftrunk von Vortrag für jenes Mittelgut von Menschen aufsparen, die Welt und eine Fabrikartigkeit besitzen – wenngleich gemeiniglich die Pluralität auf ihrer Seite ist. Das deutsche Weib galt in älterer Zeit allemal mehr als andere Weiber, und ich bleibe gewiß in den Schranken der Wahrheit, wenn ich behaupte, daß auch noch jetzt deutsche Weiber, so wie sie da sind, einer Verbesserung empfänglicher und fähiger wären als alle andern, zu welcher Zunge und Sprache sie sich bekennen und welcher Vorzüge sie sich sonst gegen die deutschen mit Unrecht rühmen mögen. – Nachtwandler erweckt man, wenn man sie bei Namen ruft; und sollten unsere deutschen Herren Männer nicht auf den kühlenden Trank nüchtern werden, den ihnen diese Schrift reichet? – Es gibt Schriftsteller, die, wenn sie mit ihren Werken bei *ihrem* Geschlechte durchzukommen sich nicht getrauen, ihre Schrift mit der Notlüge begaben, sie hätten sie zu Heil und Frommen des andern Geschlechtes gestellt. Auch glaubt sich mancher Nachdrucker bei Ehren zu erhalten, wenn er das schmackhafte neugebackene Brot eines andern bröckelt, ohne selbst durch Milch oder Butter ihm ein anderes Ansehen zu geben, und dies alles auf Kosten des andern Geschlechtes tut – als ob der Herr Nachdrukker *im Brote* des weiblichen Geschlechtes wäre, oder als ob es *nicht mehr könnte, als* (brockenweise) *Brot essen!* – –

Wozu alle Vergleichs-Vorschläge und Verbesserungs-Pläne, die, wenn man gleich ihnen Vorkaufs-Anmaßungen nicht vorrücken kann, die, wenn sie es gleich mehr bei bescheidenen Warnungstafeln ausstellen, doch um so weniger Lebensfrüchte sicher verheißen können, als man von ihnen nicht weiß, ob und inwieweit sie in der Feuerprobe der Ausübung bestehen werden?

Freilich, warum alle Katheder und Predigerstühle? Sind die Menschen nicht von jeher Lügner, Undankbare, Räuber, Neider, Geizhälse gewesen? Raubvögel haben zwar von Anbeginn ihre Nächsten, bescheidnere Nebenvögel, gefressen, sobald sie sich ihrer bemeistern konnten; Menschen, welche einsehen, daß besser besser ist, und daß sie besser werden können – sollten *die* ewig Raubvögel bleiben? Mich tröstet der Glaube an die analogisch zu vermutende Absicht der väterlichen Gottheit – und das rastlose Fortstreben des menschlichen Geistes, der einmal aufgeweckt und in Tätigkeit gesetzt ist. Die gesunde Bergluft ist ohne Zweifel die Ursache von dem Heimwehe der Schweizer; was sollte aber das andere Geschlecht bewegen, in seiner jetzigen Lage zu bleiben? Es wird wollen, wenn wir zu wollen uns entschließen werden. –

Ungern muß ich mich noch zu einer Art Menschen wenden, an die ich gewiß am wenigsten gedacht hätte, wenn nicht ganz frische Spuren mich schreckten. – Daß dies die

Herren Rezensenten nicht sind, versteht sich von selbst. Es gibt wackere Männer unter ihnen, die, wenn sie gleich sich einen ehemals ungewöhnlichen Reskriptenton angewöhnen, es so übel nicht meinen; man lasse sie reskribieren. – Du lieber Gott, was reskribiert heutzutage nicht alles! – Wenn Kinder und Säuglinge an Jahren und an Verstande in unsern hohen Dikasterien den Namen Gottes und ihres Fürsten so unnützlich führen und dummdreistes Zeug in diesen breiten goldenen Rahmen fassen; wenn sie so ungestraft blinden Lärm machen, die Vernunft in blödsinnigen Sentenzen gefangen nehmen, den guten Ruf trefflicher Männer als gute Prise ansehen und von Rechts wegen fünf gerade gehen lassen können – wird man nicht, wohl zu merken, bei würdigen Rezensenten, denen jene unbärtigen Großsprecher nicht wert sind, die Schuhriemen zu lösen, die weit kleineren Reskripten-Freiheiten, die sie sich herausnehmen, ganz gern übersehen? Ich habe in Wahrheit nichts gegen Rezensenten, die sich wie wohltätige Engel an unsere Bücher hängen, um ihnen das böse Blut abzusaugen; vielmehr wünsch' ich herzlich, daß dieser Blutdurst ihnen allerseits nach Stand und Verdienst wohl bekommen möge. Wenn aber Mücken um ein paar Blutstropfen mich verfolgen und meinen Namen (wahrlich ein paar Blutstropfen) entwenden wollen, so bitt' ich diese Anekdotensauger in Erwägung zu nehmen, daß ein Buch darum keinen Fingerlang oder Fingerbreit schlechter oder besser wird, weil man weiß, daß es diesen oder jenen Verfasser hat. In der Schriftstellerwelt gibt es keinen Erbadel; und warum will man die gelehrte Republik in einen monarchischen, wo nicht gar despotischen, Staat umwälzen? Warum nicht jeden bei so viel Freiheit, wie nur mensch- und politisch-möglich ist, lassen? Da gibt es denn aber Kraftgenies ohne Genie, ohne genialische Anlage und Nachdruck, die im Gefühl ihrer Geistesarmut Anekdoten haschen, um unter Gelehrten die Gelehrten zu spielen, die sie nicht sind, und die sie ohne wundervolle Pfingst-Inspiration auch nicht werden können! Ein Pfeifer und Geiger, ein Flöter und Trompeter glaubt taktlos sich für *Kant* und *Wieland* in einer Person ausgeben zu können, ob er sich gleich begnügen sollte, die Mauern von Jericho umzublasen und die Steine tanzen zu lassen. Voll Vademecums-Belegen wissen dergleichen Masken – und was denn? was unter braven wackern Gelehrten der wenigste Kummer ist; – allein dafür sind jene Kraftmänner auch vor aller andern Hypochondrie als der, die aus Unwissenheit entsprießt und die mit Namen-Wut anzuheben pflegt, sicher ihr Leben lang – machen sich aus Literatur-Kindern und philosophischen Säuglingen eine Macht und kommen nicht selten in die Gefahr jenes Menschenkenners, der einen trefflichen Mann fragte: Ist der Herr nicht der Küster aus **? »*Nein, ich bin der General-Superintendent* **, *und wer Sie sind, mag ich nicht wissen.*« – Wer leugnet es, daß durch Gelehrte von Profession, z. B. durch *Kant* und *Heyne*, die Wissenschaften große Fortschritte machten? Gewiß würde der Meister der Philosophie, *Kant*, in seinen patriarchalischen Jahren nicht so kraftvolle Arbeiten liefern und durch einen wohlgestalteten Seelenerben nach dem andern der Welt ein Lachen bereiten, wenn er nicht in der Blüte seines Lebens mit diesen Gegenständen vertraut geworden und bei seinem Unterrichte zu denken von Anbeginn gewohnt gewesen wäre. Seine Vorlesungen waren die Goldwaagen seiner Grundsätze. – Solch eine Pflege kann kein Geschäftsmann seinem Buche geben; noch nie aber haben verdienstvolle akademische Lehrer einem *Lessing*, *Spalding*, *Teller*, *Moses Mendelssohn* usw. ihr Verdienst abgesprochen, vielmehr es gern gesehen, wenn diese fein sokratisch ihre Systeme in Philosophie der Welt, ich weiß nicht ob erniedrigten oder erhöheten? – Und wozu diese Bemerkung? Um eine andere einzuleiten. – Wenn die *Kritik der reinen Vernunft* mit dem Namen *Immanuel Kant* in die Welt kommt – wer hat etwas dagegen? Wenn aber ein Geschäftsmann Autor ist – in welche Schwierigkeiten sieht er sich verwikkelt! Der Präsident beneidet ihn, wenn er Rat, und der Minister, wenn er Präsident ist. Zum gemeinen Leben berufen, muß er sich nach demselben einrichten und sich in die Zeit schicken lernen, und es ist bei dem Geschäftsmanne nur zu oft böse Zeit. Kritiken schaden den Gelehrten von Profession so wenig, als wenn Renomisten sich an den Fenstern des zu strengen Rektors vergreifen, die denn doch durch Laden gesichert werden können; und wie leicht ist das Haus Sr. Magnifizenz wieder befenstert! Der unsauberste Geist indes schadet dem Geschäftsmann, indem witzleere Antagonisten desselben den schalsten Einfall mit Freuden aufnehmen und mit diesen fremden Kälbern pflügen, um den braven Mann zu kränken. Der Gelehrte von Profession schlägt den Ball, den ihm ein unfreundlicher Kritikus zuschlägt, weiter; der Geschäftsmann kann ihn nur zurückschlagen. – Jeder Unglücksfall im Dienst wird auf die Rechnung der Autorschaft geschrieben: jede ungegründete Beschwerde einer schikanierenden Partei findet gewisses Gehör, weil der Herr *Dezernent* oder *Instruent*, *Referent* und wie die *enten* alle heißen mögen, Autor ist und sich nicht Zeit nahm – alle Menschen klug zu machen. – Der Revers der Sache? Wird nicht mancher Schriftsteller das Ansehen, welches er in der gelehrten

Welt hat, zum Schreckmittel brauchen, um sich zu einem *Noli me tangere* zu erheben? Wird nicht sein Vorgesetzter seiner Schriftstellerfeder auf Rechnung seines Postens eine Pension zuwenden und andern aufbürden, was jenem zu tun oblag? – *Practica est multiplex.* Ein Mann, der *Vater* ist, wenn er *Brutus* sein soll, der unter den Autoren Präsident und unter den Präsidenten Autor ist, verdient die Züchtigung eines *Johnson*, da hingegen ein Autor, welcher der gelehrten Welt so wenig von seinem politischen Verhältnisse als diesem von jener verrät, zwiefacher Ehre wert zu sein scheint, indem er sich nicht aus einer Lage in die andere hineinschmeichelt, keine Folie nötig hat und nicht eine Farbe in die andere spielen läßt, sondern überall Mann ist. – Das Leben eines Mannes von dieser Art zu lesen, wenn er aufhört, entweder politisch oder natürlich zu leben, kann wahrlich ein besseres Lehrbuch werden als das Leben unseres trefflichen *Semler*, der geheime Wissenschaften an geheimen Orten zu lernen suchte – um sie kurz vor seinem Ende öffentlich zu treiben –, oder anderer Selbstbekenner, die geistliche und leibliche Jahr-, Monats-, Tage-, Stunden- und Minuten-Bücher stellten. – *Shakespeare* ward in seinem Leben wegen seiner Sonnette, *Milton* wegen seiner lateinischen Verse und prosaischen Schriften geschätzt, derentwegen sich beide schwerlich bis auf den heutigen Tag erhalten haben würden. – –

Friedrich II., der doch selbst von der Poesie wie von einem Dämon gar übel geplagt ward, so daß sie sogar bei Schlachten nicht verfehlte, *Ihm* Cour zu machen, sagte zu einem Staatsdiener, dessen Andenken ich heute an dem Tage seines Todes feiere: *Ich mache Ihn zum* **; *aber lass' Er mir das Schreiben. So etwas stört, und im Amte muß Er* *sich durch gar nichts stören lassen – hört Er?* Ja, und wer Ohren hat zu hören, der höre! Sind das die Gesinnungen eines königlichen Schriftstellers (nach Weise des königlichen Propheten *David*), wieviel ist von Fürsten zu fürchten, denen, außer der Salbung zu Regenten, keine andere zuteil ward! – wie noch viel mehr von *Königchen*, die, zu schwach zu einer kritischen Sichtung, an Autoren, welche ihnen über den Kopf zu wachsen scheinen, so gern zu Rittern werden. – Ob von diesen Fällen einer oder keiner der meinige sei, tut nichts zur Sache; daß sie aus dem Leben genommen sind, wird niemand ableugnen. – Und darf ich noch bemerken, daß Kunstrichter wie alle andren Richter nicht die Personen ansehen müssen, und daß es pflichtwidrig ist, es auf den Namen des Schriftstellers anlegen zu wollen? –

Wenn unsere Anekdoten- und Namenhäscher dies in Erwägung zögen – würden sie nicht lieber Fische fangen und Vögel stellen, da sie doch einmal verdorbene Gesellen sind? – Wieviel wollt' ich geben, wenn ich dieses Schlusses hätte überhoben sein können! Denn in der Tat, ich weiß ihn so wenig in den Takt dieser Schrift zu bringen, daß ich mich vielmehr begnügen muß zu bemerken, wie die Menschen nur alsdann sich zu nahe kommen, wenn sie nichts tun wollen oder können und, anstatt sich mit sich selbst zu beschäftigen, es gemächlicher finden, auf und gegen andere zu wirken. –

Daß dieser Epilogus jene lieben, trefflichen, edlen Seelen nichts angeht, die in keiner andern Absicht, als um sich näher mit dem Schriftsteller zu verbinden, der mit ihnen so harmoniert, seinen Namen gern wüßten – darf ich dies erst bemerken? – Möchte doch der unerforschliche *Gott* diesen trefflichen Seelen öffentlich vergelten, was sie auch etwa an mir insgeheim taten! – Möchte ihnen doch an der Hand gutdenkender Weiber des Lebens Last und Hitze nicht schwer sein! Leicht sei ihnen die Erde im Leben und im Tode! – –

Ralph-Rainer Wuthenow
Die Rolle der Frau in den Ansichten eines Junggesellen

Hippels Schrift *Über die bürgerliche Verbesserung der Weiber* beschert uns eine doppelte Überraschung: Die Forderungen, die er erhebt, sind nun schon fast zweihundert Jahre alt, und heute noch sind sie trotz mancher Veränderungen in unserer Gesellschaft weitgehend unerfüllt.

Ehe, weibliche Bildung und die gesellschaftliche Stellung der Frauenzimmer haben den eigenwilligen humoristischen Schriftsteller und eingefleischten Junggesellen, den Polizeipräsidenten und späteren Oberbürgermeister von Königsberg, der im Beruf wie als Autor die Anonymität liebte, auffallend stark beschäftigt. 1775 veröffentlichte er die Schrift *Über die Ehe*, die in den folgenden zwei Jahrzehnten vier Auflagen erlebte. 1793 folgte die Abhandlung *Über die bürgerliche Verbesserung der Weiber* (gleichzeitig mit dem zweiten Roman, *Kreuz- und Querzüge des Ritters A bis Z*), und in seinem Nachlaß fanden sich schließlich Aufzeichnungen über weibliche Bildung (veröffentlicht 1801).

Autobiographische Momente seines ersten Romans, *Lebensläufe nach aufsteigender Linie* (1778–81), und die Autobiographie (1791), die mit den Erinnerungen an die Studien- und Reisejahre abbricht, zeigen, daß Hippel eine glückliche Kindheit und Jugend nicht gekannt hat, und im Rückblick hält er sogar jede Art von Erziehung für negativ, weil sie den Menschen um sein Selbstvertrauen bringt;

gemeinsame öffentliche Erziehung lehnt Hippel ab, weil man in Gesellschaft nur den zerstückelten Charakter der bürgerlichen Gesellschaft anzunehmen lernt; man wird kein Mensch dabei, beklagt er sich, nur Stückwerk kann das Ergebnis sein; man wird also zu einem Compositum der anderen, nicht zu jenem Ich, auf das hin die Natur den Menschen doch angelegt hat. Was ihm wichtig dünkt, Selbstachtung, Selbstdenken und bürgerliche Selbständigkeit, werden, wenn überhaupt, nur durch die private Erziehung ermöglicht. Das gesellschaftliche Moment aller Erziehung wird von Hippel einseitig negativ erfaßt, ihre mögliche positive, ihre sozial notwendige Tendenz wird von ihm ignoriert.

Dennoch, der Einsame, ausgerechnet der Unverheiratete verfaßt ein Plaidoyer für die Frauen. Immer hatte bei ihm das Eingebildete den Vorrang vor dem Wirklichen.

Im Reisetagebuch von Johann Friedrich Abegg, der 1798 nach Königsberg kommt, erfahren wir durch seine Gespräche mit Hippels Freunden wie Scheffner und Kant viel Aufschlußreiches über den widersprüchlichen Mann. So wird etwa von Scheffner der folgende Ausspruch mitgeteilt: »Der Hippel sei ein Despot gewesen, wiewohl er die Freiheit verteidigt habe«. Hippel gilt als überlegen, genau, besonnen, aber mißtrauisch im Verbergen seiner Autorschaft, nachtragend, wo er sich verletzt wähnte, ja sogar als »Wollüstling«. Die Freunde beklagen, daß er sich ständig versteckt habe, Scheffner ist verärgert, erst so spät hinter die Kulissen dieser Existenz gekommen zu sein. Dennoch wird übereinstimmend erklärt, wie der Umgang mit Hippel doch hinreißend gewesen sei, denn der tote Freund gilt als uneingeschränkt scharfsinnig, lehrreich im Gespräch, konsequent in seinem Denken.

Abegg und andere üben auch Kritik an der Schrift über die Stellung der Frau in der bürgerlichen Gesellschaft als an einer seiner schlechtesten Arbeiten; die aufgestellten Behauptungen von den Vorzügen der Frauenzimmer seien unbeweisbar. Darauf erhebt sich einer der Anwesenden, es ist Christian Friedrich Jensch, und erklärt, wenn sie schlecht sei, so sei dies seine Schuld, er nämlich habe diese Schrift großenteils verfertigt und stehe für die Richtigkeit ihres Inhalts ein. Mit Nachdruck stellt er fest, kein Mann könne je so weit gelangen wie eine Frau: »Sie sind in Naturanlagen uns überlegen. Man setze sie nur in den Stand, sich zu entwickeln. Es ist Barbarei, Grausamkeit, sie von allen Stimmrechten in der bürgerlichen Gesellschaft auszuschließen.« Schließlich entstünden daraus auch Nachteile für die Männer, wird weiter vermerkt.[1]
Ob nun wirklich Jensch der eigentliche Autor der vorliegenden Schrift gewesen ist oder nicht, muß uns nicht weiter interessieren; es ist dies auch hier nicht weiter zu verfolgen, so wenig wie die Diskrepanz, die sich bei Hippel zwischen Denken und Leben auftut. Es mag wohl sein, daß Hippel der heimliche Protokollführer und teilnehmende Spion der Gespräche seiner Freunde, wie auch in anderen Fällen sonst, gewesen ist, daß er Anregungen, Aperçus und Gedanken aufgenommen und festgehalten hat – er hat dies selbst bei Belanglosigkeiten getan, halb aus Neugier, halb aus Mißtrauen, doch hat er das so Aufgenommene entwickelt und weiter ausgeführt, und er hat es schließlich publiziert. Die Schrift ist in diesem Sinne dann doch von ihm, und wenn Jensch, der ihn offenbar

[1] Johann Friedrich Abegg, *Reisetagebuch von 1798*. Herausgegeben von W. und J. Abegg in Zusammenarbeit mit Z. Batscha. Frankfurt 1976, S. 198 ff.

gar nicht eines Plagiats hat bezichtigen wollen, die Grundgedanken der Schrift über die Weiber gesprächsweise dargelegt haben mag, so hat er doch das Buch dann nicht geschrieben. Hingegen hat er es verteidigt, als es, wie damals sicherlich noch öfters geschehen ist, selbst bei höchst aufgeklärten Menschen auf Widerspruch stieß.

»Die Wahrheit bedarf keiner Schminke, und wer der Schönheit wegen schreibt, unterwirft sich dem Schicksal einiger Damen unserer verderbten Zeit, die sich viel lieber erkälten als dem Putze das Mindeste von seinem modischen Rechte entziehen.« Dieser Satz ist wohl charakteristisch für Hippel: angesichts der Situation argumentiert er polemisch und satirisch.

Sein Zugriff ist in mancher Hinsicht erstaunlich; die Art etwa, wie der geschlechtsbestimmte Unterschied in der Gesellschaft fixiert ist, wird als eigentlich unwahrhaftig erkannt, das überlieferte, starre Rollensystem erscheint ihm als falsch. Er erkennt auch den Grund davon: Die männliche Anmaßung eines Vorzugs gegenüber den Frauen ist auf die Entwicklung der gesellschaftlichen Zustände zurückzuführen, und ob dies nun die einzige Möglichkeit der sozialen Entwicklung in diesem Bereich gewesen ist, bleibt noch dahingestellt. So führen gesellschaftliche Vorgänge zu unterschiedlichen Positionen, Pflichten und Rollen, die dann ihrerseits wieder auf das Gesellschaftssystem zurückwirken.

Glück und Unglück des Menschen entstammen nach Hippel der Gesellschaft; zwischen dem, was sie sein könnte, und dem, was sie nun wirklich ist, klafft ein Widerspruch. Jedenfalls hat Hippel bereits erkannt, daß politisch-bürgerliche Ungleichheit ein ganzes, eben das sog. *andere*

Geschlecht als minderwertig oder doch minder würdig hinzustellen gestattet, daß dieser Zustand sich hat verfestigen können und somit, vermag man zu folgern, aus der behaupteten Minderwertigkeit wiederum die Argumente für gesellschaftliche Benachteiligung bezogen werden können. Diesen Zustand zu perpetuieren, ist Angelegenheit der Männer, denn bislang wurden die Gesetze nun einmal von Männern gemacht.

Sehr viel hat sich daran nicht geändert; auch in Dingen, welche die Frauen allein oder vor allem betreffen, wird bekanntlich fast immer noch allein von den Männern entschieden. Tatsächlich ist objektiv von einer maskulinen Vorherrschaft noch immer zu sprechen, obschon nicht mehr ganz in dem Maße wie zu Hippels Zeiten; allerdings hat er darüber hinweggesehen, daß auch damals die Frauen auf indirekte Weise sehr wohl sich Möglichkeiten der Wirkung und Mitwirkung zu verschaffen wußten, Lady Montague, Madame Roland, Caroline Böhmer-Schlegel-Schelling oder Rahel Varnhagen sind dafür bemerkenswerte Zeuginnen.

Hippel geht ferner den Gründen nach, die den diese scheinbar endgültige Situation bestimmenden Unterschied schon in der Erziehung der beiden Geschlechter zur Folge haben. Was unterscheidet sie in Anlage, Herkunft und menschlicher Bestimmung? Er weiß, daß man auch anders verfahren könnte, als man pädagogisch tut, und fordert: »Die Scheidewand höre auf! Man erziehe Bürger für den Staat, ohne Rücksicht auf den Geschlechtsunterschied, und überlasse das, was Weiber als Mütter, als Hausfrauen wissen müssen, dem besondern Unterricht; und alles wird zur Ordnung der Natur zurückkehren. Noch lange ist Erziehung nicht das, was sie sein könnte und sollte.«

Die Erziehung, der er aus guten Gründen mißtraut, steht am Anfang; sie prägt das die Frau stets zurücksetzende Rollenbewußtsein und das Rollengefüge in der Gesellschaft, bis das Herkömmliche als natürlich erscheint. Deshalb muß die Erziehung verändert werden, ist ihr Zweck zunächst einmal neu und anders festzulegen. Erziehung ist mehr als nur Unterricht und Unterweisung, denn es geht darum, Bürger zu bilden, d. h. die Menschen beider Geschlechter in gleicher Weise auf eine Gesellschaft von Freien und Gleichen hin zu erziehen. So ist die fortgeführte Entmündigung der Frauenzimmer in den Augen Hippels ein Anachronismus, mehr als nur verzeihliche Inkonsequenz der Gesetzgebung. Denn diese zeigt ihre einseitig ausgerichtete Brutalität voll und ganz, wenn es gilt, die um ihre Rechte in vieler Hinsicht Betrogenen bei Vergehen vor dem Gesetz zur Verantwortung zu ziehen. Wohl mit dem Blick auf das zeitgenössische revolutionäre Frankreich wagt er festzustellen: »Staaten, die zum Schutze der Menschenrechte entstanden, entziehen ihn der Hälfte ihrer bürgerfähigen Einwohner!«
Wie aber kommt solche Situation zustande, woher stammt das ihr zugrundeliegende Vorurteil? Wer hat die Arbeitsteilung angeordnet, die doch weit über die natürlichen biologischen Bedingtheiten hinausgreift? Es ist schließlich weltweit zu konstatieren – hier beruft Hippel sich auf Beobachtungen, die Cook während seiner Reisen hat machen können –, daß auch frühe, also gewissermaßen ›naturnahe‹ Gesellschaftsformen die kastenhafte Trennung der Pflichten und Rechte von Mann und Weib kennen und aufrechterhalten. Hippel findet Ansätze zu einer materialistisch anmutenden Herleitung, dies scheint ihm die Kette der Entwicklung zu sein: der Instinkt lehrte den Men-

schen die Vorratswirtschaft, Vorrat aber bedarf der Wartung, und so entsteht Hausrat, Tierzucht und Tierhaltung zur Arbeit. Hier setzt dann die Arbeitsteilung ein: dem Manne gehört die Jagd wie die Frau ins Haus. »So ward das Weib allmählich die Befehlshaberin der Haustiere und, eh' es sich's versah, das erste Haustier selbst.« Die Folgen dieses Schrittes erscheinen als klar: die Jagd ertüchtigt, kräftigt, macht besonnen, geschickt und mutig, und durch dergestalt akkumulierte Erfahrungen und Bewährungen wird der Mann allmählich überlegen – auch den Frauen, deren Kräfte nicht geübt, also auch nicht entfaltet werden. An das Haus gebunden, sind sie, mit Schwachem und Schwächendem beschäftigt, dazu bestimmt, immer schwächer und endlich zu Sklavinnen zu werden. Die Konsequenzen gehen noch weiter: »Der bittere, nicht unverdiente Vorwurf, den man unserem Geschlechte macht, *›daß es heutzutage keine Kinder mehr gebe‹*, stehet er nicht mit unserer Grausamkeit, die Weiber als große Kinder zu behandeln, in engerer Verbindung, als man denken sollte?«
Hippels psychologische Genauigkeit nötigt zur Bewunderung; er erkennt, wie die Trennung, die dem Manne den weiteren Wirkungskreis gestattet, auch Einsicht und Vernunft vermehren hilft, woraus sich dann die gegenteiligen Konsequenzen für den eingeschränkteren Wirkungsbereich der Frau schon von allein ergeben. Die Pflichten in der bürgerlichen Welt nehmen einen höheren Schwung, die Begriffe erweitern sich, aber die Fähigkeiten der Frau, die solcher Tätigkeit nicht für würdig befunden wird, schrumpfen dementsprechend ein, da sie auf die Enge des Haushalts eingeschränkt wird, die Spannkraft verliert sich dementsprechend, und so hören dann die Frauen auch auf,

Bürgerinnen zu sein, da sie es doch nicht sein dürfen; mit den Bürgerrechten verlieren sie aber auch, ohne es zu wissen, die Menschenrechte – um schließlich einen Teil davon wie als gnädig gewährte Gunst zurückzuerhalten.

Um die alten Quellen so zu lesen und zu deuten, ist der philosophische Kopf nicht zu entbehren: »In uns«, bemerkt Hippel, »liegt das Vermögen, aus jenen Bruchstükken der alten Welt wo nicht ein Gebäude, so doch eine Hütte zu zimmern und ein Ebenbild unseres Geistes, eine Einheit zu schaffen, die ohne Forscherblick weder in der Weltgeschichte, noch auch in der Geschichte jedes einzelnen Menschen gefunden werden kann.« So ist auch das Studium seiner selbst für einen jeden unerläßlich, will er geschichtliche Erkenntnisse gewinnen, und nur so können Ursache und Wirkungen verkettet werden. Das sind allgemeine Reflexionen Hippels, die seine weiteren Erwägungen rechtfertigen sollen.
Aber welches ist die ursprüngliche Lage der Dinge, die des Ausgangs, die dem Manne so früh das Schwert in die Hand gab, der Frau aber die Spindel, wenn es doch weder die physische Überlegenheit noch die des männlichen Intellektes war? Diese Erwiderung bleibt der Autor uns schuldig; doch ist die Einsicht zu akzeptieren, daß das Schwert oder der Jagdspieß dem gegebenen Maß von physischen und psychischen Kräften vermutlich nichts hinzu gefügt hat, so wenig, wie die Tatsache, daß die Frau eine solche Waffe nicht handhaben sollte, ihr zunächst etwas davon genommen haben wird; aber der Nichtbesitz, die Nichtverfügung, die verhinderte Handhabung konnte Furchtsamkeit, Mißtrauen angesichts unbegriffener und unbekannter Kräfte durchaus zur Folge haben.

Gelegenheit macht nicht nur Diebe und Liebe, Gelegenheit macht auch Stärke und Tapferkeit. So sind die ›Ausschweifungen‹ des weiblichen Geschlechts nach Hippel mehr die Frucht der Eitelkeit als der Begierde. »Sie haben«, sagt er in Konsequenz seiner anderen Ausführungen, »keine andere olympische Bahn, als Männer zu fahen; man öffne ihnen andere, und sie werden Wunder tun.« Hippel scheint, obschon er von Liebe nicht spricht und sein Leben nichts davon sagt – nur die Gestalt der Mutter in seinem Hauptwerk *Lebensläufe nach aufsteigender Linie* läßt etwas davon ahnen –, im Grunde doch ein aufrichtiger Verehrer der Frauen gewesen zu sein. So heißt es auch einmal huldigend, die Frauen »sind das Salz der Erde, das allem Geschmack gibt, das Licht, das überall erleuchtet, es mag als Mond des Hauswesens oder als Sonne des Staates aufgehen«.

All das genügt vielleicht schon; die historische Überprüfung, die idealtypisch konzipierte Entwicklung, die Feststellung ursprünglich gleicher Anlagen, wie auch der Mut, nun zu fordern, daß selbst die Rechtspflege kein Monopol der Männer sein sollte, so wenig wie das Stimmrecht in öffentlichen Angelegenheiten. Denn Gleiche sollen über Gleiche entscheiden, was auch bedeutet, daß die Frauen eben nicht mehr länger im Zustand einer scheinbar naturbedingten bürgerlichen Ungleichheit zu halten sind. Es ist offenkundig ein Unrecht vor der Vernunft, den Frauen die Mitwirkung als Richter oder als Schöffen zu verweigern. Ja, Hippel geht so weit, den Frauen eine gewisse Überlegenheit zuzusprechen, denn: »Weiber wissen Wahrnehmungen zu Beobachtungen zu erhöhen; und da Männer Sätze zu Grundsätzen zu erheben wissen (die, wohl zu merken, der Philosoph sogar dem Mathematiker vorschreibt) und mit ihnen Tausend schlagen: so schlügen Weiber mit ihrem Witze gewiß Zehntausend, wenn Männer ihn nicht durch eine Art von Gründlichkeit (die genau genommen wenig oder nichts bedeutet) zu lähmen und in Verlegenheit zu setzen suchten. Weiber besitzen die Geschicklichkeit, alle Seelenkräfte auf Witz zurückzubringen.«

Um so mehr Grund findet Hippel, ihr Los zu beklagen; er weist auf die vielleicht nicht einmal bewußt praktizierte Härte hin, die darin liegt, daß mündige Menschen sich einem fortgeführten Patriarchat unterwerfen sollen. Das aber ist in Wahrheit die Situation der Frauen in der bürgerlichen Gesellschaft, ja überall. Aber schon ist die Zeit gekommen, da der Ruf nach Freiheit auch hier ertönt, so daß endlich auf Veränderung zu sinnen ist. Nichts berechtigt die Männer mehr, eine Abart von Herrschaft aufrechtzuerhalten: »Hat Gott bei dem andern Geschlecht etwas versehen? oder sind es die Männer, die sich an diesem Geschlechte wider den Willen des Schöpfers versündigen? Warum sollen die Weiber keine Person sein? Warum nicht wissen: das ist mir gut, und das ist gut, oder das ist vorteilhaft, und das ist recht?«[2]

Ist Freiheit, fragt Hippel ironisch, wirklich ein Wort, mit dem man schrecken kann, wie sonst Gespenster taten – und das im 18. Jahrhundert? Nein, eigentlich nicht; die Frauen fordern lediglich zurück, was sie ohne eigene Schuld verloren haben, ja, sie fordern es nicht einmal, voller Großmut erwarten sie nur, daß männliche Weitherzigkeit es ihnen endlich zurückerstatten möge ...

[2] Vgl. auch *Über die Ehe*, in Th. G. von Hippel, *Sämmtliche Werke*, 5. Bd., Berlin 1828, S. 34

Listig wendet sich Hippel hiermit an das männliche Überlegenheitsgefühl, dem er so entlocken will, was es doch lieber verschenken als sich abtrotzen lassen möchte. Der folgende Dialog resümiert drastisch seine Absichten:

»*Ich wollte um Vieles, um Alles in der Welt kein Weib sein –*
ich auch nicht –
und doch –
und eben darum.
Wer hat nun Recht?
Wer die Wahrheit sagte.
Und wer sagte die Wahrheit? Nicht wahr: wer Recht hatte?
Wer die Sache der Unterdrückten führte, und wer der Menschheit sich annahm.
Der Menschheit?
Sind etwa Weiber nicht Menschen?
Der Unterdrückten?
Sind wir nicht ihre Tyrannen?«

Auffällig, wiewohl für Hippel doch wohl charakteristisch, ist, daß er die erotische Frage ausklammert; zudem hatte er von ihr, freilich überaus zurückhaltend, in seinem Ehe-Buch gehandelt. Sexuelle Gleichberechtigung ist, der weitverbreiteten und geduldeten Galanterie des Jahrhunderts zum Trotz, offenkundig für ihn kein Thema. Hat er erotische Freizügigkeit, die für Männer niemals etwas Entehrendes besaß, wohl aber für die Frauen, nun auch diesen gestatten wollen? Keineswegs. Er hat, wie man in der Schrift *Über die Ehe* nachlesen kann, in der doch manche Argumente zur bürgerlichen »Verbesserung der Weiber« schon vorgebildet sind, die erotischen Freiheiten der Männer nicht gebilligt, die der Frauen aber mit ungleich schärferen Worten verworfen. Er hat hier sogar noch im

intellektuellen Bereich an vorgegebenen Unterschieden weiter festhalten wollen. Die Frau ist für ihn in anderem, bedeutenderem Sinne Natur als der Mann. Eine gelehrte Frau, meint er, ruft doch überall nur ein Lächeln hervor. Sie sollte besser auf Metaphysik und Transzendentalphilosophie Verzicht leisten und sich dafür auf das beschränken, was die menschliche Glückseligkeit betrifft. »Ein Weib wird einen bessern Brief schreiben als ein Mann; allein zur Dichtkunst, die allemal einen Schöpfer erfordert, scheint die Natur nur wenige berufen zu haben. Die zehnte Muse, mascula Sappho, mag ich hier nicht anführen, und wenn es auch nur wäre, weil sie sich *Phaons* wegen vom Felsen heruntergestürzt hat. Die Weiber selbst sind nur *natürlich* schön gebauet; der Bau von Mannspersonen ist *künstlich schön*.«[3]
Vollkommen frei von den Vorurteilen, die er so nachdrücklich bekämpft, ist Hippel wohl doch nicht immer gewesen.

Daneben aber kann Hippel, der philosophische Schriftsteller, da er noch immer so wenig bekannt ist, auch als Moralist überraschen, der scharfsinnig das Welttreiben durchschaut und kommentiert, der die Welt auch deshalb kennt, weil er sich selbst kennt – und umgekehrt. So muß seiner Ansicht nach im Theater jedenfalls die wahre Welt zum Vorschein kommen, wenn sie überhaupt noch sichtbar werden sollte, »denn in der *wirklichen* Welt wird Komödie gespielt«. Doch ist eine solche Kritik auch damals schon ein Topos. Schärfer und kühner liest sich seine Kritik an der staatlichen Administration, an der Bürokratie

[3] ibid. S. 199

also, die er ja sehr gut gekannt hat, da er doch selbst ein hoher Beamter des preußischen Staates war, der nach einem Wort von Novalis seit dem Tode Friedrich Wilhelms I. wie kein anderer Staat als Fabrik ist verwaltet worden. In der »maschinistischen Administration« sah Novalis eine Gefahr für den Staat selbst. Vor lauter Räderwerk, so stellt nun Hippel fest, vermag hier der Einzelne gar nichts mehr auszurichten, über allen Eingängen und Ansichten wird das Thema vergessen; Ausschüsse, Collegien und Gerichte, die Mitwirkung bei der herkulischen Arbeit an Aktenbergen und in Versammlungen machen bei seiner Charakterisierung des Entfremdungsvorgangs der Verwaltung den Teilnehmer zu nicht mehr als einem »Papierhändler von höherer Würde«. So ist das Leben für den Staat kein Leben mehr, weil dieses darin erstirbt.

Solche Gedanken sind es, die verständlich machen könnten, warum Hippel Wert darauf gelegt hat, als Autor anonym zu bleiben. Auch hat er den Staat nicht als Selbstzweck, sondern als Mittel angesehen; der Zweck aller sittlichen Gesetze war für ihn die Vollkommenheit des Menschen. Die »Beziehung der Staatskunst auf das Glück der Menschheit« (Georg Forster) wird auch von Hippel klar erkannt. Kantisch klingt dann die Feststellung, daß die so verstandenen Gesetze auf alle Menschen in der gleichen Weise auszudehnen, also anzuwenden sind. Denn der Mensch ist mehr und anderes als nur ein Mittel zu höheren Zwecken.

Was ist der Mensch – und gilt eine Bestimmung für Mann und Frau in gleicher Weise? Er ist ein Mikrokosmos, ein »Miniaturstück von Welt«; deshalb mag auch »die Geschichte des einzelnen Menschen immerhin einen Schattenriß von der Geschichte der Menschheit abwerfen und den Anfang derselben, so wie ihren Fortgang, in Hieroglyphen dem Auge des Sehers, wenngleich nicht völlig, so doch kennbar darstellen.« Die Freiheit ist immer unteilbar, so warnt er dann an einer anderen Stelle, und sie duldet keine Unterschiede. So hat er wohl noch einmal die Situation der Frauen im Blick – und doch nicht sie allein –, wenn er feststellt: »Die Sklaverei, wenn sie auch nur im Kleinen, in einer einzigen Beziehung, geduldet und geübt wird, macht über kurz oder lang alles zu Sklaven.«

Immerhin steht Hippel nicht völlig allein mit seinen oft kühnen Überlegungen; wenn sie uns heute überraschen, dann doch vor allem, weil sie erstaunlicherweise von so geringer Wirkung waren, daß man sie hat vergessen können. Die Aufklärung aber, die ihm vorausgeht und an der er teilhat, wird von ihm mutig neuartikuliert und verschärft. Gedanken dieser Art hatte, wiewohl noch weit vorsichtiger, selbst Gottsched schon anklingen lassen; aber auch auf Georg Philipp Harsdörffers *Frauenzimmer Gesprechspiele* (1641 ff.) ist in solchem Zusammenhange hinzuweisen. Dabei galt stets, vereinfachend, die nachzuholende Bildung der Frauen als die Voraussetzung für ihre allmähliche Emanzipation.
Für die Jahre, in denen Hippel seine Schrift erscheinen ließ, muß man weiter an Mary Wollstonecraft und ihre Schrift *A Vindication of the Rights of Woman* (1792) denken. Graf Schlabrendorf, der sie sehr gut gekannt und deshalb auch bewundert hat, sagte nach einer Mitteilung C. G. Jochmanns folgendes von ihr: »Sie wollte das Menschenrecht des Weibes in der bürgerlichen Welt gegen das harte Los wiederherstellen, welches ihm noch, ohne Aus-

nahme in allen Staaten, gewalttätig durch die Stärke des Mannes, durch Willkür und Gesetzgebung aufgezwungen wird. Und konnte sie dies verletzte, unterdrückte Recht nicht aus Überzeugung wiederherstellen, wollte sie es doch wenigstens sich selber nicht nehmen lassen. Damit trat sie aus dem Kreis der Vorurteile und des gesellschaftlichen Aberglaubens hinaus, und das Urteil der Welt wandte sich gegen die Unglückliche. Es ist gefährlich, dem grauen Ungeheuer der Volksansicht einen Krieg zu machen.«[4]

Aus eben diesen Jahren stammt auch das Wort von Nicolas Chamfort: »La société qui rapetisse beaucoup les hommes, réduit les femmes à rien.«[5]

Wenig später schon sieht Friedrich Schlegel in seiner Bestimmung der Prüderie als einer »Prätension auf Unschuld, ohne Unschuld«, daß die Frauen wohl derart prüde bleiben müßten, »solange Männer sentimental, dumm und schlecht genug sind, ewige Unschuld und Mangel an Bildung von ihnen zu fordern. Denn Unschuld ist das einzige, was Bildungslosigkeit adeln kann«, fügt er hinzu.[6] Seine Vorstellungen von »bürgerlicher Verbesserung« (und das ist Emanzipation) gehen am erotischen Moment nicht vorbei. Deshalb hat auch die *Lucinde* Skandal gemacht, aber Schleiermacher hat sie gegen »die Gebildeten unter ihren Verächtern« in Schutz genommen, wobei er in den *Vertrauten Briefen* von einer seiner Lucinde-Leserinnen den »Geschlechtsdespotismus« der Männer hat an-

[4] *Prometheus. Eine Zeitschrift für Licht und Recht.* Herausgegeben von Heinrich Zschokke, Aarau 1832, Bd. 1, S. 199

[5] Nicolas S. Chamfort, *Maximes, Pensées, Charactères et Anecdotes*, Paris 1796, S. 94

[6] Friedrich Schlegel, *Kritische Schriften.* Herausgegeben von W. Rasch, 2. Aufl. München 1964, S. 28; vgl. auch S. 80

greifen lassen; die Eifersucht der Frau erweist sich dabei als Antwort auf die Unfähigkeit des Mannes, seine Liebe anders als im Wechsel ihrer Einzelelemente zu verwirklichen. Auch hier setzt die Emanzipation der Frau die des Mannes voraus, die von seiner Rolle, seinen Vorurteilen, seinen maskulinen Egoismen.

»Jetzt ist die Frau Sklavin geworden«, notiert Novalis einmal[7], und Jean Paul stellt in seiner *Levana* fest: »Je verdorbener ein Zeitalter ist, desto mehr Verachtung der Weiber. Je mehr Sklaverei der Regierungsform oder -unform, desto mehr werden jene zu Mägden der Knechte.«[8] Daß Unterdrückung verlagert und weitergegeben wird, ist auch Jean Paul nicht verborgen geblieben; so bestätigt er nur auf eine scharfe Weise, was der Hippelschen Schrift zugrundeliegt: daß die Freiheit der Frau auch die des Mannes ist, daß aber die des Mannes ohne die ihre nicht viel wert sein kann.

[7] Novalis, *Briefe und Werke.* Herausgegeben von E. Wasmuth, Berlin 1943, Bd. 3, S. 187; zur Kritik am preußischen Staatswesen s. S. 104

[8] Jean Paul, *Werke in zwölf Bänden.* Herausgegeben von N. Miller, München 1975, Bd. 10, S. 686 (Par. 84)